2019年度教育部人文社会科学研究规划基金项目

（立项编号：19YJA820006）

|光明学术文库｜法律与社会书系|

监察调查论
我国监察委员会的调查权研究

陈晓辉 | 著

光明日报出版社

图书在版编目（CIP）数据

监察调查论：我国监察委员会的调查权研究 / 陈晓辉著. --北京：光明日报出版社，2023.4
ISBN 978-7-5194-7123-1

Ⅰ.①监… Ⅱ.①陈… Ⅲ.①监察—政治制度—研究—中国 Ⅳ.①D630.9

中国国家版本馆 CIP 数据核字（2023）第 068085 号

监察调查论：我国监察委员会的调查权研究
JIANCHA DIAOCHALUN：WOGUO JIANCHA WEIYUANHUI DE DIAOCHAQUAN YANJIU

著　　者：陈晓辉	
责任编辑：李月娥	责任校对：李佳莹
封面设计：中联华文	责任印制：曹　净

出版发行：光明日报出版社
地　　址：北京市西城区永安路 106 号，100050
电　　话：010-63169890（咨询），010-63131930（邮购）
传　　真：010-63131930
网　　址：http://book.gmw.cn
E - mail：gmrbcbs@gmw.cn
法律顾问：北京市兰台律师事务所龚柳方律师
印　　刷：三河市华东印刷有限公司
装　　订：三河市华东印刷有限公司
本书如有破损、缺页、装订错误，请与本社联系调换，电话：010-63131930
开　　本：170mm×240mm
字　　数：265 千字　　　　　　　　　印　张：14.5
版　　次：2023 年 4 月第 1 版　　　　印　次：2023 年 4 月第 1 次印刷
书　　号：ISBN 978-7-5194-7123-1
定　　价：89.00 元

版权所有　　翻印必究

目 录
CONTENTS

第一章　监察调查权概述 ……………………………………………… 1

　第一节　监察权概述 ……………………………………………… 1
　　一、监察的词源 ………………………………………………… 1
　　二、监察权的渊源 ……………………………………………… 2
　第二节　调查权概述 ……………………………………………… 5
　　一、调查的词源 ………………………………………………… 5
　　二、调查权的渊源 ……………………………………………… 7
　第三节　监察权与调查权比较 …………………………………… 11
　　一、监察权与调查权的比较 …………………………………… 11
　　二、监察权与检察权的比较 …………………………………… 16
　　三、调查权与侦查权的比较 …………………………………… 22
　第四节　监察调查权是监察权的核心体现 ……………………… 29
　　一、监察调查权是监察权的三大组成之一 …………………… 29
　　二、监察调查权是监察权实现的重要保障 …………………… 30
　　三、监察调查权是监察立法的创新与发展 …………………… 31

第二章　监察调查权的历史沿革 ……………………………………… 34

　第一节　先秦以前监察调查权的沿革 …………………………… 34
　　一、先秦以前国家机构的体系建构 …………………………… 34
　　二、先秦以前监察职能的行使主体 …………………………… 41
　　三、先秦以前监察调查的表现形态 …………………………… 45
　第二节　秦汉隋唐监察调查权的沿革 …………………………… 50
　　一、秦汉隋唐国家机构的体系建构 …………………………… 50

二、秦汉隋唐监察职能的行使主体 ………………………………… 55
　　三、秦汉隋唐监察调查的表现形态 ………………………………… 61
第三节　宋元明清监察调查权的沿革 …………………………………… 67
　　一、宋元明清国家机构的体系建构 ………………………………… 67
　　二、宋元明清监察职能的行使主体 ………………………………… 71
　　三、宋元明清监察调查的表现形态 ………………………………… 77
第四节　民国时期监察调查权的沿革 …………………………………… 83
　　一、民国时期国家机构的体系建构 ………………………………… 83
　　二、民国时期监察职能的行使主体 ………………………………… 88
　　三、民国时期监察调查的表现形态 ………………………………… 92

第三章　监察调查权的构成体系 …………………………………… 97

第一节　监察调查权的行使主体 ………………………………………… 97
　　一、我国监察机构的发展与演变 …………………………………… 97
　　二、国家监察委员会的机构设置 …………………………………… 100
　　三、地方监察委员会的机构组成 …………………………………… 106
第二节　监察调查权的权力内容 ………………………………………… 109
　　一、言语类措施：谈话、要求作出陈述与讯问、询问 …………… 109
　　二、取证类措施：查询、冻结、搜查、调取、查封、扣押 ……… 114
　　三、技术类措施：勘验检查、鉴定、技术调查 …………………… 122
　　四、人身自由类措施：留置、通缉、限制出境 …………………… 125
第三节　监察调查权的适用对象 ………………………………………… 130
　　一、公务机关的公务员 ……………………………………………… 130
　　二、授权、委托组织从事公务的人员 ……………………………… 135
　　三、国有企业管理人员 ……………………………………………… 137
　　四、公办单位的管理人员 …………………………………………… 138
　　五、基层自治组织的管理人员 ……………………………………… 141
　　六、其他依法履行公职的人员 ……………………………………… 143
第四节　监察调查权的应用范围 ………………………………………… 144
　　一、贪污贿赂的职务违法和职务犯罪 ……………………………… 144
　　二、滥用职权的职务违法和职务犯罪 ……………………………… 147
　　三、玩忽职守的职务违法和职务犯罪 ……………………………… 149
　　四、权力寻租的职务违法和职务犯罪 ……………………………… 152

五、利益输送的职务违法和职务犯罪 …………………… 154
　　六、徇私舞弊的职务违法和职务犯罪 …………………… 156
　　七、浪费国家资财等职务违法和职务犯罪 ……………… 159

第四章　监察调查权的发展完善 …………………………… 162

第一节　监察调查权的应用基础 ………………………… 162
　　一、监察调查权的主体资格研究 ………………………… 162
　　二、监察调查权的权力界限研究 ………………………… 165
　　三、监察调查权的措施方法研究 ………………………… 168

第二节　监察调查权的制衡合作 ………………………… 174
　　一、监察调查权的内部制衡研究 ………………………… 174
　　二、监察调查权的外部制约研究 ………………………… 179
　　三、监察调查权的国际合作研究 ………………………… 185

第三节　监察调查权的党法互动 ………………………… 188
　　一、"三不腐"长效机制与监察调查权 …………………… 188
　　二、监察调查权与党纪检查措施互动 …………………… 193
　　三、"四种形态"视野下的监察调查权 …………………… 197

第四节　监察调查权的程序制度 ………………………… 202
　　一、缺席审判程序对监察调查权的冲击 ………………… 202
　　二、认罪认罚从宽中监察调查权的定位 ………………… 206
　　三、监察调查中讯问、留置的场所建设 ………………… 211

参考文献 …………………………………………………………… 216

第一章　监察调查权概述

第一节　监察权概述

一、监察的词源

（一）"监"字的词源

"监"（jiān），古体为"監"，在汉语词源中可作为动词或者名词使用，有多重含义。作为动词的"监"，最早出现于商代甲骨文及商代金文，上半部会意为一个人低头向下看，下半部"皿"通义指器皿，而在金文中"皿"上还加有一横，意思是器皿中有水。古代人常常以水为镜，"监"本为一个人低头从器皿的水中照看自己，引申出从上往下看、监视之意，由此又引申为监督、察看督促。《说文》记载：监，临下也。《方言十二》：监，察也。《国语·周语》："使监谤者。"注曰："察也。"《史记·陈涉世家》："乃以吴叔为假王，监诸将以西击荥阳。"《国语·周语上》："王怒，得卫巫，使监谤者。"清代梁启超的《谭嗣同传》曰："刚毅监斩。"① 相关的词语有监临（自上而下地监督视察）、监修（监督编修）、监觑（查看）、监解（明察、分辨）等。作为动词的"监"，可以指掌管、主管，如监院、监主、监事、监帅等。古代常常指太子或元老重臣代掌朝政，如监国。还可以指监禁、关押，如监候、监追（监禁起来严令限期完成）、监系（亦作"监计"，关押、囚禁）等。② "监"字还有"统领、率领"之意。如《书·洛诰》曰："迪将其后，监我士

---

① 王同亿. 高级汉语词典 [M]. 海口：海南出版社，1996.
② 转引自谢建平. 中华苏维埃共和国监察制度研究 [D]. 上海：华东师范大学，2017.

师工。"

作为名词的"监",一般是指牢狱,如清代方苞《狱中杂记》中的"监五室"。相类似的用法有:监规,指监狱的规章制度;监仓,指监狱;监铺,指临时拘留所;等等。从牢狱可以引申到监督、指导或劝告的人;还可以指诸侯国君,如《周礼·大宰》:"乃施典于邦国,而建其牧,立其监。"

另外,"监"字还可以读作 jiàn,通"鉴"。这里有借鉴的意思。如《书·召诰》:"我不可不监于有夏,亦不可不监于有殷。"通"鉴"的监,还可以表示照之意,如《书·酒诰》:"人无于水监,当于民监。"

(二)"察"字的词源

"察"(chá),古时写作"詧",有多重含义,从汉语词源中看,既可作动词,又可以作形容词。作为动词的"察"为形声词,从宀(mián)、祭声,本义为观察、仔细看。《说文》记载:"察,复审也。"《楚辞·离骚》:"览察草木。"类似的用法还有观察、觉察等。

"察"字可以表示明察、知晓,如《吕氏春秋·察今》:"故察己则可以知人。"类似的用法还有察士(能明察事理的人)、察议(察明情节而议定处分,通常指过失较轻者)等。"察"字可以表示调查、考察,《吕氏春秋·察传》:"夫传言不可以不察。"类似用法还有察勘、察访的意思。

"察"字还可以表示分辨,《淮南子·说林》:"视之可察。"注曰:"别也。"《新语·道基》:"尝百草之实,察酸苦之味。"察字还可以表示考察后予以推举、举荐,类似的用法还有察举、察廉、察选等。作为形容词使用的"察"字,表示明显、精明之意,如东方朔《答客难》:"水至清则无鱼,人至察则无徒。"①

二、监察权的渊源

(一)监察的含义

如前所述,"监"字有监督、察看督促之意,引申为掌管、主管、借鉴;"察"字有观察、仔细看之本义,引申为明察、知晓、分辨之含义。按照《诗·小雅·节南山》和《国语·周语》的批注,很多时候"监"和"察"两字的

---

① 转引自谢建平.中华苏维埃共和国监察制度研究[D].上海:华东师范大学,2017.

含义相同，是一种语义重复。将两字放在一起，"监察"的基本含义为监督考察、监督视察或者监督检举。如《后汉书窦融列传》记载："融居属国，领都尉职如故，置从事监察五郡。"《红楼梦》第十四回记载："这三十个每日轮流各处上夜，照管门户，监察火烛，打扫地方。"这几个古籍文献中出现的监察，均为监察的基本含义，或者扩充为负责监督视察的官吏、事宜、事务等。

我国古代各类文献中，"监察"常常以监督视察等动词本义出现，且大多数时候是与承担监督视察职能的职业或者官职相提并论，甚至很多时候就是一个具体的官职本身。也就是说，此时的"监察"已经从监督视察的动词引申为承担监督视察职责的官职或者官员。三国时期的魏国，监察就是刺史职业别称，如《三国志·魏书·夏侯尚附子玄传》："宰牧相累，监察相司。……宜省郡守，但任刺史。刺史存，则监察不废。"监察在唐朝是御史台察院监察御史的省称；在宋朝是御史台监察御史的简称，职掌纠察百官班序及分察尚书省六部事，从七品；在元朝是御史台察院监察御史省称，察院或称监察。同书卷《内台·台察咨廪等事》："御史台、按察司、监察御史，系纠弹衙门，官吏正已方可正人，不应受赃出首。"①《元史·百官志》："察院，品秩同内察院。监察御史二十员。"监察在明朝是都察院十三道监察御史省称，各道或十人，或七人，或十一人，不等；掌察纠内外百司之官邪，各有分工；正七品官。明朝余庭璧《事物异名》卷上《君臣·都御史》："监察：纠法。"

监察的含义在现代几乎没有什么变化，仍然遵循了早期的监督考察、监督视察等基本含义。《汉语同韵大词典》将监察定义为监督和检察；《逆序类聚古汉语词典》将监察定义为监督、检查；《军事大辞海·下》将监察定义为监督、考察，如安全监察、土地监察等；《当代汉语词典》将监察定义为监督并检举违法、失职的机关或人员；《汉语倒排词典》则定义为监督察看、检举违法失职行为，如监察机关、监察委员会；《现代汉语分类大词典》将监察定义为监督察看，不仅监督国家机关及其工作人员，还包括检举违法失职的机关工作人员，如监察机关；《法律文书大词典》将监察定义为对政府部门及工作人员是否履行职责，是否有违法乱纪行为进行监督、检举和惩戒的工作。《现代汉语大词典·下册》中，则将监察的含义分为三个：①监督察看；②监督各级国家机关及其人员的工作，同时必须检举违法失职的机关或工作人员；③负有监督察看之责的官员。

---

① 李影. 中国古代监察权力控制机制研究［D］. 哈尔滨：黑龙江大学，2005.

(二) 监察权的起源

监察权，字面义为监察机构、监察官吏的权力、权限或职责。古罗马时代的监察官，以及作为国王代理人的西方封建社会监察官，他们所行使的权力实质为监察权。中国早在西周就有监察御史设置，以后历朝历代都记载有监察机构行使监察权的经历，但并没有哪个朝代明确提出监督权的独立概念。

事实上，监察职能作为国家权力的重要组成部分之一而存在。监察权在我国近现代历史上的首次提出，应该可以溯源到清末民初的孙中山先生。1906年12月，孙中山先生首次提出监察权和考试权应为"中华民国"宪法规定的五权内容，监察权实为中国的御史台。1921年3月，孙中山在广州重组军政府，到广东省教育会演讲"五权宪法"，强调中国的考试权和监察权。他强调，五权宪法既吸收了中国文化中的考试权和监察权，又借鉴了西方文化中的三权，是"中西合璧"的文化结晶。① 不过，1912年的"中华民国临时约法"仍然遵循的是"三权分立"原则，没有贯彻孙中山的五权分立及考试权、监察权独立的思想。直到1928年10月3日，南京国民政府通过了"国民政府组织法"，确立了包括"监察院"和"考试院"的"五权宪法"，明确"监察院"的职能为"专管监督弹劾"，监察权的独立地位得到正式确认。

新中国成立前后，党和政府一直非常重视对监察机构和监察权的建构与完善。1949年9月27日通过的《中华人民共和国人民政府组织法》规定，在政务院下设人民监察委员会，随后在9月29日通过的《中国人民政治协商会议共同纲领》中规定在县市以上的各级人民政府内设人民监察机关。1949年10月19日，中央人民监察委员会正式成立，行使监察权，人民监察委员会在1954年改设为监察部，1959年被撤销。1987年重新恢复设置监察部，行使监察权，其中包括检查权、调查权、建议权和行政处分权。1990年通过的《中华人民共和国行政监察条例》（已废止）第2条规定，监察机关是人民政府行使监察职能的专门机构。1997年通过的《中华人民共和国行政监察法》（已废止）规定，监察机关是人民政府行使监察职能的机关；监察机关依法行使职权，不受其他行政部门、社会团体和个人的干涉。2018年3月20日通过的《中华人民共和国监察法》规定，各级监察委员会是行使国家监察职能的专责

---

① 林绪武. 孙中山五权宪法的"中西合璧"文化解读 [J]. 广东社会科学，2013 (5)：109–116.

机关；监察委员会依照法律规定独立行使监察权，不受行政机关、社会团体和个人的干涉。从专门机构到机关，再到专责机关，从监察职能和职权到独立的监察权，监察权在我国法律体系和权力体系中的地位得到明显提升。因此，监察权在新中国的建构，经历了党政监察制度并存期（1949—1959年）、党的监察制度独存期（1959—1969年）、党政监察制度相继恢复期（1977—1993年）、党政监察制度合署办公期（1993—2018年）、行政监察上升为国家监察（2018年以后）五个发展阶段。

第二节 调查权概述

一、调查的词源

（一）"调"字的词源

"调"，古体为"調"，本义为声音调和、协调。但其有三个读音，读音不同则意各有差别。"调"的三个读音分别为 tiáo、diào 和 zhōu。读作 tiáo 时则有形容词、名词和动词的词性。作为形容词的"调"，本义为和谐、协调。《说文》记载："调，和也。"贾思勰《齐民要术》记载："若水旱不调，宁燥不湿。"相关的词语有调元、调序、调琴、调畅、调适等。作为名词的"调"，词义比较简单，专指烹调、调味。《吕氏春秋·察今》："一鼎之调。"

词性变化为动词的"调"tiáo，词义比较多：第一，调节；第二，驯服、训练；第三，调治、调养；第四，嘲笑；第五，掺和；第六，经搅拌、摇晃（不同物质）混合；第七，调节音高或使之入调；第八，演奏；第九，调剂；第十，调戏；第十一，掷、丢；第十二，耍；第十三，调弄、弹奏。

读作 diào 时则有动词和名词的词性。作为动词的"调"，词义比较多：第一，选拔或提拔官吏；第二，征用、提取、征发；第三，调动；第四，转动；第五，计算、调查；第六，耍弄，通"掉"；第七，互换，回转，同"掉"。

"调"diào 为名词时，其含义包括：第一，腔调，一个地区的本地人或居民的典型的言语习惯，如南腔北调、调类、调符等；第二，音调或音调变化，常常为构成句子或词组语调成分所特有，如高调；第三，曲调，为音乐的旋律，如二黄调、四平调等；第四，调式，高低长短配合且和谐的一组音，如大调；第五，格调、人的才气风格，类似词语有才调、雅调等；第六，意见、主张的基本倾向，如论调、唱高调等；第七，一种征收纺织品的户税。

"调"zhōu的读音，使用频率较低也较少见。"调"zhōu，名词，古体为"輖"，意指清晨、早晨，通"朝"。《诗·周南·汝坟》："未见君子，惄如调饥。"毛传曰："调，朝也。"调饥亦作朝饥，形容早上没吃东西时的饥饿状态，也比喻男女欢情未得满足或者渴慕的心情。不过，"调"字的这个读音zhōu和"调饥"这个词语，现代意义上已基本上不使用，《现代汉语词典》中也没有相关记载。

（二）"查"字的词源

"查"，本作"楂"，义为木筏，在汉语中有两个读音：chá 和 zhā，既可以作名词，也可以作动词。读 chá 时，名词词性上同木筏本义，通"槎"，晋朝王嘉《拾遗记·唐尧》："有巨查浮于西海。"唐朝杜甫《季秋·苏五弟缨江楼夜宴》诗："高随海上查。"类似词语有查影（筏影、船影）、查头（船头）。名词的"查"（chá），还可以指代树桩或者树杈、伐树后留下的残桩，如查卉（树木砍伐后的再生枝）。《隋书·杨约传》："尝登树坠地，为查所伤。"作为动词的"查"（chá），有三层含义：第一，审查、考查、检查、查核、搜查。《红楼梦》第一百零五回："尽行查抄。"类似词语查票、查勘。第二，在参考书中寻找，如查成语。第三，调查，如查看。

"查"读作 zhā 时，作名词的含义有：第一，渣滓，如查子账（不清不白的事）、查秽（渣滓秽物）等。第二，棍、杖之类；第三，放纵不拘礼节的人，类似的词语有查语、查谈等。第四，查儿，表示短而硬的胡子或头发。《儿女英雄传》第五回："那和尚生得浓眉大眼——一嘴巴子硬触触的胡子查儿。"① 第六，姓，如清朝浙江海宁人查慎行、武侠大家金庸本名为查良镛。第七，通"楂"。《先醒斋医学广笔记·果部》："山查，水润蒸，去核，净肉用。"

读作 zhā 音时常放在动词后，有以下含义：第一，用手抓；第二，张开、分开。

---

① 但炜. 相似义词的语义演变路径考察 [D]. 南昌：江西师范大学，2018.

二、调查权的渊源

(一) 调查的含义

调查（diào chá），基本含义为进行了解、考查。作为了解、考查情况的调查行为，在我国历史上一直存在。仅仅是"调查"这个词语，也在相关典籍中多次出现。如《管子·山至数》记载：有数即有轨，解已见《山国轨篇》，谓有通过调查统计而得之数据。尹注所谓"国之广狭、肥沃，人之所食多少，其数君素皆知之"是也，此谓善为国者，当以严守国谷为唯一要政，而调查统计又为守谷之最可靠的方法。①《崇祯长编》卷之三十四："山东巡抚沈珣，以奉命移驻德州，各镇单虚无兵，可调查德州原设二营。"《明光宗贞皇帝实录》卷之二："尚未回话，乃侦探忠素之言，却谓卜酋未曾传调查旧规，每次贡市在我未有催贡之赏卜酋得赏。"1879年，清朝黄遵宪在介绍日本历史及政事的《日本杂事诗》卷一中写道："天智十年，始置太政大臣（三公首职，犹汉相国）、左大臣、右大臣，相沿至今。……太政官中，复有调查、赏勋、法制三局，有总裁，即以参议分任之。"清末民初徐珂编撰的《清稗类钞·幕僚类》记载："张文襄督鄂时，有振兴实业之举，分咨各省，调查物产。"《清稗类钞·会党类》记载："咸丰辛亥，传闻至广州，官吏调查三合会，欲镇定之，遣道员某逐捕正成。"需要注意的是，曾经存在过"调察"这个与"调查"极为类似的词语。调察：调查察看。康有为《大同书》癸部第二章："用器精可以调察人之行事，令人难惰。"不过，现代汉语中，已经很少使用"调察"这个词语。

调查的基本含义就是了解、考查。后期的研究中，均是在这个基本含义上的适度解读和扩充。《当代汉语词典》《新编学生同义反义词典》《简明同义反义词典》中，将调查定义为：为了深入了解情况进行考察（多指到现场），如调查事实真相、现场调查、调查一桩罪行等。这里的定义，增加了"深入"的修饰词和"到现场"的考查要求。《新华汉语词典》《汉语同韵大词典》将调查定义为：主动对客观情况进行考察了解。这里的定义，增加了调查对象的"客观"界定。《中国农村工作大辞典》将调查定义为：为了达到某一目的，运用各种方法了解事物有关情况掌握资料的活动。这里的定义，

---

① 马非百. 管子轻重篇新诠（上册）[M]. 北京：中华书局，1979：364-365.

更加细致、明确、具体,强调了调查的目的性和计划性,是一个系统工程,是解决问题的基础。《中国成人教育百科全书》(经济·管理卷)将调查定义为:人们亲临现场或通过一定的手段作用于对象,从而对有关现象进行有目的、有计划地考察的方法。这里对调查进行定义的同时,提出了调查和观察的区别与比较:两者都是考察事物现象的认识方法,不同的地方在于:观察一般是在不干扰对象的条件下感知对象的外在情形,调查则不仅是察看,还可以通过提问、访谈、开座谈会等方式进行,不仅可以了解对象的外在情形,而且能够了解对象自身的感受、愿望、评价等。调查主要是用于对社会现象的认识,而观察可以用于认识社会现象,但更常用于自然现象的研究。

调查是人类很早就开始运用的一种了解事物、认识情况的方法。古代皇帝和官员们的微服出访、踏勘、巡视,就是为了维护统治而采用的调查方法。现代意义上,调查是社会科学的基本研究方法之一,有目的、有计划、有步骤地把特定的现象作为对象,开展实地调查,搜集与其相关的资料,加以整理、分析和综合的系统工作。在一般工作中,调查又称为了解情况、摸清问题,具体内容包括提出调查问题、确定调查对象、明确调查范围、固定调查方式、搜集实地资料、开展实地调查等活动。调查是各门科学普遍采用的基本手段,是各门科学的基础。调查方式多种多样,有普遍调查、抽样调查、典型调查,等等。作为社会科学的研究方法,调查不同于自然科学的研究,不是应用实验室研究的方法,而是应用调查表进行调查询问的方法。调查是一种有目的、有计划的社会科学研究方法。要制定正确的方针和政策,就必须在辩证唯物主义认识论的指导下,进行大量的调查工作。只有经过系统周密的调查,获得丰富的第一手材料,并经过去粗取精、去伪存真、由此及彼、由表及里的分析,使之上升为理性认识,才能得出正确的结论。

中国共产党和我国政府历来重视对调查的定位,在各类不同场合多次强调调查的地位和价值。对于调查的认识,毛泽东同志说过:"没有调查,就没有发言权。""调查就像'十月怀胎',解决问题就像'一朝分娩',调查就是解决问题。"① 针对当时的国内形势和战争形势,毛泽东同志提出,党内许多同志,还不了解没有调查就没有发言权这一真理,还不了解系统的周密的社会调查,是决定政策的基础。为此决定在中央和各地区设置调查研究机关,收集国内外政治、军事、经济、文化及社会阶级关系各方面材料,加以研究,

---

① 毛泽东.《农村调查》的序言和跋 [M]//毛泽东.毛泽东选集:第3卷.2版.北京:人民出版社,1991:789-794.

以为中央或者地方工作的直接助手。① 新中国成立后，调查成为各级党和政府工作的重要工作手段之一，先后通过立法、规定、办法等，在党纪执纪、行政决策、政纪处分、民刑司法、诉讼程序等领域，发挥了积极的、有效的作用。

（二）调查权的起源

作为了解事物、认识情况的一种方法，调查很早就已经存在于人类社会之中。作为一种了解事物、认识情况的权力，调查权也早已经存在于阶级社会中。不过，作为一种法律制度上的权力存在形式，调查权正式进入立法规划和制度建设的范畴，应当是在资产阶级建立国家和法律制度的过程中。根据《中华实用法学大辞典》的记载，调查权的职能源于17世纪的英国，通常被认为是实现议会对政府监督权所不可缺少的职能。在资本主义国家中，调查权即指国家立法机关的议会有对政府的活动进行调查并有要求得到证言和有关记录的权力。调查权的主要内容一般包括：围绕行使立法权进行的调查；政治调查，即有关行政部门违法行为嫌疑之调查；涉及有关国家机关侵犯公民权利问题的调查；选举调查；外交事务活动等项调查。调查的方法有组成对专门事项的调查委员会，传唤证人、听取证言、查看记录等，在调查时，任何机关或公民个人有义务提供证词和记录。《政治学辞典》中则指出，多数国家在法律上对调查权并无明文规定，只是在传统习惯上承认议会拥有这种权能。

法国哲学家、思想家米歇尔·福柯认为，调查程序是一种古老的财政和行政技术。调查乃是把通过一些有节制的技术来确定真相的权利归为己有的君主权力。现在，虽然调查自那时起已成为西方司法的一个组成部分，但是人们不应忘记它的政治起源，它与国家和君主主权的诞生的联系，它后来的扩展和它在知识形成中的作用。实际上，在经验科学的建立中，调查无疑一直是简陋却基本的因素。② 当英国议会在13世纪获得财政权后，对国家财政的监督需要也就产生了对调查权的需要。而17世纪英国议会的调查权和调查委员会，完全基于议会行使立法权和监督权的需要。调查权是议会活动必不

---

① 毛泽东. 中共中央关于调查研究的决定 [M] //毛泽东. 毛泽东文集：第2卷. 北京：人民出版社，1993：360-363.
② 福柯. 规训与惩罚：监狱的诞生 [M]. 刘北成，杨远婴，译. 北京：生活·读书·新知. 三联书店，1999：252.

可少的一项权力,而调查委员会则是议会行使调查权的最高组织形式。德国议会调查权始于1831年的库尔黑森邦(Kurhessen)宪法,它的第93条规定了议会各委员会享有某种调查权。1848年德国法兰克福《德意志帝国宪法》第99条中,第一次规定了全德帝国议会享有调查权。1850年《普鲁士宪法》第82条规定,议会"每一院有权成立若干情报委员会,对有关事实问题进行调查"。根据这项规定,在这部宪法有效期内,曾成立过三个调查委员会。1871年德国统一后的《德意志帝国宪法》,没有规定议会调查权,因为各邦宪法一般都做了这方面的规定。1919年《魏玛宪法》制定后,德国现代议会调查权正式得以确立。① 议会调查权的产生及其存在,并不意味着其他领域调查权的不存在。由于调查权的使用方式简单、适用范围宽广、操作程序方便,很快在其他各个领域得到广泛应用。

我国历史上早已存在调查权的雏形,只不过在封建社会诸法不分、刑民合体、程序实体混杂的时代,没有独立的调查概念和调查权的提法而已。据我国学者考察,早在秦汉时期就已经有了审案官员司法调查权的运用先例。通过对秦汉"爰书"(战国的秦国和秦汉时司法机关通行的一种文书形式)记载内容的整理,秦汉时期审案官员的司法调查权主要通过以下三种方式行使:讯问被告人、委托被告人原籍地官吏对被告人的个人情况进行了解、司法检验和现场勘查。② 不过,这里审案官员的司法调查权,与现代意义上的调查权研究,完全不可同日而语。其一,这里引用的任何一个文献,诸如《周礼·大司寇》《周礼·吕刑》《封诊式》等,均没有直接提到调查或者调查权的字样。其二,这里提到的三种司法调查权的方式,与其说是审案官员的司法调查权,毋宁说是侦查、公诉、审判职能不分的纠问式模式下的侦查职能,不能视为今天法官司法调查权的典型渊源。

我国现代意义上调查权的产生,应当追溯到民国时期一些机构的设立和职能的产生。1924年,中国国民党第一届中央执行委员第一次全体会议在广州开幕,会议决定设立国民党中央党部,下设农民部、青年部、妇女部、军人部、调查部、海外部等,这是全国性专职调查部门的首次设立。1946年12月25日,"中华民国"国民大会通过"中华民国宪法",其中规定"监察院"按"行政院"及其各部会之工作,分设若干委员,调查一切设施,注意其是

---

① 甘超英. 德国联邦议院的调查权 [J]. 中外法学, 1998 (1).
② 林铁军. 古代审案官员司法调查权溯源——以秦汉爰书为背景 [J]. 政法论丛, 2016 (1): 145–153.

否违法或失职；全国户口调查及统计工作，由中央立法并执行之，或交由省、县执行之。

1949年新中国成立后，在历次的立法规定和执法实践中，对调查权的规定都比较重视。1954年宪法第35条规定，在全国人民代表大会闭会期间全国人民代表大会常务委员会认为必要的时候，可以组织对于特定问题的调查委员会。调查委员会进行调查的时候，一切有关的国家机关、人民团体和公民都有义务向它提供必要的材料。但这个规定在1975年宪法中被删除，1978年宪法也未作规定。1982年宪法第71条基本上恢复了1954年宪法的规定，不同的地方是：1982年宪法直接赋予全国人民代表大会和全国人民代表大会常务委员会组织特定问题调查委员会的权力。除了（议会）人大调查权以外，我国其他领域的调查权也应用广泛，分别涉及行政执法、司法诉讼、党纪监督、政纪处分、民间纠纷等，下一部分继续赘述。

第三节 监察权与调查权比较

一、监察权与调查权的比较

（一）监察权与调查权的法律位阶不同

监察权与调查权，均属于国家政治体系和法律体系中的重要权力，均是统治阶级为了实现一定的统治目的而通过立法实现的权力的赋予与行使。从阶级社会历史发展的角度看，以监察权和调查权所涉及内容为主的国家权力或者行政权力，早已经存在，但早期国家和社会中存在的监察权和调查权均依附于行政权力甚至军事权力，没有独立的存在意义和价值。在资产阶级反封建斗争和建立国家政权的同时，监察权与调查权逐步获得相对独立的地位。不过，从法律位阶上看，监察权与调查权在世界范围内，均存在一定的差异。

监察权在西方的法律位阶低于在我国的法律位阶。由于西方大多数国家实行三权分立政治体制，任何性质的国家公权力均被划分为立法权、司法权和行政权三大部分，监察权显然难以获得与三大权力对应或者平级的地位，而被划入行政权的范畴。美国和日本均是如此，美国联邦及各州的行政机关内部，均设立了不同级别的监察长办公室，负责机关内部的行政监察工作；

日本在中央层面把监察机构设置于总务厅之内，2001年以后随着总务厅升格为总务省，监察工作改由总务省全面负责。① 这种行政权内设监察权的做法，也是我国监察体制改革前多年的做法，但我国2016年启动的监察体制改革，开始了我国行政权下设监察权向与行政权平行的国家监察权的转变。2016年11月，中共中央办公厅印发《关于在北京市、山西省、浙江省开展国家监察体制改革试点方案》，部署在三省市设立各级监察委员会，从体制机制、制度建设上先行先试、探索实践，为在全国推开积累经验。2017年11月4日，全国人大常委会通过在全国各地推开国家监察体制改革试点工作的决定。2018年3月11日，第十三届全国人民代表大会第一次会议通过《中华人民共和国宪法修正案》，明确在宪法第三章"国家机构"中增加一节——第七节"监察委员会"；监察委员会依照法律规定独立行使监察权，不受行政机关、社会团体和个人的干涉。这是监察权在我国宪法上的直接体现，明确监察权具有了宪法基础和独立属性，说明监察权从行政权力向国家权力的上升与进步。监察法律体系不同于行政法律体系，也不属于诉讼法律体系，而是宪法明确规定的独立的法律监察新体系。在宪法中明确监察权地位的，还有依据孙中山先生五权宪法理论构建的"中华民国宪法"，其在第九章《监察》规定，"监察院"为国家最高监察机关，行使同意、弹劾、纠举及审计权（第90条）；"监察院"为行使监察权，得向"行政院"及各部会调阅其所发布之命令及各种有关文件（第95条）。

  调查权的种类繁多使得其在法律体系中的位阶多样。根据对调查的词源和含义的理解，调查是一个应用简单、适用普遍的方法，是为了深入了解一定领域的具体情况而进行实地考察的行为。从上到下、从国外到国内、从历史到现代，了解情况、考察实际的做法一直存在。具体到调查权，最早可以溯源到英国于1689年以后的议会调查权，此时的调查权由于是国家最高立法机关制定颁布，因而当然也具有了最高的法律位阶。后期各个资本主义国家逐步发展起来的议会调查权，莫不是由相关宪法或者宪法性文件规定，如《德意志帝国宪法》《普鲁士宪法》《魏玛宪法》等，其法律位阶当然最高。不过，调查权不仅仅存在于立法机关的调查领域，还广泛地存在于行政执法、司法诉讼、律师取证、商务活动、民间行为中，因而其法律位阶当然就会出现多样的形态。其中包括最高权力机关制定的法律，如《民事诉讼法》《行政诉讼法》《律师法》等；国家最高行政机关制定的行政法规，如《铁路交通

---

① 秦前红，叶海波，等. 国家监察制度改革研究［M］. 北京：法律出版社，2018：26.

事故应急救援和调查处理条例》《电力安全事故应急处置和调查处理条例》等；最高审判机关和法律监督机关制定的司法解释，如《最高人民法院关于技术调查官参与知识产权案件诉讼活动的若干规定》《人民法院办理刑事案件第一审普通程序法庭调查规程（试行）》《关于加强行政机关与检察机关在重大责任事故调查处理中的联系和配合的暂行规定》等；国务院各部委制定的行政规章，如公安部的《火灾事故调查规定》、交通运输部的《内河交通事故调查处理规定》、生态环境部的《环境应急资源调查指南（试行）》、商务部的《反倾销问卷调查规则》以及国家统计局的《部门统计调查项目管理办法》、国家林业局的《林地变更调查工作规则》等。在社会商业交往和单位内部管理中，随处可见调查权的身影，如《企业员工满意度调查方案》《公司全面尽职调查工作方案》等。高校教学与学术研究中，以数据采集、数据存储、数据开发为主要方向的调查与数据工作，如中国社会调查网络、中国综合社会调查、中国教育追踪调查、中国宗教调查、中国老年社会追踪调查、大学生成长追踪调查、千人百村调查等大型长期追踪调查项目。这些民间的调查项目，其所进行的调查严格意义上说并不具有国家权力的性质，这类调查活动也不需要国家强制力保证实施，属于一种自发的、民间的、非强制性的活动，因此法律位阶很低，基本上处于一种民间协商合意状态。当然，作为研究对象的监察权与调查权，应当主要局限于国家法律明确规定且具有一定法律效力的行为，民间的、自发的调查行为不属于研究的重点。

（二）监察权与调查权的适用范围不同

除了法律位阶上存在较大不同外，监察权与调查权在具体适用范围上也存在很多不同。我国监察权的行使目标和适用范围明确、具体、单一，监察权的目标是为了深化国家监察体制改革，加强对所有行使公权力的公职人员的监督，实现国家监察全面覆盖，深入开展反腐败工作，推进国家治理体系和治理能力现代化；监察权适用于所有行使公权力的公职人员，调查其职务违法和职务犯罪，开展廉政建设和反腐败工作。相对于明确、具体、单一的监察权适用范围，调查权种类繁多，因而其适用范围当然也就更为繁杂。以下，结合调查权的主要种类，简要谈谈调查权的适用范围：

第一，立法监督领域的议会调查权。议会调查权主要是基于立法机构——议会行使立法权和监督权的需要的确保议会行使国家财政权和对国家财政监督的需要而产生的。议会调查权产生之前，议会对政府的监督，开始表现为单一的对国王的监督，后期逐步转变为对包括国王在内的政府主要官员进行监督，形成了包括干预英王对大臣的任免、对政府大臣进行质询以及对不法大臣进行弹劾三种主要监督形式。议会为了有效行使这些权力，必须对相关行为进行相应的调查，这就是议会调查权的早期萌芽。英国议会任何一院都可以成立委员会，来调查议会的组织，议员的行为或资格，议会的程序、权利或者特权，或者任何与公共利益有关的对立法有用的信息。1787 年美国联邦宪法虽然没有明确提到国会的调查权，但第一届国会就实际行使了调查权，而且美国法院从来没有否认国会具有调查权。① 概言之，议会调查权广泛存在于各国立法监督领域，即使有的国家宪法并未直接规定，但普遍认可的信念是：调查权隐含在宪法赋予国会的相关权力中，否则立法机关的立法权就是一个空中楼阁、水月镜花。

第二，行政执法领域的行政调查权。行政调查（administrative investigation），是指行政主体为实现一定行政目的而收集、整理和分析有关资讯的活动。② 不过，作为一个专业术语，行政调查权并没有获得行政法学界的一致认可，多将其与行政强制、即时强制、行政检查等混用。行政调查权是一种典型的行政职权，职权性表现在两方面：一是行政调查的主动性，是否实施行政调查以及行政调查的对象、方式、范围及顺序由行政机关依职权决定；二是行政调查的全面性，行政机关应当全面、客观、公正地实施行政调查，搜集、获取与实现行政目的有关的信息，不受相对人请求和意愿的限制，也不受行政机关自身好恶和偏见的限制。③ 行政调查的职权性，在世界各国行政程序法中均有所体现，如德国《行政程序法》第 24 条、奥地利《普通行政程序法》第 39 条、葡萄牙《行政程序法》第 86 条等。我国行政法律中也有行政调查权的体现，如 1996 年《行政处罚法》第 36 条至第 38 条规定的一般程序中；1999 年《行政复议法》第 3 条、第 22 条规定了行政复议中的调查取证、调查情况；2005 年《治安管理处罚法》第四章处罚程序中的第一节即为调查，等等。

第三，司法诉讼领域的法庭调查权。法官在庭审中或者庭审外的调查权，在西方不同法系国家之间有很大差别。英美对抗式审判制度中，法官居于消极裁判者的地位，他们不负有任何司法调查职责。在大陆法系国家，法官为查明案件事实真相，可以调查对被告人有利和不利两方面的证据和事实，并

---

① 李燕. 论议会调查权的产生及宪法化［J］. 人大研究，2013（8）：40-44.
② 余凌云. 行政调查论［M］//余凌云. 行政调查的理论与实践. 北京：中国人民公安大学出版社，2014：1.
③ 汤俪瑾. 论行政调查权的授予［J］. 行政法学研究，2012（4）：28-33.

可以采取各种调查手段。大陆法系各国的刑事诉讼法一般确立了四种庭外调查方式：第一种是法官亲赴法庭外询问证人、鉴定人；第二种是委托外地法官所进行的调查；第三种是法官在庭审过程中主持进行勘验、检查等调查活动；第四种是由合议庭成员以外的法官所制作的"附属采证"活动笔录，连同起诉书和其他文本一起移送给主审法官。① 我国三大诉讼法中，均规定了法庭在审理过程中的调查权。如1979年刑诉法第118条的法庭调查、第123条证据不充分或者发现新的事实的自行调查、第126条自诉案件中的法院调查，这些规定在1996年、2012年和2018年的刑诉法中，均得到维持。民事诉讼法和行政诉讼法相关条文，也规定了人民法院广泛的调查权。

第四，司法诉讼领域的律师调查权。三大诉讼法中，除了法院调查权外，均规定律师的调查权。1991年民诉法第61条规定，代理诉讼的律师和其他诉讼代理人有权调查收集证据，可以查阅本案有关材料。1989年行政诉讼法第30条规定，代理诉讼的律师，可以依照规定查阅本案有关材料，可以向有关组织和公民调查、收集证据。以上条款内容，在以后历次修订中均得以保留。刑事诉讼领域，虽然没有直接规定律师的调查权，但律师依法享有的权利的内容，其实体现了调查权的精髓。1996年刑诉法第37条规定，辩护律师经证人或者其他有关单位和个人同意，可以向他们收集与本案有关的材料，也可以申请人民检察院、人民法院收集、调取证据，或者申请人民法院通知证人出庭作证。辩护律师经人民检察院或者人民法院许可，并且经被害人或者其近亲属、被害人提供的证人同意，可以向他们收集与本案有关的材料。这里的收集材料、通知证人出庭作证等，自然属于律师调查权的重要内容。2012年刑诉法第40条规定，辩护人收集的有关犯罪嫌疑人不在犯罪现场、未达到刑事责任年龄、属于依法不负刑事责任的精神病人的证据，应当及时告知公安机关、人民检察院。这里增加的规定，一方面将收集证据的调查权主体，由辩护律师扩充到所有辩护人，另一方面明确了扩充调查权的对象：三类能够证明无罪或者不负刑事责任的证据。

第五，刑事诉讼领域的侦查机关调查权。在我国刑诉法中，公、检等机关侦查活动也多次提到调查的应用。如2012年刑诉法第55条和2018年刑诉法第57条均提到，人民检察院接到报案、控告、举报或者发现侦查人员以非法方法收集证据的，应当进行调查核实。2012年刑诉法第158条和2018年刑

---

① 杨明. 人民法院刑事庭外调查权重构［J］. 辽宁大学学报（哲学社会科学版），2003（1）：130-133.

诉法第 160 条均规定，在侦查期间，犯罪嫌疑人不讲真实姓名、住址，身份不明的，侦查机关应当对其身份进行调查。2019 年 12 月 30 日颁布并实施的《人民检察院刑事诉讼规则》第 72 条规定，人民检察院发现侦查人员以非法方法收集证据的，应当及时进行调查核实。很多时候，侦查机关依法行使调查权，是理所当然的事情。关于侦查权和调查权的关系，本节下面第三大点将详细论述。

第六，党纪查处领域的调查权。调查权不仅仅存在于常规司法、行政领域，也存在于中国共产党的党纪查处领域。1994 年 3 月 25 日通过的《中国共产党纪律检查机关案件检查工作条例》（以下简称《条例》）第 3 条规定，纪检机关依照党章和本条例行使案件检查权，不受国家机关、社会组织和个人的干涉。《中国共产党纪律检查机关案件检查工作条例实施细则》第 2 条则明确说明，这里所称的"纪检机关依照党章和本条例行使案件检查权"，是指纪律检查机关在党章和《条例》规定的职权范围内，对党员和党组织的违纪问题有权进行初步核实、立案和调查。可见，在党的纪律处分过程中，调查权是各级纪检机关行使案件检查权的重要组成部分，更是实现案件检查权的保障措施。2018 年 12 月通过的《中国共产党纪律检查机关监督执纪工作规则》第七章规定了审查调查的内容，明确纪检监察机关对党员、干部以及监察对象涉嫌违纪或者职务违法、职务犯罪，需要追究纪律或者法律责任的，应当立案审查调查。这里的"审查调查"作为违反党纪案件立案后的必然措施，是对纪律检查案件进一步确认和核实的重要手段。当然，按照党章和相关条例的规定，党纪查处领域的调查权，只能在党内使用且适用对象应当为党员。

二、监察权与检察权的比较

监察权与检察权不仅仅读音相近，在法律位阶、立法目的和调查措施等多方面也基本相同，是两个非常容易混淆、职能常常交织的两种权力形态。需要强调的是，由于不同国家的国家权力机构设置和权力体系不同，因此其监察体制和检察体制当然有较大的差异性。以下对监察权与检察权的比较，是基于我国现行宪法法律规定和现实国家机构设置而进行的。

（一）共性：法律位阶+立法宗旨+调查措施

监察权与检察权的法律位阶相同。从法律位阶上看，监察权与检察权都是宪法明确规定的权力形态。2018年宪法修正案规定，在宪法第三章"国家机构"中增加一节，作为第七节"监察委员会"，增加的五个条文分别规定了"各级监察委员会是国家的监察机关"的基本定位、监察委员会的组成和产生、国家监察委员会的地位、监察委员会与人大和人大常委会的关系、监察委员会独立行使监察权等内容。检察权则早在1954年宪法中已经得到体现，1954年宪法第81条规定，中华人民共和国最高人民检察院对于国务院所属各部门、地方各级国家机关、国家机关工作人员和公民是否遵守法律，行使检察权。地方各级人民检察院和专门人民检察院，依照法律规定的范围行使检察权。不过，随着"文化大革命"的推进，检察权随着检察机关的撤销而在1975年宪法中被废止。1975年宪法第25条第2款规定，检察机关的职权由各级公安机关行使。"文革"后，随着检察机关的恢复，检察权在宪法中的地位重新得到确认，1978年宪法第43条恢复了1954年宪法的相关规定。在1982年现行宪法中，虽然仍然在第131条有"人民检察院依照法律规定独立行使检察权"的规定，且在第129条确认了人民检察院是国家的法律监督机关，但删除了1954年宪法和1978年宪法规定的一般监督权，而将其限制于诉讼监督权。当然，不论是一般监督还是诉讼监督，都是宪法明确授予的国家权力，属于最高的法律位阶。

监察权与检察权的立法宗旨近似。国家依法规定的监察权与检察权，虽然在具体工作任务上存在一定的差异，但两个权力的宏观立法目的近似。2018年宪法修正案规定，监察委员会的组织和职权由法律规定。《中华人民共和国监察法》（以下简称《监察法》）在第1条规定了立法目的：为了深化国家监察体制改革，加强对所有行使公权力的公职人员监督，实现国家监察全面覆盖，深入开展反腐败工作，推进国家治理体系和治理能力现代化。第3条特别强调了各级监察委员会是行使国家监察职能的专责机关，依法对所有行使公权力的公职人员进行监察，调查职务违法和职务犯罪，开展廉政建设和反腐败工作，维护宪法和法律的尊严。《中华人民共和国人民检察院组织法》（以下简称《人民检察院组织法》）第2条规定，人民检察院是国家的法律监督机关。人民检察院通过行使检察权，追诉犯罪，维护国家安全和社会秩序，维护个人和组织的合法权益，维护国家利益和社会公共利益，保障法律正确实施，维护社会公平正义，维护国家法制统一、尊严和权威，保障中国特色社会主义建设的顺利进行。从《监察法》和《人民检察院组织法》规定的两个机关的职能和立法目的看，监察权和检察权都体现了一种法律监督、职能制约，都是通过一定主体和权力的行使实现社会公平正义和国家宪法法律的尊严。

监察权与检察权的调查措施重合。虽然我国《监察法》2018年才制定，但行政监察体制早已存在，从最早的《中华人民共和国行政监察条例》（以下简称《行政监察条例》，已废止）到后来的《中华人民共和国行政监察法》（以下简称《行政监察法》，已废止），在"监察机关的职责"中，均规定了相应的检查、调查措施。《监察法》第11条规定，监察委员会依照本法和有关法律规定履行监督、调查、处置职责。而在第四章监察权限中，规定了监察机关行使监督、调查职权可采取的措施、手段共15项：谈话、讯问、询问、留置、查询、冻结、搜查、调取、查封、扣押、勘验检查、鉴定、技术调查、通缉、限制出境。① 以上15项调查措施，绝大多数与刑诉法规定的侦查措施重合。根据我国刑诉法第3条的规定，检察、批准逮捕、检察机关直接受理的案件的侦查、提起公诉，由人民检察院负责；第164条则规定，人民检察院对直接受理的案件的侦查适用刑诉法典第二编第二章的规定。也就是说，检察机关行使包括侦查权在内的检察权，也可以行使讯问、询问、勘验检查、搜查、查封扣押、鉴定、技术侦查、通缉等措施。由此可见，对人身自由的限制措施，监察权规定的是留置以及限制出境，检察权规定的则是拘留、逮捕；监察权规定的谈话是一项独立调查措施，检察权则将这种谈话包含在讯问、询问中。除此以外，监察权的调查措施与检察权的侦查措施绝大部分重合，甚至完全一致。

（二）个性：产生时间+适用范围+实施对象

从历史产生和发展角度看，监察权与检察权不同步，前者远远早于后者。监察权随着监察制度的产生而产生，监察制度随着阶级社会统治阶级统治权的产生而出现。甚至有学者考证，原始社会中就已经存在舆论的监督监察作用。据《管子》《吕氏春秋》记载，黄帝曾设立"明台"作为听政、询事和征求意见的地方；尧设"衢室"以便广听民意；舜设"旌"，鼓励人们在旌旗下发表议论；禹在朝堂前设谏鼓，便于百姓击鼓进谏；汤有"总街之庭"，以了解民众对朝政的议论。② 当然，此时监察思想制度的雏形，与国家正式的监察制度以及监察权，不可同日而语。但监察思想和监察制度在人类社会的历史起源很早，这一点毋庸置疑。相比较而言，检察权的产生和发展，

---

① 姜明安. 监察工作理论与实务［M］. 北京：中国法制出版社，2018：41.
② 转引自王正. 监察史话［M］. 北京：中国大百科全书出版社，2000：1-2.

是近现代欧洲各国法律制度和检察制度产生和发展的产物。一般认为，现代意义上的检察制度起源于中世纪的英国和法国。① 不过，这种依据两大法系的分类将检察制度的起源两分的做法，并未获得学界的广泛认可，有学者指出，英国虽然在1879年设置了被称为"公诉长官"（Director of Public Prosecutions）的检察官（Public Prosecutor）官职，但该官职的实质职能与现代检察官的职能相去甚远。现代检察制度起源并发展成熟于法国，后经德国等欧洲国家传播到世界各国，包括英美法系国家。② 在法国的封建割据时代，法国国王为了维护自己在各个封建领地的合法权益，通常委托自己的代理官出席或向领地法庭（或称为庄园法庭）告发。渐渐地，原先代表国王承担告发责任的代理官，开始代表国王"听取私人告密、进行侦查、提起诉讼、在法庭上支持控诉，以及抗议法庭的判决等"③。也就是说，早期的检察制度起源于法国的国王代理官、国王代理人，逐步演变为今天的代表国家提起公诉的拥有检察权的检察机关。我国的检察制度和检察权，甚至到清末民初才提出并开始建构，远远落后于进入阶级社会就已经形成的监察制度和监察权的产生时间。

从适用范围上看，监察权与检察权有一定重合，但监察权的范围远远大于检察权。2018年宪法修正案规定，监察机关办理职务违法和职务犯罪案件。《监察法》第11条则明确将职务违法和职务犯罪的类别归纳为七大类：贪污贿赂、滥用职权、玩忽职守、权力寻租、利益输送、徇私舞弊、浪费国家资财。2018年4月17日，中央纪委、国家监委在印发的《国家监察委员会管辖规定（试行）》中，将职务犯罪的案件类别详细列举为六大类88个。众所周知，2016年开始试点、2017年逐步推广的国家监察体制改革，其中的核心内容之一，就是将原来检察机关的贪污贿赂犯罪、渎职犯罪和犯罪预防职能和机构，整体转隶监察委员会。也就是说，监察权的适用范围中，职务犯罪案件绝大部分原来是检察机关检察权的适用范围。根据2018年刑诉法的修改，转隶后的检察机关，虽然还保留了侦查权，但仅仅局限于对诉讼活动实行法律监督中发现的司法工作人员利用职权实施的非法拘禁、刑讯逼供、非法搜查等侵犯公民权利、损害司法公正的14类犯罪，以及对于公安机关管辖的国家机关工作人员利用职权实施的重大犯罪案件的机动侦查权。从直接调查或者侦查的案件范围来看，监察机关的适用范围远远超过检察机关，检察机关

---

① 张智辉. 检察制度的起源与发展 [N]. 检察日报，2004-2-10.
② 陈国庆，石献智. 检察制度起源辨析——兼论检察机关的职能定位 [J]. 人民检察，2005（9）：19-22.
③ 洪浩. 检察权论 [M]. 武汉：武汉大学出版社，2001：61.

目前保留的14类案件，也局限于司法工作人员利用职权实施的。当然，检察权不仅仅只有侦查权，还有批准逮捕、提起公诉等，这些权力形态没有受到转隶的直接影响。

从实施对象来看，监察权与检察权分别属于对人权和对事权。监察委对公职人员个人进行监察，调查职务违纪违法和犯罪；检察机关履行法律监督职权，是依法对司法机关、执法机关在诉讼和相关执法过程中的违法行为进行监督纠正。监察权是对个人，检察权是对机关行使权力的行为；监察权是对公职人员全覆盖，检察权重在发现诉讼过程的职务行为不正当性。在现代国家政治权力结构中，监察权则属于对人权，而立法权、行政权和司法权属于对事权。① 概言之，检察权着重解决的是行为的合法性问题，监察权重点解决的是行使公权力公职人员的廉洁问题。根据《监察法》第15条规定，监察机关对中国共产党机关、人民代表大会及其常务委员会机关、人民政府、监察委员会、人民法院、人民检察院六大类公职人员和有关人员进行监察，可见监察委员会的监督对象是自然人，而不是组织。但检察机关检察权的监督对象则是国家机关，包括司法机关和行政机关，检察机关的监督针对的是国家机关的行为，非国家机关的工作人员。② 因此，虽然外表看来，监察权与检察权似乎非常相似，都是对一定对象的监督制约，但侧重点、关注点显然不同，覆盖面和影响面当然也就不同。

（三）互动：受理案件+调查取证+审查起诉

作为国家执法活动的重要环节，不论是国家监察领域的监察权，还是诉讼监督领域的检察权，虽然两者存在着若干相同点和诸多不同点，但更多时候是一种互相配合与互相制约关系。2018宪法修正案增加第127条第2款规定，监察机关办理职务违法和职务犯罪案件，应当与审判机关、检察机关、执法部门互相配合，互相制约。《监察法》第4条也作了完全相同的规定。这种互相配合与互相制约关系，主要表现在以下几个方面：

在受理案件过程中，监察权与检察权是互相配合、互相制约的关系。检察院在对公安机关的侦查活动、人民法院的裁判活动以及其他行政机关职务活动实施检察监督的工作过程中，发现有公职人员涉嫌职务违法或者职务犯

---

① 李张光. 关注国家监察体制改革 [N]. 民主与法制时报，2017-1-1（5）.
② 夏金莱. 论监察体制改革背景下的监察权与检察权 [J]. 政治与法律，2017（8）：55-64.

罪的问题线索，应当将相关的线索移交监察机关调查、处置。监察机关对于报案或者举报，应当接受并按照有关规定处理，对于不属于监察机关管辖的，应当移送相关主管机关（当然也包括检察机关）处理。2019年修订的《人民检察院刑事诉讼规则》第17条规定，人民检察院办理直接受理侦查的案件，发现犯罪嫌疑人同时涉嫌监察机关管辖的职务犯罪线索的，应当及时与同级监察机关沟通。经沟通，认为全案由监察机关管辖更为适宜的，人民检察院应当将案件和相应职务犯罪线索一并移送监察机关；认为由监察机关和人民检察院分别管辖更为适宜的，人民检察院应当将监察机关管辖的相应职务犯罪线索移送监察机关，对依法由人民检察院管辖的犯罪案件继续侦查。在受理案件和确定管辖中，充分体现了监察权与检察权的互动、互帮、互助。

在案件调查取证环节中，监察权与检察权是互相配合、互相制约的关系。监察机关依照《监察法》规定收集的物证、书证、证人证言、被调查人供述和辩解、视听资料、电子数据等证据材料，在刑事诉讼中可以作为证据使用；监察机关在收集、固定、审查、运用证据时，应当与刑事审判关于证据的要求和标准相一致。监察机关经调查，对违法取得的财物，依法予以没收、追缴或者责令退赔；对涉嫌犯罪取得的财物，应当随案移送人民检察院。对监察机关移送的案件，人民检察院依照刑诉法的规定对被调查人采取强制措施，经审查后认为需要补充核实的，应当退回监察机关补充调查，必要时可以自行补充侦查。这里的相关内容，体现了监察调查程序与刑事诉讼程序的衔接，体现了监察调查权与检察起诉权的互相配合与相互制约。

在案件审查起诉阶段中，监察权与检察权是互相配合、互相制约的关系。监察机关调查终结的犯罪案件，必须移送检察机关提起公诉。检察机关对于有刑诉法规定不起诉情形之一的，经上一级人民检察院批准，依法做出不起诉的决定；监察机关认为不起诉的决定有错误的，可以向上一级人民检察院提请复议。检察机关是否按照监察机关调查终结的结论移送审查起诉，也证明了诉讼程序中检察权对监察权的制约。当然，对于检察机关不起诉决定，监察机关有权向上一级人民检察院提起复议，这也体现了监察权对检察不起诉权的监督制约。不过，《监察法》第47条第4款的这个规定，有点不明确：检察机关提起复议的"上一级人民检察院"，到底指的是哪一级人民检察院呢？从法条字面意义上理解，显然应当是做出不起诉决定的检察院的上一级检察院。但由于对监察机关移送案件不起诉决定本来就是做出决定的检察院向上一级检察院获得批准以后才做出的决定，那么做出不起诉决定的批准检察院和复议检察院就发生同一了？但是，如果提起复议的"上一级人民检察院"是指不起诉决定的批准检察院的上一级检察院，则意味着最低级别为省级检察院，似乎也不太现实。

三、调查权与侦查权的比较

（一）调查权与侦查权的中国视野

调查权与侦查权，是非常接近且极容易混淆的两个权力，特别是在刑事执法和司法诉讼领域，两个权力经常被混用。相比较而言，调查权是一个使用频率较高、应用范围较广泛的权力，侦查权则主要局限于刑事诉讼程序中，相对比较单一。需要注意的是，在英文原文中，调查与侦查均来源于 investi-gation，因而对国外的相关法律规定进行比较考察中，除非能够直接阅读外文（不仅局限于英文）且同一国家或者地区的法律文件中同时出现两个相关词语，否则这种域外比较就没有什么意义，可能只是译者翻译上的习惯而已。此外，由于调查的种类繁多，调查权的适用范围也非常繁杂。本部分对两个权力的比较，主要是在我国刑事诉讼程序和监察程序范围内进行，不作纯理论性的、全覆盖性的分析和研究。也就是说，这里的中国视野，主要就是针对监察调查权和侦查权的比较。

监察调查权是国家通过《监察法》立法，赋予监察委员会针对职务违法和职务犯罪所进行的必要权限和措施，是将原《行政监察法》中已有规定和实践中正在使用、行之有效的措施法定化的标志。监察调查权在法律依据、存在目的、行使主体、适用对象等方面，与一般刑事犯罪案件中的侦查权当然不同。法律依据上，监察调查权的依据是《监察法》；侦查权的依据是《中华人民共和国刑事诉讼法》（以下简称《刑事诉讼法》）。存在目的上，监察调查权体现了惩戒与教育相结合、宽严相济的目的；侦查权体现了侦查机关保障人权与打击犯罪并重、实现公正与诉讼效率平衡的目的。行使主体上，监察调查权的主体是各级监察委员会；侦查权的主体是具有特定主体资格的侦查机关和侦查人员，在我国主要是公安机关、人民检察院，也包括国家安全机关、军队保卫部门、中国海警局和监狱，其他任何机关、团体或者公民个人都无权行使侦查权。适用对象上，监察调查权的对象是涉嫌贪污贿赂、滥用职权、玩忽职守、权力寻租、利益输送、徇私舞弊以及浪费国家资财等职务违法和职务犯罪的公职人员，监察对象是行使公权力的公职人员；侦查权的适用对象是涉嫌犯罪的犯罪嫌疑人，涵盖了普通人员涉嫌犯罪、公职人员涉嫌特定犯罪、军人违反职责的犯罪和军队内部发生的刑事案件、海上发生的刑事案件和罪犯在监狱内犯罪的案件等。此外，在具体方法上，虽然监察调查权和侦查权拥有相同的讯问、询问、查询、冻结、搜查、调取、查封、扣押、勘验检查、鉴定 10 项措施，但监察调查权还有自己独立特色的谈话和留置措施，侦查权还拥有辨认、拘留逮捕等强制措施，监察调查权中的技术调查、通缉、限制出境 3 项措施需要侦查机关来具体执行，两个权力在具体行使方法或者执行措施上略有不同。

其实，调查权与侦查权的比较，真正的难点不在监察调查权与侦查权的比较，而在刑事诉讼程序背景下的调查权与侦查权的比较。从 1979 年刑诉法开始，到 2018 年刑诉法的第三次修正，历次刑诉法条文中，均存在调查与侦查并存的规定，如何看待同一个法律中同时存在的调查与侦查呢？前面在"监察权与调查权的比较"部分，曾经谈到调查权包括议会调查权、行政调查权、法庭调查权、律师调查权、侦查机关调查权、党纪调查权等类别，以上六大类调查权中，法庭调查权、律师调查权、侦查机关调查权均出现在刑事诉讼法典相应条文中，这三类调查权的不同之处仅为行使主体不同。所以，调查权与侦查权进行比较，其中最难的地方是：侦查机关（我国主要表现为公安机关）既有侦查权又有调查权，两者有什么区别呢？除了法庭调查权、律师调查权外，1979 年刑诉法体现侦查机关或者侦查人员调查权的地方只有一个：审判人员、检察人员、侦查人员必须保证一切与案件有关或者了解案情的公民，有客观地、充分地提供证据的条件，除特殊情况外，可以吸收他们协助调查（第 32 条）。2018 年刑诉法增加了检察机关的调查核实权和侦查机关的调查权：人民检察院接到报案、控告、举报或者发现侦查人员以非法方法收集证据的，应当进行调查核实（第 57 条）。犯罪嫌疑人不讲真实姓名、住址，身份不明的，应当对其身份进行调查（第 160 条第 2 款）。

特别值得关注的是，1979 年刑诉法第 58 条（一）中，对侦查的概念进行了法条界定：侦查是指公安机关、人民检察院在办理案件过程中，依照法律进行的专门调查工作和有关的强制性措施。从这个法条规定来看，在刑事诉讼领域，专门调查工作很显然是侦查的内容之一。按照权威教材的解读，所谓专门调查工作，是指刑事诉讼法所规定的为收集证据、查明犯罪而进行的调查工作，具体包括讯问犯罪嫌疑人，询问证人、被害人，勘验、检查，侦查实验，搜查，查封、扣押物证、书证，查询、冻结存款、汇款、债券、股票等财产，鉴定，技术侦查等诉讼活动。① 这里的专门调查工作，实际上涵盖了刑诉法典分则侦查篇章中规定的所有侦查行为类别。然而，也有教材认为，专门调查工作是指为查明案情而开展的调查访问、询问证人、勘验检查、鉴定和侦查实验等活动，讯问犯罪嫌疑人、搜查、扣押物证书证、通缉以及技术侦查措施等是强制侦查措施，属于强制性措施之一。② 这两类观点的不同之处在于：前者没有详细区分调查工作中的强制性与非强制性，后者根据是否带有强制性对专门调查工作进行了区分，认为本身包含有强制性的专门调查工作属于有关强制性措施。不过，以是否带有强制性区分专门调查工作和强制性措施，似乎也尚未成为通说。在由公安部政治部组编的全国公安高等教育（本科）规划教材中，不同学者、不同教材中的说法，甚至都不一致，有的将自身带有强制性的行为排除在专门调查工作之外③，有的则将专门调查工作分为包括讯问犯罪嫌疑人等在内的一般性专门调查工作和技术性、秘密性较强的特殊性调查工作。④ 这种争议随着2018年刑诉法修正案的颁布，戛然而止。2018年刑诉法修正中，将原来侦查概念中的"专门调查工作"修改为"收集证据、查明案情的工作"，使得对"专门调查工作"的概念和范围的界定，已经没有意义。但对于为什么进行这种修改，立法者并没有作具体详细的说明，只是提及使侦查工作更明确、更具体。而在2018年以后修订的刑诉法教材中，将"收集证据、查明案情的工作"解读为一系列调查工作。⑤ 总的说来，在刑事诉讼程序中，既有法庭、律师的调查权，也有侦查人员的调查权；侦查人员既可以行使侦查权，也可以行使调查权，只不过"调查"出现的地方很少、频率很低而已。作为一个已经泛化的权力形态，调查既然在行政领域、民事领域甚至社会领域均可以使用，在刑事诉讼以及侦查过程中当然也可以使用。

（二）调查权与侦查权的日本视野

国外视野下看待调查权与侦查权的关系，如果不是该国刑事诉讼法典或者某本已经译成中文的相关教材书籍中，同时出现两个词语，是没有研究意义和研究价值的，毕竟完全可能存在翻译上的差距问题。正是由于日本刑事

---

① 陈光中. 刑事诉讼法（第六版）[M]. 北京：北京大学出版社，2016：287.
② 杨宗辉. 侦查学总论（第二版）[M]. 北京：中国检察出版社，2017：24.
③ 郝宏奎，陈刚. 侦查学 [M]. 北京：中国人民公安大学出版社，2014：3-4.
④ 高春兴，李双其. 侦查学总论 [M]. 北京：中国人民公安大学出版社，2015：2.
⑤ 宋英辉，甄贞. 刑事诉讼法学 [M]. 6版. 北京：中国人民大学出版社，2019：263.

诉讼法典和日本学者的研究中，均同时出现这两个非常类似的词语，因此从日本视野研究两者的关系，才显得具有特定意义和价值。

日本刑事诉讼法典中，同时出现了调查与侦查的用法。为了避免出现因译者翻译不同的差异，笔者特别对目前国内各个不同版本的法典进行了对比。由中国政法大学出版社出版的外国刑事诉讼法典系列中，宋英辉教授2000年翻译的《日本刑事诉讼法》应当是比较权威的版本。该版本法典第197条［在侦查中的必要调查］第1款规定，为实现侦查的目的，可以进行必要的调查。但除本法有特别规定的以外，不得进行强制处分；第198条［要求被疑人到场并对他进行调查］规定，检察官、检察事务官或者司法警察职员，为实施犯罪侦查而有必要时，可以要求被疑人到场对他进行调查。这两个条款中的"侦查"与"调查"，在中国检察出版社2016年编辑出版的《世界各国刑事诉讼法·亚洲卷》中的《日本刑事诉讼法》和人民法院出版社2017年张凌、于秀峰编译的《日本刑事诉讼法律总览》中《刑事诉讼法》内容完全一致。

日本学术界特别是刑事诉讼法学界，对调查和侦查的研究也不少。有学者对"调查"用语的意义进行了细致的分析和研究，提出这一用语在《刑事诉讼法》中大体上有四种用法。第一，如第197条那样，指一般的侦查活动。第二，在第43条第3款（合议庭或者法官为做出裁定或者命令而有必要时，可以调查事实——非日本学者标注，而是为了研究方便添加的）中，表示"事实调查"，因此一般指法官的认识活动，这也是一种广义上的用法。第三，在第282条（公审庭的调查）、第305条（审判长应检察官、被告人或者辩护人的请求而调查证据文书）中，指法官根据法定的证据调查方式，认识证据内容。第四，第198条以及第223条（要求被疑人以外的人到场，进行调查）的"调查"是指侦查人员对掌握信息的人（无论是被疑人还是被疑人以外的人）进行询问，要求其做出回答来获取情报的活动。常说的"调查技术"是指第四种意义上的调查。① 从以上日本学者的归纳和日本相关法条的规定看，日本的调查可能与一般侦查活动同义，但广义上则完全超过侦查活动的含义。日本刑事诉讼法中的调查主体，既可以是法院的法官，也可以是检察官、检察事务官或者司法警察职员；针对对象既可以是被疑人，也可以是被疑人以外的人。

---

① 松尾浩也.日本刑事诉讼法.上卷（新版）［M］.丁相顺,张凌,译.北京：中国人民大学出版社，2005：53.

日本还有学者对侦查和调查的应用范围和主体进行了分析和界定。日本的侦查是侦查机关实行的一种程序，所谓侦查机关，是指检察官、检察事务官和司法警察。特殊的行政机关所进行的调查，也有与侦查活动相类似之处，但这并不是日本刑事诉讼法中规定的侦查，也就是说，这些机关以某种违反法令的嫌疑为前提，为了证明该违反法令的事实而被赋予调查权。实际上其虽具有近似侦查的功能，但并没有法令上的侦查权限，仅仅是为了作出行政上的处理而进行的一种准备行为。以下是可以进行调查的机关之种类：（一）调查违反税法违章案件的行政机关（包括国税稽查官、税务署职员、海关职员、地方税的征收吏员、证券交易等监察委员会，以及专卖公司的职员、烟草公司的职员）；（二）公安调查官；（三）入国警备官；（四）公正交易委员会和该委员会的职员；（五）消防署长。① 这里的分析与界定，将侦查和调查在使用主体、适用范围、启动前提等方面，进行了很好的比较与研究，澄清了两者的区别。还有日本学者也对侦查与调查的适用范围进行了分析，侦查是侦查机关运行的行为，譬如非侦查机关关税稽查官就逃税案件进行的调查、海关职员就秘密进出口案件进行的调查、消防官就起火原因进行的调查等，虽然类似犯罪侦查，但并非刑事诉讼法上的侦查；侦查是围绕犯罪行为进行的，非属犯罪行为的事项，如对单纯私生活的调查等，即使采取跟踪、监视等类似犯罪侦查的形式，也并不是侦查。② 这里对两者的解读，则是从主体和行为方面，分析了侦查与调查的区别。

（三）调查权与侦查权的俄罗斯视野

中国和日本的刑事诉讼法典中，虽然均出现了调查与侦查的规定，但实际上中、日学界一般均认为调查更多时候适用于行政领域，刑事领域的应当被称为侦查，所以中国和日本刑事诉讼领域侦查人员调查的出现场合、使用频率并不高。与中国和日本法律规定不同，俄罗斯刑事诉讼法典不仅出现了调查和侦查的规定，也详细地对两者的权力主体和适用范围进行了界定。在苏联、俄罗斯历史上的各个不同刑事诉讼法典的版本中，大多数在篇章目录中就已经出现调查与侦查的字样和内容。立足于1922年苏联第一部刑事诉讼法典、根据1937年苏联司法人民委员部出版的俄文原本译出的《苏俄刑事诉

---

① 裘索. 日本国检察制度 [M]. 北京：商务印书馆，2003：55-56.
② 土本武司. 日本刑事诉讼法要义 [M]. 董璠舆，宋英辉，译. 台湾：五南图书出版公司，1997：81.

讼法》，第二编第七章为《刑事案件之诉追（检举）》、第八章为《调查》、第九章为《预备侦查程序之一般条件》。① 1960年10月27日制定通过并一直沿用至1991年苏联解体后的《苏俄刑事诉讼法典》，第二编题目为《提起刑事诉讼、调查和侦查》。② 2001年12月18日颁布的新的《俄罗斯联邦刑事诉讼法典》中，第二部分《审前程序》第八编《审前程序》中，在第21章和第22章分别规定了审查调查的一般条件和侦查的内容。③ 以后的历次修订中，基本上维持了这个大的框架结构，保持了调查与侦查并行的审前程序体系。

俄罗斯的"审前调查"分为侦查和调查两种形式，而且均为合法的刑事诉讼的行为，所收集的证据可作为刑事诉讼的证据。俄罗斯的"审前调查"以侦查为主、调查为辅。④ 在苏维埃刑事诉讼历史上，调查和侦查作为审前程序的两种形式，有着统一的任务和活动方式，但它们并不存在互相隶属的关系；调查不是侦查的必经程序，调查所取得的材料在审判中具有与侦查所取得的材料同样的证据意义。⑤ 移送法院审理的绝大多数刑事案件都要进行审前调查。俄罗斯学者提出，调查的主要形式是侦查，侦查是一个诉讼行为体系，侦查员的权力具有命令的性质，侦查员有权向调查机关发出对他所受理的具体刑事案件进行侦缉的书面指示。调查是审前调查的独立（第二种）形式，侦查员和调查人员在审前调查过程中所作出的大多数决定和所采取的行为的法律意义也是一样的。⑥ 作为非常相似又同处于审前程序同一部分的两个不同行为，调查和侦查在许多属性方面具有不同的地方，主要表现在以下三方面。

第一，行使权力的主体不同。根据《俄罗斯联邦刑事诉讼法典》第40条第1款的规定，俄罗斯联邦的调查机关包括：俄罗斯联邦内务机关以及依照联邦法律享有侦缉权的其他行政机关；俄罗斯联邦首席法警、俄罗斯联邦首席军事法警、俄罗斯联邦各主体的首席法警以及他们的副职、主任法警、主任军事法警，以及俄罗斯联邦宪法法院、俄罗斯联邦最高法院和俄罗斯联邦最高仲裁法院的主任法警；部队、军团的指挥员以及军事机构或卫戍区的首

---

① 张君悌. 苏俄刑事诉讼法 [M]. 北京：新华书店，1949：17-24.
② 苏方遒，徐鹤喃，白俊华. 俄罗斯联邦刑事诉讼法典 [M]. 北京：中国政法大学出版社，1999：66-91.
③ 黄道秀. 俄罗斯联邦刑事诉讼法典 [M]. 北京：中国政法大学出版社，2003：114-135.
④ 周章金. 中国和俄罗斯联邦刑事诉讼法典比较研究 [M]. 长春：吉林人民出版社，2006：226.
⑤ 陈光中. 中华法学大辞典·诉讼法学卷 [M]. 北京：中国检察出版社，1995：108.
⑥ 古岑科. 俄罗斯刑事诉讼教程 [M]. 黄道秀，王志华，等译. 北京：中国人民公安大学出版社，2007：291-295.

长；国家消防机关。按照《俄罗斯联邦刑事诉讼法典》第151条规定的侦查管辖中，规定享有侦查权的主体包括检察院的侦查员、国家安全局机关的侦查员、俄罗斯联邦内务部机关的侦查员、税务警察机关的侦查员。

第二，适用的案件范围不同。在苏维埃刑事诉讼中，把案件分为必须进行侦查的案件和非属必须进行侦查的案件。法律规定，绝大多数犯罪案件都必须进行侦查。非属必须进行侦查的案件，是指法典规定的较为轻微的案件，对于这些刑事案件，一般不必进行侦查，只由调查机关进行调查后，即可交付法院进行审判。① 现在，调查作为审前调查的形式之一，在侦查有限范围内的犯罪时可以进行。通常这种犯罪案件只包括俄罗斯联邦刑诉法典和刑法典分则规定的100多种犯罪，其中大多数是不复杂的轻罪案件和中等严重犯罪案件。对未列出的轻罪案件和中等严重犯罪案件只能根据检察长的书面指示进行调查。对严重犯罪和特别严重犯罪案件即便根据检察长的指示也不允许进行调查。② 也就是说，调查权和侦查权根据案件的严重程度，分别适用于不复杂的轻罪案件和复杂的轻罪以及中等、严重犯罪案件。

第三，具体的方法程序不同。采用调查方法进行审前调查的犯罪案件的调查程序与进行侦查程序相比有某些简化。比如，调查的期限缩短，进行调查的期限比进行侦查的期限短，具体为通常不能超过20日，个别情况例外；必须进行补充调查或者其他原因时，检察长有权将调查期限延长10日；如果对犯罪嫌疑人已经选择了羁押作为强制措施，则调查人员应自实际羁押之日起10日内制作起诉意见书。而刑事案件的侦查应在自提起刑事案件之日起的2个月期限内终结，由区、市检察长或同级军事检察长以及他们的副职延长到6个月（第162条）。

根据起诉方式的不同，俄罗斯联邦所有的刑事案件可以分为三类：提起公诉的刑事案件、提起自诉的刑事案件和公诉与自诉混杂的刑事案件。公诉案件中均存在侦查权或者调查权的行使问题。《俄罗斯联邦刑事诉讼法典》第150条规定，审前调查以侦查或调查的形式进行。对所有刑事案件均必须进行侦查，但该条第3款所列犯罪案件可以进行调查。检察机关、警察机关以及调查机关的侦查员及调查人员均可在一定范围内行使侦查权力或者调查权力。

---

① 陈光中.中华法学大辞典·诉讼法学卷[M].北京：中国检察出版社，1995：25.
② 古岑科.俄罗斯刑事诉讼教程[M].黄道秀，王志华，等译.北京：中国人民公安大学出版社，2007：295.

第四节　监察调查权是监察权的核心体现

一、监察调查权是监察权的三大组成之一

前面对监察权与调查权进行了比较，但这种比较是宏观地从监察权和调查权两者的范畴理解，并没有在《监察法》的范畴内对两者进行比较。根据《监察法》第11条的规定，监察委员会依照本法和有关法律规定履行监督、调查、处置职责。可见，监察调查权是监察委员会监察权的三大重要内容之一，是国家机关依法享有的权力。这里仅仅研究监察调查权与监察权的关系，更准确地说，应当是指监察调查权在监察权体系中的地位和作用。前面分析了六类不同调查权的内容，但并未完全涵盖调查权的全部类别，如监察调查权就不在其中。随着我国监察体制改革的深入和2018年《中华人民共和国宪法》的修订以及《监察法》的出台，监察权在我国获得了宪法基础地位和国家监察定位，监察调查权不再是行政执法领域的行政调查权，而是一类特殊的调查权，是我国监察权的重要组成部分。

2018年宪法修正案中，明确规定监察委员会依照法律规定独立行使监察权。随后通过的《监察法》将宪法确定的监察权具体细化为监督、调查、处置三项职责。三项职责中，监督是监察委员会的首要职责，监察机关履行监督职责的方式包括教育和检查。调查是监察委员会的一项经常性工作，主要内容包括涉嫌贪污贿赂、滥用职权、玩忽职守、权力寻租、利益输送、徇私舞弊以及浪费国家资财这7类职务违法和职务犯罪行为。处置主要包括四方面内容：一是对违法的公职人员依法做出政务处分决定；二是对履行职责不力、失职失责的领导人员进行问责；三是对涉嫌职务犯罪的，将调查结果移送人民检察院依法审查、提起公诉；四是向监察对象所在单位提出监察建议。[①] 监察调查权是监察权的三个组成部分之一，是对七类职务违法和职务犯罪行为进行了解情况、获取证据的重要渠道，是监察委员会开展廉政建设和反腐败工作、维护宪法和法律尊严的一项重要措施。

---

① 《〈中华人民共和国监察法〉图解》编写组.《中华人民共和国监察法》图解[M].北京：中国方正出版社，2018：38-39.

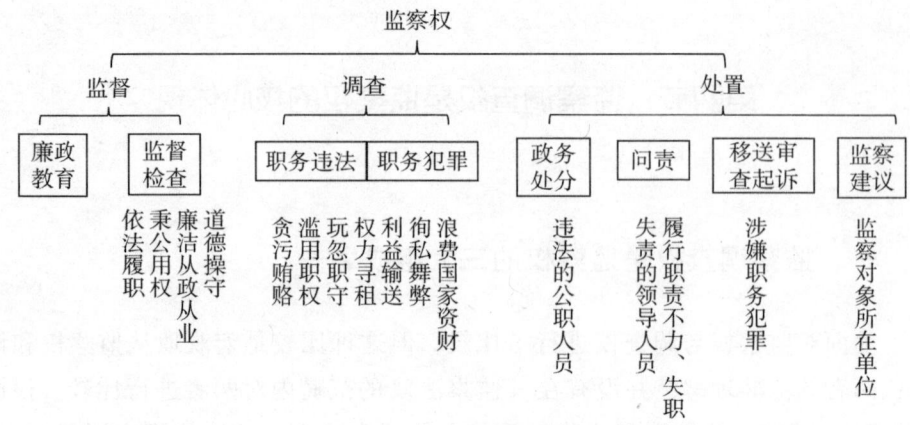

图 1-1　我国监察法规定的监察权权力体系

一定要注意,在具体的监察案件处理过程中,监察调查权虽然占据了主要的地位和功能,但不能简单地将监察调查权等同于监察权。有学者在研究中,就将监察调查程序分为线索处置、初步核实、立案、调查事实和调查终结五个部分。① 笔者认为这是不严谨、不科学的,混淆了监察程序和监察调查程序的区别,以上五个步骤的程序显然是一个完整的监察案件所经历的程序,其中的调查事实部分,才是监察调查权应当发挥作用的地方。如果要谈监察调查权的程序,则应当是15类调查行为的具体程序,如谈话的程序、留置的程序、限制出境的程序等,这些才是监察调查权的程序内容。

二、监察调查权是监察权实现的重要保障

监察调查权是我国监察权实现的重要保障。监察委员会监察权的三项具体细化职责,是一个相辅相成、互相促进、互相协调的关系。监督、调查、处置这三项职责,实际上是监察权行使链条中的三个不同环节,这三项权力虽然都具有相对的独立性,但同时又具有很强的承接性和关联度。其中监督是基础,是能够获得监察事项线索的初始阶段,调查是监督的后续环节,旨在查清事实、收集证据,而处置是调查程序的结果,是监察权行使的最后一个环节和落脚点,亦是彰显反腐败整肃吏治功能的关键依托。② 也就是说,监

---

① 马方,任惠华. 监察调查程序与方法 [M]. 北京:中国方正出版社,2020:13-50.
② 马怀德. 中华人民共和国监察法理解与适用 [M]. 北京:中国法制出版社,2018:42.

察调查权是监察权三项职责中承上启下的重要环节，也是监察权能够真正发挥效用的决定性手段。我国监察体制改革的推进与深入，是为了实现从行政监察向国家监察的升华与过渡，更是为了实现历史上常规党纪检查手段的法律化。出台《监察法》并将15项调查措施具体化、细致化、法治化，就是为了更好地实现监察权的目标，实现国家反腐的规划。

调查权在"中华民国"时期监察立法中的地位和做法，为其对监察权实现保障做了一个很好的铺垫。根据1947年颁布实行的"中华民国宪法"及其他有关法律的规定，"中华民国监察院"的监察权主要涵盖弹劾、纠举、审计等权力，以及提出纠正案、收受人民书状、巡回监察、调查、监试、受理公职人员财产申报等权力。[①] 但在"监察法"的具体制定和章节排列上，采取了强化调查权在整个监察体系中的基础性、保障性地位的做法。

三、监察调查权是监察立法的创新与发展

作为一种"治官之权""治权之权"，监察权在国家权力体系中居于非常重要的地位，发挥着不可替代的独特作用，是国家权力结构体系中的一项相对独立的复合型国家权力。通过与其他国家权力的比较可以发现，作为一种新型国家权力的监察权，不是行政监察、反贪反渎、预防腐败权力的简单叠加，而是在党的直接领导下，代表党和国家对所有行使公权力的公职人员进行监督，既调查职务违法行为，又调查职务犯罪行为。监察权具有广泛职能权限，作为其三大组成之一和重要保障措施的监察调查权，对原来的行政监察权、党纪检查权和侦查权等进行了积极的借鉴，这是我国监察立法的重大创新和发展结果。

监察调查权对党纪检查权的借鉴与吸收，是我国监察立法的重大创新。我国实行党纪监察合署办公体制，决定了监察措施与党的执纪措施的同一。党的十九大修改的党章规定，党的各级纪律检查委员会的职责是监督、执纪、问责。习近平总书记在中央纪委历次全会上的重要讲话，以及其他重要讲话中多次强调，纪委的职责就是监督、执纪、问责。监察法对监察委员会职责的规定，与党章规定纪委的监督、执纪、问责职责相一致，确保与纪委合署

---

① 李牧. 台湾监察制度探究 [J]. 武汉理工大学学报（社会科学版），2005（3）：378-382.

办公的监委在职责上与纪委相匹配,避免实际工作中的混乱和职责发散等问题。① 在具体行使过程中,监察调查权实际上与党纪检查权同步使用、同步发挥效应,这种同步效应是我国坚持中国共产党领导、坚持依法反腐的标志和体现,是我国监察立法的创新,也是我国监察体制的制度创新。

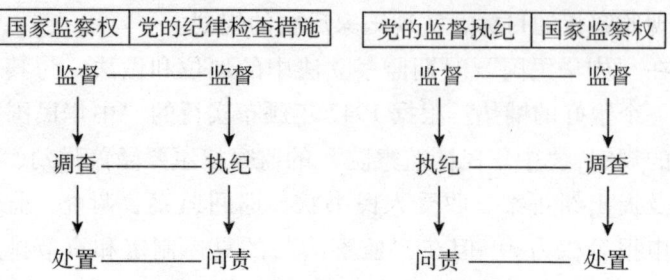

图 1-2　我国监察权与党的纪律检查措施的比较

监察调查权对传统调查权和侦查权予以借鉴并吸收,形成我国监察立法的特色与优势。我国监察立法中,注意对传统立法经验和实务做法的吸收与借鉴,并形成我国的特色与优势。孙中山建立的广州国民政府,依据"五权宪法"确立"监察院"及监察权,"监察院"有专门的调查权及使用规则的相关规定。到南京国民政府时期,"监察院"调查权的行使方式更趋多样,主要有:一,行查,由"监察院"行文委托其他机关代为调查。"监察院"可通过各种渠道,如收受人民书状、各部会长官或地方最高行政长官送请调查的书面材料、报纸杂志上披露的情况等,获知中央和地方公务员的违法失职行为,再委托其他有关机关代为调查。二,派查。监察机构认为公务员有违法失职行为,需派员做实地调查时,一种方式就是直接委派监察委员或监察使、调查员行使调查权。② 派查方式在我国《监察法》第 12 条、第 13 条就有体现,派驻或者派出的监察机构、监察专员,体现了早期这种调查方式的典型特征。相对于已经失效的《行政监察条例》《行政监察法》中规定的调查方法,《监察法》中规定的监察调查措施大量吸收了《刑事诉讼法》规定的侦查方法的内容,并结合党的纪律处分中的措施(如谈话等),形成了具有我国监察立法特色的规定和做法。

---

① 中共中央纪律检查委员会中华人民共和国国家监察委员会法规室.《中华人民共和国监察法》释义[M].北京:中国方正出版社,2018:87-88.
② 王春瑜.中国反贪史(下)[M].北京:人民出版社,2013:167-168.

表1-1 《行政监察条例》《行政监察法》《监察法》的调查措施比较

1990年《行政监察条例》	1997年《行政监察法》	2018年《监察法》
		谈话
查阅、复制	查阅、复制	
	要求作出解释和说明	讯问
		询问
暂予扣留、封存	暂予扣留、封存	查封
	责令不得变卖、转移与案件有关的财物	扣押
查核、通知暂停支付		
要求报送文件、资料等		调取
责令规定的时间、地点作出解释和说明	责令指定的时间、地点作出解释和说明	留置
责令停止损害	责令停止违法、违纪行为	
建议暂停公务活动或者职务	建议暂停职务	
查询和调查	查询、申请保全冻结	查询
		冻结
		搜查
		勘验检查
		鉴定
		技术调查
		通缉
		限制出境

第二章 监察调查权的历史沿革

第一节 先秦以前监察调查权的沿革

一、先秦以前国家机构的体系建构

(一) 夏商时期国家机构的体系建构

公元前21世纪前后,中国史书中有记载的第一个世袭制朝代夏朝(约公元前21世纪至公元前16世纪)产生。文献和考古印证,从黄帝时期到夏朝建立为奴隶制的形成时期,或者说,夏以前为部落奴隶制王国时期,到夏禹建立了统一的奴隶制王朝。① 根据史书记载,约公元前2070年,禹死后,其子启夺得王位建立夏朝,"世袭制"取代了原始部落的"禅让制",开创中国近四千年世袭的先河。中国历史上的"家天下",从夏朝的建立开始。一般认为,夏朝共传十四代、十七后(夏朝统治者在位时称"后"),延续约471年,为商朝所灭。后人常以"华夏"自称,使之成为中国的代名词。

夏朝国家元首沿袭氏族首领的称号叫"后",古书里多写作"夏后"或"夏后氏",后来又称为"王"。《礼记·明堂位》有"夏后氏官百"的记载,说明当时夏朝统治者为了实现统治而建立了庞大的国家行政机构。夏王之下设有巫史,是王之下的最高执政官,巫史在甲骨文中叫作"史""大史"或"卿史",文献中亦作"卿士"。夏朝中央设三老、五更、四辅、四岳等重要官职。设司空为六卿之首,后稷掌农业,司徒主教化,士主刑狱,共工管百工营建,虞人掌山泽畜牧。还设置有典三礼的秩宗、掌管四时历法的羲和、

---

① 田昌五. 古代社会形态析论 [M]. 上海: 学林出版社, 1986: 202.

史记辑国家重大事项、遒人主掌宣示政令并搜集民意、啬人即啬夫职司征收贡赋、车正主管夏王用车、庖正掌管夏王饮食、牧正掌管夏王室畜牧。① 不过,由于迄今为止尚未发现夏朝文字,文献记载又零星寥寥,关于夏朝官吏,好多职官名称后人附会显然不少。② 据《尚书·立政》记载,夏朝有"宅乃事,宅乃牧,宅乃准"。据考证,这里的"事",应是夏朝中央的宗教兼军事事务机构;"牧",应是夏代的民事事务管理机构;"准",应是夏代的司法事务管理机构。此外,夏代还有军事统兵机构——中军府。

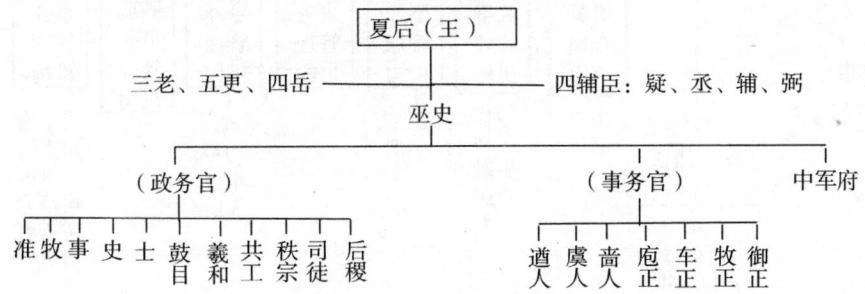

图 2-1 夏朝国家机构设置图

商朝是中国历史上的第二个朝代,也是中国第一个有直接的同时期文字记载的王朝,又被后世称为"殷"或"殷商",存在于约公元前1600—公元前1046年。商朝经历了三个大的阶段:第一阶段是先商,第二阶段是早商,第三阶段是晚商,前后相传17世31王,延续500余年。末代君主帝辛,于牧野之战被周武王击败后自焚而亡。以商王为中心的中央机构,辅佐商王的主要大臣为相或者尹。《礼记·明堂位》记载:"夏后氏官百,殷二百。"可见,殷商时期的机构设置较夏朝更加齐全。从功能上看,商代的政权机构主要有帮助商王处理政务的执政机关和进行占卜的宗教机关两种。③ 据学者考证,主要包括八类:一是宫内事务管理机构;二是田猎、武事管理机构;三是宗教事务管理机构;四是文秘事务管理机构;五是宗族事务管理机构;六是庶民事务管理机构;七是器械制造事务管理机构;八是经济管理类机构。《礼记》记载,商"天子之六府",即指司土府、司木府、司水府、司草府、司器府、司货府。这八类机构近似于后世的中央财政、农林、工商、金融各种机构。

---

① 孟昭华,王涵. 中国历代国家机构和行政区划[M]. 北京:中国社会出版社,2003:35-39.
② 鹿谞慧,孔令纪,曲万法. 中国历代官制(增订本)[M]. 济南:齐鲁书社,2013:2.
③ 李硕. 刻在甲骨上的文明:商朝[M]. 长春:时代文艺出版社,2011:100.

机构内的官属及员额编制，限于史料缺乏，尚不得其详。只是按职能分类，没有正式机构名称。① 可见，殷商时期各类历史记载较为零散，专业的机构名称和机构人员尚未形成，多为后人根据只言片语所做的分析与解读。

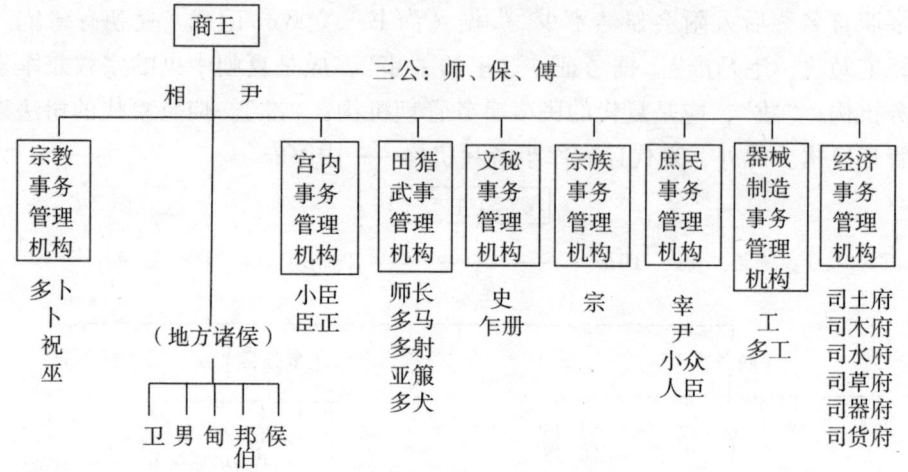

图 2-2　商朝国家机构设置图

（二）西周时期国家机构的体系建构

周朝是中国历史上继商朝之后的第三个王朝，存在于公元前 1046—公元前 256 年。周王朝共传国君 32 代 37 王，共计 791 年。周朝分为西周（前 1046—前 771 年）与东周（前 770—前 256 年）两个时期。西周时期，中央的国家机构有较大的发展。西周中央政府的首脑称"王"，也称"天子"。称王始于商，称天子则自周始。在中央和诸侯国执政的，都叫"卿"。周王统治的区域叫"天下"，诸侯叫"国"，大夫叫"家"；大夫以上，都属于"官"。② 西周职官分类上，可以大体分为内廷和外廷，外廷也可分为政务部门与事务部门两大类。西周内廷官之首是大宰，典籍多作"太宰"，相当于周王室的大总管。③ 辅弼周王的官职设置为三公：太师、太保、太傅（有研究认为没有太傅这个官职）。三公下有三事大夫：掌地方民事行政的为常伯，又称牧；掌官吏选任的为常任，又称任人；掌政务的为准人，又称准夫。西周宗教事务官与商代相比，其地位有所下降。

---

① 唐进，郑川水. 中国国家机构史 [M]. 沈阳：辽宁人民出版社，1993：19-21.
② 左言东. 西周官制概述 [J]. 人文杂志，1981 (3)：99-106.
③ 孙凌安. 西周官制考 [J]. 古籍整理研究学刊，1997 (5)：16-17.

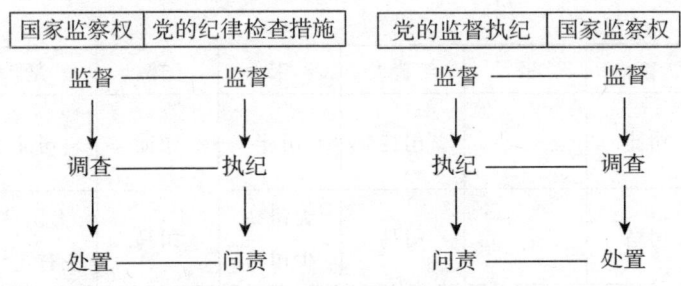

图 2-3　周朝国家机构设置图①

（三）春秋战国国家机构的体系建构

周平王元年（公元前 770 年），东迁定都洛阳后，周朝中央集权控制力大幅下降，地方诸侯国权力上升，形成了东周国家政权与各个诸侯国地方政权并存的现状，历史上将东周时期又称为春秋战国时期。其中，以韩、赵、魏联手打败执政的智氏家族，三家分晋为分水岭，分为春秋及战国前后两个部分。公元前 770—前 476 年的春秋时期，一些较大的诸侯国，为了争夺土地、人口以及对其他诸侯国的支配权，不断进行兼并战争。谁战胜了，谁就召开诸侯国会盟，强迫其他诸侯承认"霸主"地位。先后参与争当霸主的有齐桓公、宋襄公、晋文公、秦穆公、楚庄王，历史上把他们称为"春秋五霸"。公元前 475—前 221 年为战国时期，经过春秋长期激烈的争霸战争，到战国时期主要的诸侯国有齐、楚、燕、韩、赵、魏、秦七国，历史上称为"战国七雄"。

表 2-1　春秋时期各诸侯国机构设置表

诸侯国	鲁	齐	晋	宋	郑	楚	秦
主百官	太宰	二守 上卿 左相 右相	中军 元帅	右师 左师 太宰 大尹	当国 家宰	令尹 莫敖	庶长 大良造
掌辅佐	傅	傅、太傅	太师 太傅			太师 少师	师、傅

---

① 郝铁川. 西周中央官制的演变 [J]. 河南大学学报（社会科学版），1985（4）：49-54.

续表

诸侯国	鲁	齐	晋	宋	郑	楚	秦
主土地和人民	司徒		司徒	司徒	司徒	司徒	
主军政	司马		司马	大司马 少司马	司马	大司马 左右司马	
主刑法	司寇	司寇	司寇	大司寇 小司寇	司寇	司败	
主建城	司空		大司空（卿）司空	司城	司空 封人	封人	
主书文	太史 周人	太史 南史	太史 左史	太史 左史	太史	左史	内史
主龟卜	卜士 卜人	史	卜人 筮史		开卜	开卜大夫 卜尹	卜
掌卜	祝史	祝	祭史	祝		祝史 祝	
掌乐	工		师 工	舞师	师	师乐尹 泠人	
主宾礼	行人		行人	行人	行人		
主刑狱		士	理				
主迎送	御		仆人 侯正	御士	外仆	御士 侯人	
主护王车	御右	御戎右	御戎右	御戎右	御戎右	御戎右	郎中
主厩马	御挡 马正		乘马御			宫厩尹	
主作车服	工政	工政	复陶	工政		工政 工尹	

续表

诸侯国	鲁	齐	晋	宋	郑	楚	秦
掌车	工师 匠巾车		差车	巾车			
主县邑		县人 左宰 右宰		县大夫		县尹（县公）	

春秋时期，是我国由奴隶制向封建制转变的时期，周天子不能号令诸侯，一些诸侯国先后建立起各自的政治制度和官吏制度。战国时期，随着封建制的确立和经济基础的变更，作为上层建筑重要组成部分的官吏制度也发生了巨大变化，如宗法分封制被破坏，世袭制改为任命制，俸禄制代替了世禄制。① 春秋时期各国相继出现了辅佐国君、处理政务的主要执政官。秦称上卿、亚卿和大庶长，楚称令尹，齐、晋、鲁、郑诸国称相，其他机构也日益完善。战国初期，随着各国变法运动的进展，建立封建专制主义集权政体，成为此时官制的重要特征。百官之长的相、丞相，已成为各国普遍设置的官职。由于历史和传统的原因，各国官制仍不划一。齐国变化较大，相以下设五官：大田、大行、大谏、大理和大司马。楚国自成一系，令尹是中央最高行政长官，上柱国、大司马和大将军是政府高级军事长官。秦国沿袭三晋，又取东方诸国之长，形成一套独特的官制，并为汉朝所继承，成为封建社会前期中央官制的基本框架。

表 2-2　战国时期各诸侯国机构设置图表

诸侯国	秦	楚	齐	燕	韩	赵	魏
辅佐国君百官之长	左庶长 大良造 相	莫敖 令尹	相	相	相	相	相
统兵征伐	将军	柱国（上柱国）	将军	将军		将军	将军
掌军政	国尉	司马		中尉		国尉	中尉

---

① 葛生华．春秋战国时期官制初探［J］．兰州学刊，1994（3）：49-55.

续表

诸侯国	秦	楚	齐	燕	韩	赵	魏
掌财政	内史	左徒				内史	
掌物资 掌财务 掌苑囿	（属） 大内少内 少府				少府	（属） 左右司过	
掌司法 掌执法	廷尉 （属） 殿中法		士师 （属） 殿中法		司寇	司寇	司寇
保管文书 负责记录	御史		御史			御史	
辅弼官	师 傅		师 太傅	师 太傅	师 傅	师 傅	师 傅
掌通古今 以备顾问	博士		博士				
掌作典册 主修国史			太史		史	太史	太史 （属）主书
掌工程	司空	大工尹	工师		司空		
掌田 租赋税					廉吏	田部吏	廉吏
掌郡邑 掌军务 掌监察	郡守 郡尉 郡御史		郡大夫		郡守 郡尉 郡御史	郡守 郡尉	郡守 郡尉 郡御史
掌县邑 掌经济和 司法 掌军务	县令 （大啬夫） （属令史） 县丞 （属丞史） 县尉	县令 县丞 县司马	外令 （大夫）		县令 县丞 县尉	县令 县丞 县尉	县令 县丞 县尉

二、先秦以前监察职能的行使主体

我国监察制度始于何时,至难稽考。就谏言与纠察二者之源流言之,则谏言之官,似较纠察之官设立较早。据《尚书》所载,三代(夏、商、周)以前,即已有之。《舜典》中就有关于言官掌出纳帝命的内容。① 原始社会时期,氏族、部门在处理内部事务、协调成员关系时,就已经存在监督制约的雏形。据《管子》《吕氏春秋》记载,黄帝的"明台"、尧的"衢室"、舜的"旌"、禹的"谏鼓"等,都有监督监察的作用。

(一)夏商时期监察职能的行使主体

黄帝时期设置监督地方的左右大监。左右大监,上古时期官名,黄帝置,分掌左右方诸侯。据史书记载,轩辕黄帝时,曾设置左右大监以监方伯,即派出监察官员留意部落首领的情况。《史记·五帝本纪》曰:"(黄帝)置左右大监,监于万国。"大监也是最早出现的具有监督权的官员。

舜帝时期执掌监察职能的喉舌之官为纳言。纳言,上古时期官名,亦作"内言"。相传舜时有此官,负责承上启下、传宣上命、受纳奏言。《尚书·舜典》曰:"命汝为纳言,夙夜出入朕命,惟信。"孔安国传:"纳言,喉舌之官也。听下言纳于上,受上言宣于下,必信也。"纳言,犹如后代的尚书,为国君的喉舌,掌传达国君的命令和上呈有关文书。

夏朝承担历史记载和监察职能的是史官。史官是职掌写史记事之官,负责掌管保藏国家典籍、记录王命、著述历史。《世本》注曰:"黄帝之世始立史官,仓颉、沮诵居其职;夏商时分置左右,故曰左史记言,右史记事。"左右史官的分工,其实分别承担的是言官和史官的职责,承担记言的左史,就是后世言官的雏形。言官是我国历史上两大类监察主体之一。《周礼·春官》有大史、小史、内史、外史、御史,六官所属职官都有史。史官在实施监察时主要凭借占卜、祭文的威力,成为政事的监察者、王权的御用工具,发挥对官员的监察作用。也有学者认为,夏朝的啬夫就是负责监察之官,吏啬夫为检束群吏之官,人啬夫为检束百姓之官。② 夏朝末期出现的太史令,虽然其

---

① 监察院监察制度编纂处. 监察制度史要 [M]. 南京:监察院监察制度编纂处,1935:2.
② 邱涛. 中国反贪制度史(上)[M]. 太原:山西人民出版社,2019:35.

主要职责并非监督,而是记载史实,但记载史实本身其实就具有一定的监督性质。

商朝的御史负责祭祀但无监察职能。御史一词,最早见于殷商时代。御史原称御事,犹如天子派用的执事。从商代甲骨文中可以看出,商代有御史、联御史、我御史、美御史和北御史等。御史是史官,联御史、我御史是商王和商朝的御史,美御史是指邦方的御史,北御史可能是掌管军事的武官。殷商时代的御史,统掌祭祀、占卜和纪事,是所谓神与人之间的媒介,集神权代表和执政执法官于一身。① 这说明,此时的御史尚未具备今天的监察职能,但统掌祭祀意味着代表上天,拥有了较高的社会地位和统治性能,为将来职能的扩充提供基础。

商朝兼具记事、掌管文书和监察职能的也是史官。商朝在历史上很早就设立了史官。商朝时,史官包括巫、史、作册等数职。最早的史官,不仅记言记事、掌管文书,而且还有监督官吏执法的责任。这种机构和职能的设置,说明当时的监察制度仍然未成形,只能依托于宗教神权。殷商时期的商王,明确要求方国诸侯内设立史官,以承担巡察与监督之职。

(二) 西周时期监察职能的行使主体

周朝涉及监察职能的各类官员显著增多。《周礼·春官》记载:"内史,中大夫一人、下大夫二人、上士四人、中士八人、下士十有六人、府四人、史八人、胥四人、徒四十人。外史,上士四人、中士八人、下士十有六人、胥二人、徒二十人。御史,中士八人、下士十有六人、其史百有二十人、府四人、徒四十人。"可见周朝已经形成中央及地方府、胥、徒等职务在内的史官系列。以行政官、执法官兼领监察权,始于周朝。具体地说,周朝行使监察职能的主体包括以下几类:

西周时期兼任史官和监察职能的御史。到了西周,作为史官的御史,开始兼有监察职能。周朝"御史,中士八人、下士十有六人",说明当时的御史体制已经形成。西周御史的地位很低,均属于中士、下士之类的小臣,但他们的职能像商代的御史一样,除了记事、管理图书和文书档案、帮助宰相出治令、授成法给内外百官以外,还掌管纠察。周朝的御史,由于其常常侍立在殿柱之下,故而又被称为柱下史,老聃(老子)就曾做过周朝管理藏书的

---

① 柴荣. 风雨如晦鸡鸣不已:中国监察机构小史 [M]. 兰州:兰州大学出版社,2005:4.

柱下史。西周时期史官系统的最高官员为太史，太史下设内史、御史与省史等。省史掌管百官过失，为视察、执法之官。西周时期的记载中即出现御史一词，如"我御史""朕御史"等。御史的职能之一为考察与监督其他官员，主要职责是掌管档案文书，御史通过文字记载考察从政者执政情况进而发挥监督监察作用。

无御史之名而有御史之实的大宰和小宰。周朝实施六官之制，即天官冢宰、地官司徒、春官宗伯、秋官司寇、夏官司马、冬官司空。天官的首长称大宰，总领国家政务；副长官称小宰。大宰的主要职责之一是监察百官，即通过治官府、正百官、刑百官对政府官员进行监督与监察，具体的监察执行工作由小宰负责。周朝开始设置大宰、小宰、监等职官，从而改变了仅以史官代掌监察权的做法。据记载，小宰掌握着宫廷内执法纠禁的权力，集司法监察于一身，或说是以司法官代行监察权，这一职务成为后来御史中丞的前身。

掌管对官员的教谕和考察的司徒。周时司徒为地官，掌邦教。司徒是我国古代一个重要的官职名，由地方官司徒演变而来，掌民事、郊祀，掌省牲视濯、大丧安梓宫。根据《周礼》记载，大司徒一年分两次对官员进行教谕和考察。其中正岁命令教官"各共（恭）尔职，修乃事，以听王命。其有不正，则国有常刑"。这对官吏的监督是明确的。小司徒根据大司徒之职权而管理其属官，岁终对官吏有考核和赏罚，"令群吏正要会而致事"。当时还明文规定对王族及勋贵的优待、减刑办法。

掌管财政收支调度的财政监察官——司会。西周时期，专设司会一职，掌管国家收入来源和调度、节约开支；掌握各处官府钱财出纳所登记的副本，据以考察官吏办事的成绩。还要把下属司书税敛的记录、职内的赋入和职岁的赋出，三者相互参校，按一旬、一月、一年做出统计。虽然没有明确司会的监察职能，但由于其承担严密的财政管理，其实就是在顺便履行监察职能，监督并减少各种贪贿事件的发生。

地方性行政监察军事长官的职务——监。监是周朝中央朝廷派往地方侯国的监察官。周武王灭商后，非常担心其余部造反，便把自己的兄弟管叔、蔡叔和霍叔分别派到靠近原商旧都的东、西、北三块领地上，以监视武庚，史称"三监"。后来周公摄政时也曾派其兄弟监督殷地。监这一职务便是后来郡御史的雏形。但在周朝他们并不是专职监察官，而是以地方行政官和军事镇守代行地方监察权。① 周王所派的监官为世守，由天子册命，地位崇高，俸禄与诸侯之卿相当，爵位仅次于诸侯国君。

（三）春秋战国监察职能的行使主体

专门向国君提意见的言官：大谏之官。"大谏"出自《诗·大雅·板》，意思是竭力规劝。《诗·大雅·板》记载："犹之未远，是用大谏。"孔颖达疏曰："言大谏，谓其谏之深。"春秋战国时期，大谏成为一个专职谏诤的官名。《管子·小匡》记载："使鲍叔牙为大谏。"尹知章注曰："所以谏正君。"齐桓公任用管仲进行改革，一时间齐国大治。在政治方面建立宫廷官制，在相之下，设立大司行、大司田、大司马、大司理、大谏之官五官，分别掌管外交、经济、军事、刑法、监察等，增强君主集权，后世成为谏议大夫的别称。管仲推荐东郭牙担任大谏一职，称东郭牙敢于犯君颜进谏必忠，而不避死亡不重富贵，因此推荐东郭牙担任大谏。其他诸侯国先后设置谏议官员，如楚国箴尹司箴谏之职，赵国设左、右司过掌谏议。

地位和职权不断获得提升和扩大的御史。西周时期，御史是品秩最低的官吏。到了春秋时期，随着地位的提高和职权的扩大，御史成为诸侯王的亲近之职。战国时期，御史监察地位进一步加强，战国七雄均设有御史。其主要职责是，第一掌管文书；第二掌管记事，充当国君左右的记录官；第三行使监察职能。② 春秋战国时期，各诸侯国家都有御史，但名称较多各不相同。秦国有御史、执法；齐国也有御史、执法，此外还有掌书；楚国有左史；韩国有御史；赵国有御史，也有执法；魏国有御史；燕国有御书。国君不仅通过御史了解各地情况，而且还要派可信任的"便嬖左右"，到各地去了解"国君耳目"所不能达到之地的民情。战国时期，御史监郡县的制度已经出现。③ 春秋战国时期御史的职掌，有了一定的扩大：其一是御史可以代表国君授受他国使臣的献书；其二是御史开始监郡，说明监郡御史不始于秦朝，而始于六国。

加强国君对军队的监察和控制的军队派驻监军。春秋战国时期战争频繁，如何有效控制军队就是各诸侯国国君面临的首要问题。诸侯为了加强对军队

---

① 郝欣富. 先秦时期我国行政监察制度略论［J］. 安徽史学，1999（3）：21-22.
② 葛生华. 春秋战国时期官制初探［J］. 兰州学刊，1994（3）：49-55.
③ 邱涛. 中国反贪制度史（上）［M］. 太原：山西人民出版社，2019：38.

的控制，除通过创制兵符以及兵将分离等措施外，还派遣诸侯信任的官员、内臣担任监军，以有效加强对军队的控制。有记载的监军，最早出现于春秋晚期即公元前547年前后。齐景公时期，司马穰苴为取得齐景公的信任，而请君主派宠臣监军，齐景公派宠臣庄贾担任监军重任。司马穰苴和庄贾约定第二天正午会合，但庄贾未准时到，于是被穰苴就地正法，斩首示众，成为穰苴将门立威的重要方式。监军起源于春秋时期，形成于秦汉，盛行于唐朝，到明朝发展至顶峰，至清朝废除。

三、先秦以前监察调查的表现形态

严格意义上的监察权和监察调查权，应是阶级社会发展趋于完善，国家权力形态分工趋于细致后出现。即使在今天的世界各国，将监察权（更毋论调查权）视为一种独立权力形态的做法，也是少见。多数情况下，监察权被视为行政权或者其他权力的一种形态，监察调查权只是其中一种手段和方法。

（一）夏商时期监察调查的表现形态

国君对境内的巡察、巡狩是早期的监察调查的最高形态。巡察制度是监察制度的重要组成部分，其历史也颇为悠久。《孟子·告子》记载："天子适诸侯，曰巡狩。巡狩者，巡所守也。"《尚书·尧典》遂作"巡守"，意为巡行视察诸侯为天子所守的疆土。君主亲自出行的巡察，有记载的可追溯到黄帝时期。在当时交通、通信极其不便的情况下，为加强对其他各部落的监督与监察，查各级官吏的政绩，巡狩是一种可行的途径与手段。舜根据巡狩以及汇报的情况，了解各部落现状，对部落首领的功过进行评定，并对犯罪的部落首领进行处置。

夏朝通过对官吏非法执法实施鞭刑实现监察目标。夏朝《政典》中也有一条"先时者杀无赦，不逮时者杀无赦"的规定，是针对官吏的，要求官吏执行任务时必须严格遵守命令或制度，类似现代行政法规的条文。[①]《尚书·尧典》记载："象以典刑，流宥五刑，鞭作官刑，扑作教刑，金作赎刑。"孙星衍注疏："庶人在官有禄者，过则加之鞭笞也。"这里提及的"鞭作官刑"显然是针对官吏而言的，应是先秦时期对不法官吏给予刑事惩罚的先例。有

---

① 王正. 监察史话 [M]. 北京：中国大百科全书出版社，2000：3.

禄位的官员，犯了过错，则加以鞭刑惩罚。

商朝通过对官吏"三风""十愆"行为实行墨刑惩处实现监察目标。商朝对不法官吏的惩治较为严厉，法律条文规定也非常详细，凡犯有"三风""十愆"之罪者，要受到墨刑，即在脸上刺字的惩处。所谓"三风"，是指巫风、淫风、乱风；"十愆"，指不计时间、地点歌舞嬉乐，贪财好色，沉酒游猎，轻侮圣人言论，拒绝忠直劝谏，疏远德高望重的长者，交结顽劣之徒等。其目的是"儆于有位"，即警告有禄位的官吏。① 概言之，"三风""十愆"包括巫风两类行为：舞、歌；淫风四类行为：货、色、游、畋；乱风四类行为：侮、逆、远、比，合而为十愆。这些行为都是官吏不可实施的，实施者必重罚。

（二）西周时期监察调查的表现形态

西周时期对分封诸侯的监督，除了延续天子定期巡狩外，还实行了朝觐述职制度。与国君、皇帝亲自巡狩相对应的是述职。《孟子·梁惠王》下云："诸侯朝于天子，曰述职。述职者，述所职也。"述职，又称报政，意为封疆的诸侯向天子汇报工作的完成情况，以评定其是否称职，与汇报同义，是下级对上级的依附关系的反映。定期朝觐述职，是君主行使监察权的重要途径之一，诸侯朝见天子，春见曰朝，夏见曰宗，秋见曰觐，冬见曰遇。不定期朝见曰会，分批朝见曰同。② 朝觐述职制度在周朝正式建立并开始完善，体现了国君对各地官吏的一种考核方式，也是一种监察方式。述职方式有多种，每年一小聘、三年一大聘、五年一朝。聘指诸侯派遣卿大夫前往中央，朝是指诸侯亲自到王朝朝觐述职。朝觐是诸侯、各地官吏朝见国君，述职是朝觐的后续动作，诸侯、各地官吏在朝见国君时汇报各自辖区内的政事。

西周时期对机关部门的考核："八法"治官府。"八法"治官府是周礼中关于西周考核和检查各级机关和部门的措施，其执行者为西周中央六官之首的大宰。所谓"八法"：一是"官属"，上下机构主属分明，不能逾越，以达到"治有所统而不乱"；二是"官职"，所有官吏职责明确，各司其职，各负其责，达到"官有所守而不侵"；三是"官联"，官府内外、上下加强联系，互通情况，避免障目塞听，孤陋寡闻；四是"官常"，各部门工作要保持经

---

① 王正. 监察史话 [M]. 北京：中国大百科全书出版社，2000：3.
② 刘社建. 古代监察史 [M]. 上海：东方出版中心，2018：11.

常,秩序井然,有条不紊,办事不出差错;五是"官成",所属官吏处理公务要有依据,不得主观臆断,感情用事;六是"官法",所有官吏必须遵守法令,服从调配;七是"官刑",所有官吏务必严于律己,遵纪守法,不得触犯国家刑律;八是"官计",处理政务要明智,绝不盲从,按计划规章行事。符合这八条的各级官吏就是好的和比较好的,要予以表彰;反之就是差的和比较差的,要受到训斥、谴责甚至改组。

西周时期对各级官吏的考核:"六计"课群吏。"六计"就是用六条标准考核、监督各级官吏,看其是否符合任职条件,具体包括:一计"廉善",主要考核官吏的道德品行是否端正;二计"廉能",考核官吏的才干与能力是否适合于所任职务;三计"廉敬",考核官吏的工作态度是否谨慎、勤劳,认真负责;四计"廉政",考核官吏的工作作风是否正派,办事是否公道;五计"廉法",考查官吏遵纪守法的情况,有无犯上作乱的言行;六计"廉辩",考查官吏判断、处理问题,是否能做到临事不疑、临危不惧,头脑清醒、思路敏捷。符合这六条者予以奖励,不符合者则要酌情予以惩处或调整。"六计"的执行者为大宰的副手小宰。

与"八法""六计"相配合,西周时期设定了三年一考核的大计。根据《周礼·天官·太宰》的记载:"三岁则大计群吏之治,而诛赏之。"郑玄注引郑司农曰:"三岁考绩。"大计由小宰负责,是对百官的全面、综合的审查考核。为了有效加强对官吏的考核,周朝特别重视财会审计,初步制定了财会监督的审计制度。大宰、小宰、宰夫都具有审计监督职能。三年一考核,成为后世历朝历代的习惯做法,自汉唐乃至宋元,普遍用于对官吏考察的称谓,但非严格的制度化用语。

西周时期立法制定"五刑"惩治司法官吏"五过",同时设定"八辟"的从轻条款。西周初年即有刑法,分轻典、中典、重典,合称"三典",用以维护其统治和社会安定。《史记·周本纪》记载,自周昭王始,"王道微缺";至穆王时,社会矛盾进一步尖锐。为了维护周王室的统治地位,周穆王命吕侯(亦称甫侯)制定《吕刑》,有墨、劓、剕、宫、大辟五刑,共三千条。对司法工作人员,西周创设了中国古代司法审判史上的"五过",即列举了审判官的五种禁止性行为:惟官、惟反、惟内、惟货、惟来。惟官是指畏权势而枉法;惟反是指公报私仇;惟内是指袒护亲戚;惟货是指图财枉法;惟来是指受人请托枉法。凡持五过者,出入人罪,皆以其罪罪之。《吕刑》曰:

"五过之疵，其罪惟均。"此外，对八种特殊人群的犯罪，规定了经特别审议可减免刑罚的程序，称为"八辟"。《周礼·秋官·小司寇》曰："以八辟丽邦法附刑罚。一曰议亲（皇亲国戚）之辟，二曰议故（皇帝的故交旧友）之辟，三曰议贤（有德行的人）之辟，四曰议能（有大才能的人）之辟，五曰议功（有功勋的人）之辟，六曰议贵（高官显贵）之辟，七曰议勤（为国服务特别勤劳的人）之辟，八曰议宾（前朝皇帝子孙）之辟。"郑注云："其犯法，则在八议轻重，不在刑书。"汉代改名为"八议"，三国时期魏国正式将其写入法典，一直沿用到清代。

（三）春秋战国监察调查的表现形态

地方行政长官定期向上级呈递相关文书的上计制度。所谓上计，是指由地方行政长官定期向上级呈上计文书，报告地方治理状况。《吕氏春秋通诠·知度》记载："上计，战国、秦、汉时地方官于年终将境内户口、赋税、盗贼、狱讼等项编造计簿，遣吏逐级上报，奏呈朝廷，借资考绩，称为上计。"县令于每年年终将该县户口、垦田、钱谷、刑狱状况等，编制为计簿（亦名"集簿"），呈送郡国。根据属县的计簿，郡国相再编制郡的计簿，上报朝廷。战国时期，各国重要官吏和地方的首长，每年要把自己辖区的各类预算数字写在木券上，上报国君，并把木券剖分为二，国君执右券，臣下执左券。到了年终，官吏必须到国君那里去报核。国君根据右券亲自考核，或由丞相协助考核。根据考核结果，对地方各级行政长官予以升、降、赏、罚。上计制度起源于西周时期，但相关记载语焉不详。上计制度的建立，意味着中央对地方财政的控制加强和监察完善。

上古时期黄帝和西周时期周天子的巡察、巡狩活动，在春秋、战国也被诸侯延续。除了常规的诸侯国君对诸侯国内的巡察外，还包括巡行、巡县。中国古代的巡视主要有帝王亲巡、帝王遣使巡视、中央监察机构对地方进行巡察，以及地方行政长官和监察机构对所属州县巡视四种主要形式。春秋战国时期，特别是战国时期，诸侯有巡县之制，官员有主纠察的御史之职。各诸侯国国君派遣丞相等官员到下属县巡行，以了解下属情况，有效加强监督。巡行的目标包括加强农业管理，考察、整治、打击不法行为等。除巡行外，君主也会派出专门官员察访官吏，以调查各级官吏有无越权越轨行为，或者针对重点事项直接派官员进行察访以查清事实。齐威王时，曾分别派官员调查阿大夫和即墨大夫的履职情况，结果使者谎报情况，齐威王通过调查发现了实情，于是惩处了使者。这两个派下去的使者，大致可看作临时的巡使。

与诸侯国先后设置谏议官员对应的进谏制度。进谏，是指对君主、尊长或朋友进言规劝；同样指臣子对君主、下级对上级、年幼者对长者进行的劝告建议的方式。《荀子·成相》记载："（伍子胥）进谏不听，到而独鹿弃之江。"进谏在中国历史上，更多时候主要是指臣子向君王提出意见或建议。当然，这是一种十分危险的行为，君王的威严不容侵犯。但中国历来就有"文死谏，武死战"的说法，敢于进谏的臣子，特别是将生死置之度外而进谏的臣子，在史书中多被大肆称赞。战国时期的无盐谏齐宣王、楚庄王三年不鸣一鸣惊人、触龙说赵太后等故事，都非常典型。对君主的劝谏，后来进一步发展为制度严密的言谏系统，也成为监察制度的重要支柱之一。

将君臣的善恶行为记入史书的史书监察方式。史书监察是在特定的历史背景与政治环境下逐渐发展与形成的一种对君主和各级贵族监督的制度，主要是通过史官对历史的如实记载，将君臣的善恶行为载入史册，客观上发挥了对君臣行为的监督作用，即所谓孔子成《春秋》而乱臣贼子惧。①《左传·襄公二十五年》记载："齐国崔杼弑其君庄公，太史书曰：崔杼弑其君。崔子杀之。其弟嗣书，而死者二人。其弟又书，乃舍之。南史氏闻太史尽死，执简以往，闻既书矣，乃还。"据《左传》记载，宣公二年，晋灵公夷皋聚敛民财，残害臣民，举国上下为之不安。作为正卿的执政大臣赵盾，多次苦心劝谏无果。赵盾派人刺杀晋灵公未遂。赵盾被逼出逃，后听说灵公已被其族弟赵穿带兵杀死，于是返回晋都继续执政。史官董狐以"赵盾弑其君"记载此事，并宣示于朝臣，以示笔伐。赵盾辩解，说是赵穿所杀，不是他的罪。董狐申明理由说："子为正卿，亡不越境，反不讨贼，非子而谁？"董狐的理由也得到了孔子的认可，孔子认为，如果赵盾已经逃出国边境，则对赵穿的行为不用负责任。

---

① 刘社建. 古代监察史［M］. 上海：东方出版中心，2018：22.

第二节 秦汉隋唐监察调查权的沿革

一、秦汉隋唐国家机构的体系建构

（一）秦朝国家机构的体系建构

秦朝是由战国时期的秦国发展起来的中国历史上第一个大一统王朝，存在于公元前221年至公元前207年。秦朝结束了春秋战国以来诸侯分裂割据的局面，成为中国历史上第一个多民族共融的中央集权制国家。秦朝在中央设立了以皇帝为中心的三公九卿制度，管理国家大事。三公为丞相、御史大夫和太尉，分掌行政、监察和军事。九卿为中央政府各部门的主要行政长官：奉常为九卿之首，掌宗庙礼仪及文化教育；郎中令掌宫殿门户守卫，为宿卫侍从长官；卫尉为宫门警卫之官；太仆掌皇帝车马，兼掌全国马政；廷尉为中央最高司法长官；典客掌民族事务及朝聘；宗正专管皇室亲属事务；治粟内史职责为征收盐铁钱谷租税和国家财政收支；少府掌山海池泽之税和官府手工业制造，以供应皇室。九卿之外，尚有掌京师治安的中尉，掌宫室、宗庙、陵寝等土木营建的将作少府及掌宣达皇后旨意与管理宫中事务的大长秋。秦朝九卿中，卫尉、廷尉和治粟内史掌政府行政事务，其余诸卿主要为皇帝及皇室内廷服务。国事与君主家事不分，政务与宫廷事务混杂，是秦朝中央官制的特点之一。地方上，废除分封制，代以郡县制；实行书同文、车同轨、统一度量衡。

（二）汉朝国家机构的体系建构

汉朝是继秦朝之后的大一统王朝，存在于公元前202年至公元220年，共历29帝，享国405年，主要分为西汉（公元前202年至公元25年）和东汉（公元25年至公元220年）时期。公元8年，王莽废西汉末帝，史称新朝或新莽。公元23年，汉宗室刘玄恢复汉朝国号，史称玄汉。汉朝继承与发展

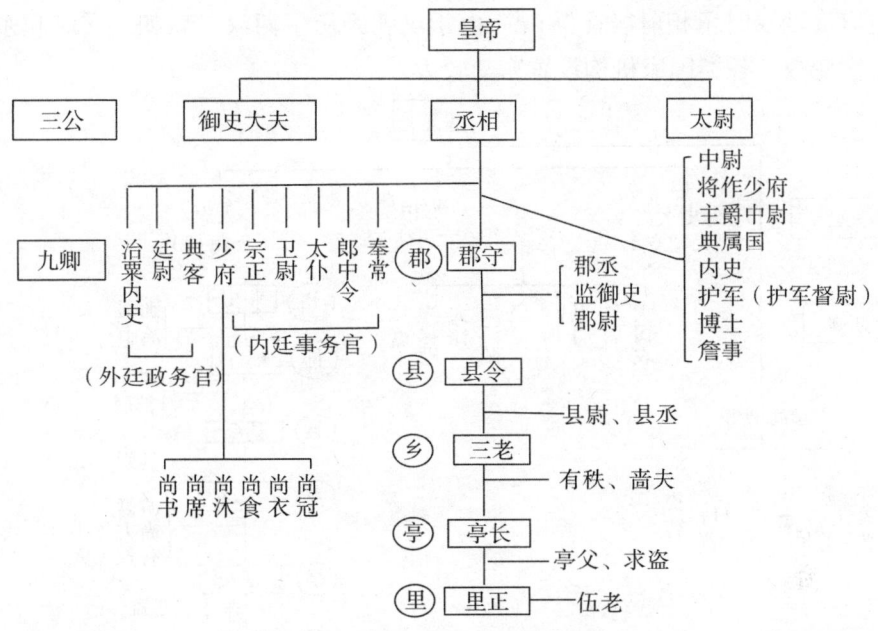

图 2-4 秦朝国家机构设置图①

了大秦的中央政权结构，设立三公：丞相（哀帝时改称大司徒）、太尉（武帝时改称大司马）、御史大夫（成帝时改称大司空），分管行政、军事、纠察，由皇帝总摄，在三公权限之内，有涉及战略的大事，都由皇帝钦定。丞相之下，设九卿，大多数与秦朝一致，个别名称微调。秦朝九卿之首的奉常，在汉朝被称为太常（尝），"太"是最大的意思；秦朝的郎中令变为汉朝的光禄勋；秦朝掌管民族事务及朝聘的典客在汉朝为掌管外交的大鸿胪；秦朝的治粟内史在汉朝为大司农。汉朝少府的机构和职能得到充分的发展，由秦时的事务机关演变为最重要的政务机关。尚书在秦朝不过是掌呈章奏的小吏，汉武帝以后逐渐代替了丞相、御史二府，至东汉成为中央主要的政务机关。②汉成帝时，大司马、大司空和大司徒三公权力进一步严重削弱。东汉立国初，光武帝刘秀便立即对三公、九卿诸机构进行了调整——削权、转职、缩编。建武 27 年（公元 51 年），大司徒府和大司空府的"大"字被去掉，改称司徒府和司空府，改大司马府为太尉府。三府序位是太尉府居首，次为司徒府和

---

① 孟昭华，王涵. 中国历代国家机构和行政区划[M]. 北京：中国社会出版社，2003：127-129.

② 孟昭华，王涵. 中国历代国家机构和行政区划[M]. 北京：中国社会出版社，2003：155.

司空府（西汉时丞相府居首位）。① 由于汉朝经历了西汉、新朝、玄汉和东汉的多次变故，各类国家机构设置变动较大。

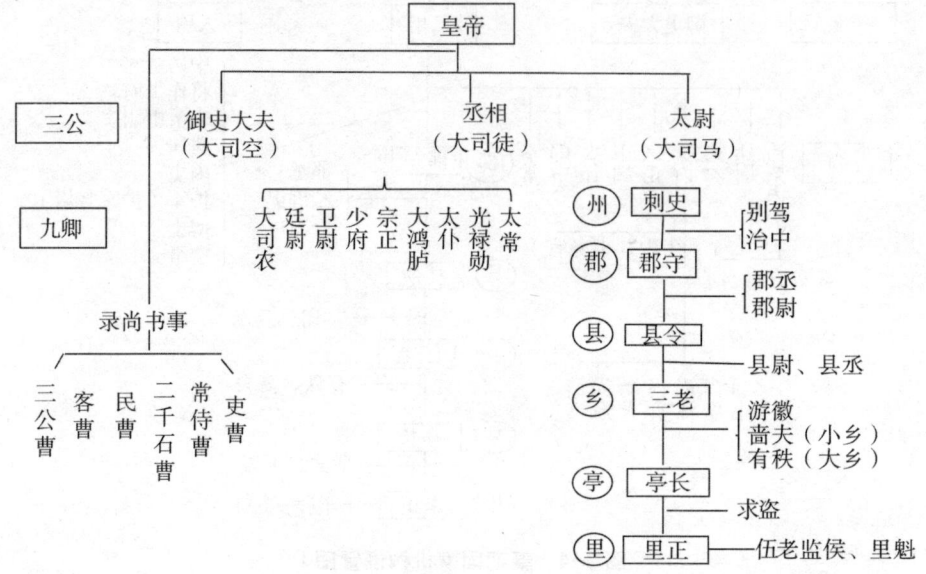

图2-5 汉朝国家机构设置图

（三）隋朝国家机构的体系建构

隋朝是中国历史中上承南北朝下启唐朝的大一统朝代，存在于公元581年至公元619年，历3帝，享国38年。隋朝在政治、经济、文化和外交等领域进行大刀阔斧的改革。政治初创了三省六部制，巩固了中央集权，正式推行了科举选拔人才制，弱化了世族垄断仕官的现象。在中央机构职官设置上，隋朝废除了北周仿制《周礼》所设的六官，恢复汉、魏旧制，设置三师、三公及尚书、门下、内史、秘书、内侍五省。三师三公实际上都是给予大臣以荣誉的虚职。五省当中，秘书省职务悠闲，内侍省全部都是宦官，尚书、门下和内史三省才是最高决策行政机关。尚书省是处理日常政务的机构，置尚书令、左仆射、右仆射各一人，下设吏部、礼部、兵部、度支（后改为户部）、都官（后改为刑部）、工部六曹。尚书令、尚书仆射与六部尚书被称为

---

① 唐进，郑川水．中国国家机构史［M］．沈阳：辽宁人民出版社，1993：99.

"八座"。① 中央机构除了三省、六部以外，还设有二省、三台、五监、九寺② 等机构。③ 三省六部制的设置，成为我国封建社会国家机构的典范，也是后代历朝学习的模板，为我国行政管理奠定了良好的基础。

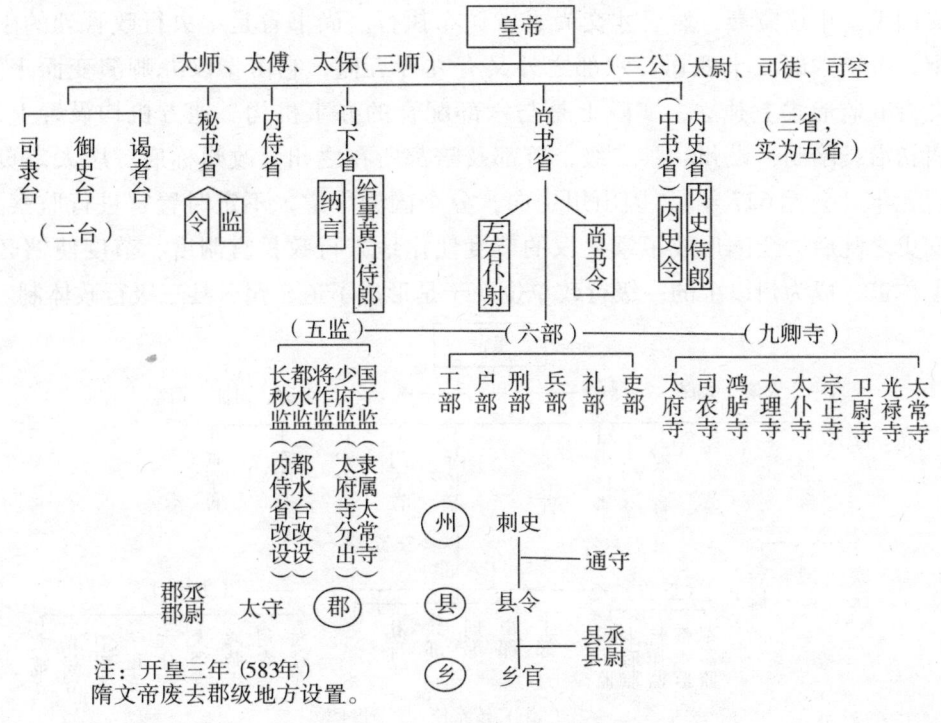

注：开皇三年（583年）隋文帝废去郡级地方设置。

图 2-6　隋朝国家机构设置图

（四）唐朝国家机构的体系建构

唐朝是继隋朝之后的大一统王朝，存在于公元 618 年至公元 907 年，共历 21 帝，享国 289 年。因皇室姓李，故又称为李唐，是中国封建社会最强盛的朝代，也是当时世界上最强盛的帝国。唐朝延续了隋朝建立的三省六部制，封建专制集权中央政体趋于完备。唐初始合三省，中书主出命，门下主封驳，尚书主奉行。三省长官具有宰相之职，形成三省分工明确又相互牵制的机制，

---

① 鹿谓慧，孔令纪，曲万法. 中国历代官制（增订本）[M]. 济南：齐鲁书社，2013：179.
② 也有的认为是十一寺，原有九寺加上国子寺、将作寺。
③ 唐进，郑川水. 中国国家机构史 [M]. 沈阳：辽宁人民出版社，1993：164.

这是我国封建行政体制的变化延续和最后定型。中书、门下、尚书三省中，中书省与门下省之间的关系最为密切，合称北省，尚书省为南省。中书省掌制令决策，门下省掌封驳审议。凡军国大政，必由中书省定策，草为诏救，交门下省审议覆奏，然后才交尚书省颁布执行。尚书省是中央行政管理的中枢，下辖六部二十四司。六部之外又有九寺五监，它由秦汉九卿演变而来。九寺五监形式上独立，实际上是与六部配合的办事机构。地方机构设置上，唐初沿袭隋制，设州、县二级，首都及陪都所在之州，改州称府。唐太宗贞观元年（公元627年），因山川走向，分全国为十道，不定时置官进行监察。安史之乱后，全国形成了掌兵权的节度使作地方行政长官制度，节度使辖区也称道，成为州以上的一级行政单位，于是形成了道、州、县三级行政体制。

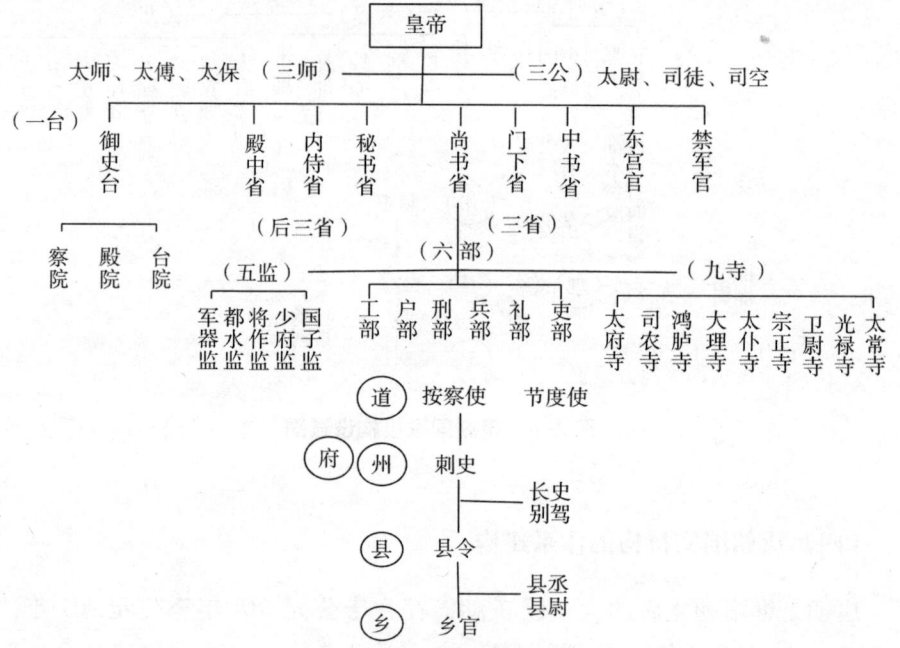

图 2-7 唐朝国家机构设置图

二、秦汉隋唐监察职能的行使主体

(一) 秦朝监察职能的行使主体

秦朝的中央监察机关称御史府，亦称御史大夫府、御史大夫寺。御史府之长是御史大夫，"侍御史之率，故称大夫"。《汉书·百官公卿表》记载："御史大夫，秦官，位上卿，银印青绶，掌副丞相。"在秦统一六国前，不见有御史大夫官名，统一以后，秦始皇二十六年（前22年）有"丞相绾、御史大夫劼、廷尉斯等皆曰"云云。看来，御史大夫确为秦始皇所设，清朝学者齐召南在《汉书考证》中更明确指出："御史大夫官始于秦。"御史大夫虽位居副丞相，司掌辅佐丞相之职，但其本职是"典正法度""举劾非法"。御史府中还设有御史中丞和御史丞，直接辅助御史大夫监察百官。由于御史大夫的主要职责是辅佐丞相总理国政，因此御史府实际负责监察的长官则是御史中丞。御史府设有侍御史15人，均由御史中丞统领，供职殿中，分掌五曹：令曹，掌律令；印曹，掌刻印；供曹，掌斋祠；马曹，掌厩马；乘曹，掌驾护。御史府兼掌监仪与掌玺等侍从职务。掌玺之职称为符玺御史，也称符节御史，设立之初主要保管皇帝的玉玺等重要物品，后逐渐成为协助皇帝监察官员的官职。

除了御史大夫外，秦朝中央的丞相也兼具议政权和监察权。丞相是最高行政长官，同时也拥有监察百官执行的权力。丞相"掌丞天子，助理万机"，为承天子之命的百官之长，协助皇帝处理政务，其职权大致包括：总领百官，主持朝议并归纳议论结果上奏皇帝裁决，总理中央与郡县的上计与考课，负责政府官员的荐举、委任和赏罚，执掌封驳与谏诤。丞相监察百官的主要依据，是皇帝颁下的诏书、律令。丞相将皇帝诏令下达给各级行政官员，既展现出丞相特有的级别权威，同时也标志着将由丞相来监察百官执行诏令的情况。百官执行政务必须严格遵照诏书、律令，丞相有权监察百官在行政过程中是否做到"如律令""如诏书"。[①] 丞相的职权中，上计与考课、赏罚与谏诤等，更是直接与监察职能发生关联。因此，秦朝的丞相其实也是监察职能的重要行使主体。

秦朝对地方的监察主要通过监郡御史进行。为了加强对地方各级政权的

---

① 熊伟. 秦汉监察制度史研究 [M]. 天津：天津人民出版社，2011：108.

监督，秦政府在地方设置监察官员，称监郡御史，也称"监""郡监"，或称监御史。《史记·秦始皇本纪》载，秦统一六国之后，"分天下以为三十六郡，郡置守、尉、监"。这里的"监"，就是监郡御史。监郡御史，隶属于御史大夫。它的任务是掌监郡，类似汉朝的刺史，归御史大夫统领，代表皇权监察地方官吏，属于地方专职监察官。监御史又称"监公"，是由中央政府派出常驻地方的监察官，不属于地方官，直接受御史中丞的指挥和管辖。秦朝每郡皆置一个监郡御史，其官秩虽仅六百石，但权力却比较大，是一郡中最重要的监察官，对郡守和郡府的其他官吏都可行使监察权。同时还具有监察以外的其他职权，如领兵作战、负责开凿渠道和向朝廷推荐人才。

秦朝设置了有名无实的言谏制度及言谏官员。秦朝中央设立三公九卿制，各有所掌、各司其职。其中郎中令"掌宫廷掖门户，及主诸郎之在殿中侍卫"。郎中令之下所辖的谏大夫、郎，便是秦朝正式的专职谏官。秦朝设置的谏大夫，掌议论，无常员，多至数十人。除了谏大夫，秦朝的言谏官员还包括给事中。所谓给事中，据《文献通考·职官四》载："给事中，加官也，秦置，汉因之"，"以有事殿中，故曰给事中"。《晋书·职官志》载："给事中，秦官也，所加或大夫、博士、议郎，掌顾问应对，位次中常侍。"严格意义上说，给事中不是专设官员，而是临时加设且无定员。由于是皇帝的近臣，对皇帝诏令或政令颇有影响。但秦时给事中不掌封驳。秦朝虽设言谏官吏，但无专职，均为加官，与博士官一样"皆备员弗用"。实际情况是"忠言未卒于口而身为戮没矣"，"忠臣不敢谏"。

（二）汉朝监察职能的行使主体

汉朝主要监察主体仍然是御史大夫，但后期名称职能有了多次变化。汉承秦制，中央仍然是实行三公九卿制。掌握监察权的御史大夫，是丞相的助手，丞相主政，御史大夫负责纠察。汉朝设置负责监察的御史大夫，目的是为了更好地协助丞相的行政管理工作，丞相管到哪，御史监察到哪。汉朝丞相的权责，涵盖宫内、宫外及地方郡守政权，御史大夫的监察也就覆盖这些范围。御史大夫之下设御史中丞、御史丞，御史中丞负责监察皇宫内廷、王室、中央机关，御史丞负责监察地方机构和地方百官，通常派出刺史来具体执行。汉武帝以后，随着皇权的上升和巩固，三公的实权逐渐缩小，逐渐沦为虚职，且互不统属而总隶于皇帝，皇权得到极大集中。司空府（御史大夫府），东汉时已失去监察职能，变成了水土工程行政管理机构，"掌四方水土功课事"。① 汉朝监察主体的名称，曾经多次改变：成帝更名为大司空，哀帝复为御史大夫，元寿二年复为大司空，建武三年（公元27年）去"大"字为司空，献帝建安十三年又置御史大夫。东汉时期，御史府改称御史台，也称兰台寺。

汉朝增设辅佐丞相纠察百官的丞相司直。丞相司直，中国古代官职，汉朝司直为丞相属官。汉武帝元狩五年（公元前118年）开始设置，称为丞相司直，官秩比二千石，辅佐丞相纠举不法。东汉光武帝刘秀创业之初，同样也设置了司直官。建武十一年（35年）夏四月，大司徒、司直均被撤销。建安八年（203年）12月，复置司直，不属司徒，掌督中都官，不领诸州，司直职权范围明显缩减。从汉朝设置的秩级来看，在整个监察系统中，丞相司直仅次于御史大夫，可见其设置和地位是极其重要的。考察汉朝丞相司直的主要职能，应包括以下几点：第一，谏诤；第二，监察百官；第三，检举、弹劾；第四，司德。②

汉朝增设监督京师和地方的监察官：司隶校尉。司隶校尉，旧号卧虎，是汉朝至魏晋时期监督京师和地方的监察官。始置于汉武帝征和四年（公元前89年），汉成帝元延四年（公元前9年）曾省去，汉哀帝时复置，省去校尉而称司隶。东汉时复称司隶校尉。西汉时司隶校尉秩为二千石，东汉时改为比二千石。属官有从事、假佐等，因率领由1200名中都官徒隶所组成的武装队伍，司隶校尉因此而得名。《汉书·百官公卿表序》记载："司隶校尉，周官，武帝征和四年初置。持节，从中都官徒千二百人，捕巫蛊，督大奸猾。后罢其兵。察三辅、三河、弘农。"这里提到了司隶校尉的监察区域——三辅、三河和弘农七郡。三辅，即左冯翊、右扶风、京兆尹，是汉代国家的京畿地区；三河，即河南、河内、河东三郡，三河之地处于东部诸侯国与西部京畿地区之间，形成与诸侯国的屏障；弘农郡处于内史地域和河南郡及南阳郡的交叉地带，作为三辅的东部外围，确起了"边"的作用。③ 从监察管辖范围可见，司隶校尉职责的重要性，相当于皇帝的京畿之地守护者，皇室的亲兵和卫士。

汉朝开始增设承担临时巡视和监察职责的刺史。刺史，职官，汉初文帝以御史多失职，命丞相另派人员出刺各地，不常置。元封五年（公元前106

---

① 唐进，郑川水. 中国国家机构史［M］. 沈阳：辽宁人民出版社，1993：100.
② 张立鹏. 汉代丞相司直论考［J］. 西安文理学院学报（社会科学版），2015（2）：26-30，34.
③ 王尔春. 汉代司隶校尉的监察区域及其权力演变［J］. 南都学坛，2016（1）：7-10.

年），汉武帝将除京师附近七郡（三辅、三河、弘农）之外的全国其他地区，划分为十三部区域，每部由中央政府派遣长官——刺史（汉成帝时改称牧），专门负责巡察该区境内的吏政，检举不法的郡国官吏和强宗豪右。刺史之"刺"字，检核问事，含有"侦察""探听、暗访"的意思。因其长官名刺史，故其管区称为刺史部。汉武帝时，所置设的部州仅为监察区组织，非行政机构，因为刺史不管地方行政事务，亦无掾属和固定治所。① 东汉后期的灵帝中平五年（188年），为了镇压黄巾起义，改刺史为州牧，凡重要之州均由中央九卿官员充任州牧，直接掌握一州的军事、行政、民事大权。非九卿官员所领之州仍称州刺史。于是十三州就成为地方郡上一级行政管理机构。刺史官位六百石，属于御史大夫之下的御史丞管辖，巡行郡县。中央经常会派出刺史调查地方向中央汇报情况是否属实，也有暗兼秘密调查任务的刺史。

　　司隶校尉与御史中丞、丞相司直互相监督但不相属，各自独立。在监察权的行使中，既有交叉，又有不同。交叉在于均可纠弹中央官、地方官；其不同则在于纠弹的出发点不同：御史中丞是中央正规监察机构，从国家角度纠举弹劾，按一定规章制度行事，处理一些有关法度的事宜；丞相司直，出发点当然是丞相总领行政的立场，监督百官、整肃官纪；而司隶校尉则是站在"天子奉使命大夫"的特殊地位行使监察权的。司隶校尉的监察方式比御史中丞、丞相司直灵活得多。御史中丞、丞相司直行使监察权，一般是以纠举、弹劾为主，不直接施行于监察对象身上；司隶校尉则常常可以直接捕杀监察对象，权力更大。此外，司隶校尉作为中央监察官，兼有地方监察任务，这是与御史中丞、丞相司直不同的地方。司隶校尉与刺史也不相同，主要表现在：第一，司隶校尉是以中央监察官的身份兼有地方监察的性质，身负二职；而刺史则是中央派出的地方监察官，身份单一。第二，司隶校尉虽曾隶属于大司空，但只是名属，直接受命于皇帝，权力较大；刺史则不然，要受制于中央正规监察机构御史中丞的直接规制。② 当然，封建时期这些官吏的设置，很多时候由皇帝的偶然性和关注度决定，一旦皇帝给予特别关注，权力可能就会大增。

　　除了以上常规性的监察机构和监察主体外，根据特定历史时期和特定任务的需要，皇帝可能在常规政权机构之外进行一些特殊的、临时的设置。如汉武帝时期，由于军事上的需要，皇帝对农税财政的情况过问较多，后来甚

---

① 唐进，郑川水. 中国国家机构史［M］. 沈阳：辽宁人民出版社，1993：80.
② 王尔春，冯国义. 论汉代司隶校尉监察权［J］. 河北学刊，2008（1）：89-93.

至专设了搜粟都尉、盐铁专使等,直接向皇帝负责。汉武帝时期,在御史大夫之外,另设特务机构——绣衣使者,这支秘密警察队伍,身穿绣衣,手持节杖和虎符,四处巡视督察,发现不法问题可代天子行事。汉武帝将其冠名曰绣衣使者,也称作绣衣御史、绣衣直指、绣衣执法、直指绣衣、直指绣衣使者等,有时也简称直指。

(三) 隋朝监察职能的行使主体

隋朝继续沿袭前朝设立治官不治民的御史机构。隋文帝开国后,沿袭北魏制度,设置御史台。隋炀帝大业三年(607年),增设谒者、司隶二台,与御史台共掌监察职权。御史台负责纠察中央官员,司隶台负责监察地方官员,谒者台则奉诏出使,持节按察。谒者台和司隶台的增设,不仅加强了中央对地方的监察,而且致使地方监察机构与中央监察机构实现相对的分离。

司隶台是隋朝专察郡县的监察领导机关。司隶台置司隶大夫一人为台主,正四品。设别驾二人以副之,秩从五品,"分察畿内",其中一人按察东都(今河南洛阳),一人按察京师(今陕西西安)。刺史十四人,正六品,掌巡察畿外诸郡。诸郡从事四十人,佐刺史巡察。刺史巡察的日期,每年二月,乘诏巡郡县,十月入奏。刺史下又置丞(从六品)、主簿(从八品)、录事(从九品)各一人,处理日常台务。不久,隋炀帝废司隶台,改为临时选派中央官员,挂着司隶从事的头衔,外出巡察郡县。

承担言谏和封驳职能的门下省言谏机构。隋朝言谏组织系统基本承袭南北朝,谏官隶属门下省。门下省在隋初是侍奉谏议机关,掌审查政令及封驳诸事。因其主要职掌封驳,从某种意义上说,它是言谏官的最高领导机关。门下省的言谏机构,规模庞大,职权尤隆,门下省的黄门侍郎纳言的主要职责是讽谏及封驳违失。隋初门下省长官设纳言二人,正三品。大业三年(607年),隋炀帝对门下省进行改革,把文帝时门下省内统领朝廷的城门、殿内、尚食、尚药、御府五局从门下省分离出来,门下省逐渐成为"省读奏案"的封驳机构。大业十二年(616年),又改纳言为侍内。隋朝改侍中为纳言或侍内,是因为文帝父名杨忠,故凡"中""忠"皆讳,而改为"内"。

(四) 唐朝监察职能的行使主体

唐朝几经变化终于稳定为三部分的御史台。唐朝初年,废除了隋朝设置的司隶台和谒者台,仅设御史台作为中央监察机关。唐高宗一度改御史台为宪台。武则天时代称为肃政台,分成左、右两台。唐中宗复辟后,改左、右肃政台为左、右御史台。其中右御史台几经兴废，最终于唐玄宗即位之后予以裁撤，左御史台也随之改称御史台。唐朝创立了御史台三院制，御史台以下分设台院、殿院、察院，统辖诸御史，使监察机构进一步扩大。台院，设侍御史六人，执掌纠弹中央百官，参加大理寺审判和推鞫由皇帝制敕交付的案件，以及总台内诸杂事；殿院，设殿中侍御史九人，执掌朝会时百官仪态行止、言行队列，以维护朝仪的秩序和尊严，并负责推按狱讼，监察和巡视京城内外及驻屯京师的诸卫和禁军；察院，武德初年，设监察御史八人，主管巡按州县，监察百官和在京的所有中央机关的工作和簿案，后逐步扩充至六郡、六部。此后，直到唐朝覆亡，御史台始终是中央唯一的监察机关。唐朝定都长安后，留守洛阳的中央机关却一直予以保留，其中留守东都洛阳的御史台称为东都留台，简称东台、留台。

唐朝已趋于发展成熟的言谏制度和谏官体系。谏官有左右散骑常侍、左右谏议大夫、左右补阙、左右拾遗等，分属中书、门下两省。谏官的主要职责是研究国家政策、法令以及某些重大措施和制度，对国家政策、法令的执行情况，甚至包括皇帝执行政务的情况进行监督，如认为不妥，有权向皇帝规谏。谏官中的左右散骑常侍，各二人，秩从三品，掌侍奉规讽，备顾问应对。左右谏议大夫，四人，秩正五品，掌侍从赞相规讽喻。谏官中的左右补阙和左右拾遗设置于武则天统治时期，左右阙各二员，从七品上；左右拾遗各二员，从八品上。补阙、拾遗的职责为：掌供奉讽谏，扈从乘舆。凡发令举事，有不便于时，不合于道，大则廷议，小则上封。若贤良之遗滞于下，忠孝之不闻于上，则条其事状而荐言之。"谏官中的门下省侍中，秩正三品（后为正二品），掌出纳帝命，缉熙皇极，总典吏职，赞相礼仪，一和万邦，以弼庶务，听谓佐天子而统大政者也。但不常设，而以门下侍郎为实际长官。

唐朝对地方官吏进行进退升降考察和监督的黜陟使。黜陟使，唐朝官名，"黜"，是贬斥、废除的意思；"陟"，指晋升。"黜陟"指官吏进退升降。黜陟使是对地方官吏进行考察，并将其政绩情况上报更高一级的部门，并提出推荐或贬黜的建议，以便朝廷对官吏的职务升迁或贬黜的长官。黜陟使的主要职责是掌察所部善恶，对地方官吏的吏治进行监督监察，并监察是否存在冤狱。唐初黜陟使均由重臣担任，以发挥有效监察地方的作用。① 黜陟使巡省天下诸州，有巡察、安抚、存抚之名，甚至可以不上报直接处置一些违法犯罪的官员，可以罢官、入狱甚至直接处决。贞观八年（634年），唐太宗派李

---

① 刘社建. 古代监察史［M］. 上海：东方出版中心，2018：145.

靖等13人为黜陟大使，贞观二十年（646年）又派大臣以六条巡察全国各地，考查官吏，进行奖惩，并了解各地情况。玄宗、肃宗时，亦曾遣使出巡。德宗建中元年（780年）为推行两税法，又在各道设黜陟使，以统一税制，同时考察地方官吏的政绩，后废此官。在唐朝历史中，黜陟使的名称曾经有所变化，也曾被称为巡察使、安抚使、采访处置使等，但功能都是巡视地方、考察干部。

唐朝兼具地方行政权和监察权的地方节度使等官员。御史右台派出监察使，将全国划分为十个道，分别监察（职权很像汉朝的御刺史），或称为巡察、按察、观察使，后来变成常驻地方的机构，持有代表皇帝的"节"，意即全权代表中央管理一道军政，俨然一方诸侯。节度使，意为全权持节调度使，职位世袭罔替。安史之乱以后，唐朝地方节度使权力膨胀，度支、盐铁、转运使也是掌管财政大权的重臣，因此节度使的僚属，度支、盐铁、转运使下属各巡院的官员，通常都带有御史的官衔，并行使监察职责。这些兼有各种御史头衔的地方官，包括中央机构派驻地方并带有御史头衔的官员，统称为外台。巡院是代宗宝应元年（762年）领度支盐铁转运使时创设的下属机构，初设时以管理财政事务为主，并未明文规定其监察职能，随着财政使的权限逐步扩大，巡院的经济监察职能也逐步扩大。从宪宗时起，唐统治者就开始将监察地方官吏的权力转移到巡院等机构。

三、秦汉隋唐监察调查的表现形态

（一）秦朝监察调查的表现形态

秦朝丞相通过上计、奏核等方式实现对百官的监察职能。秦朝丞相有权以律令、诏令为依据，主管地方郡国的上计，对计簿内容进行认真监察、审核，在年终时，则要对官吏政绩进行考课，由皇帝来决定对他们的陟黜、赏罚。丞相还可通过奏核的监察方式对百官开展监督。丞相监察百官，主要采用在年终时监督评定百官政务执行的方式。奏核百官违法行为有两种方式，一种是监察官员政务执行情况，检查官员行政称职与否。另一种则是对官员具体行为的监察，监察官员自身有无违法犯罪，政治、经济上有无问题。丞相有对百官的监察之权，却没有直接处置处分权。丞相发现官员在行政或行为上的问题，一般不能直接单独处置，而是向皇帝提出奏核意见，由皇帝做出最后的裁决，奏请得到皇帝同意后，丞相才可以对涉事官员开展奖优罚劣。

御史通过具体执行对地方官员的考课实现监察职能。根据秦朝的律令，御史相当于副丞相，负责协助丞相履行地方郡县百官考核职能，各郡县上报簿籍即上计簿，御史进行考课。官员考核结果分为良吏和恶吏两种。表现良好、政绩卓著的为良吏，过失过多、秉职不公的为恶吏，地方监御史将相关记录记于上计簿向上呈报。御史存有各种法律文本以为准则，各郡县官吏要按法令行使职权，违令者受到惩处。各级官吏每年要到御史处核对法令文本，这也是考察百官的主要做法。

监察官员通过弹劾等多种方式监察各级官员。弹劾是主要的监察方式，即监察官员向皇帝检举或控告官吏违法失职的行为，即举劾按章与察举非法。秦朝御史大夫的主要职权就是"典正法度""举劾非法"，刺举包括丞相在内的百官的非法行为，纠举和弹劾有违法犯罪的内外百官。弹劾一直是封建社会监察官员行使监察权的最主要也是最重要的方式，是监察官通过对地方官员的检查，实现监察职能的形式。秦朝监察官进行的检查有一般检查和专项检查两种：御史大夫派遣监御史驻郡府，负责对郡县两级进行检查，属于一般检查；而御史台和丞相司直的检查则属于派使巡查，带有专项检查的性质。

御史处理公卿等官员奏章也是监察的方式。处理公卿百官的奏章，这是御史府内侍御史行使监察权的主要手段，其内容包括受理举劾告发的奏事，然后由御史中丞再上奏天子，即"事下中丞，则中丞白之大夫，大夫白之丞相……而奏事复上于中丞"。此外，侍御史还要考察四方文书计簿及公卿百官的奏章，从中发现问题，及时举劾；负责复核、裁决和审理廷尉所奏的定罪案件。

秦朝谏官通过朝议和奏事两种方式行使谏诤职权。秦朝谏官谏诤的方式主要有两种：一是朝议，是指丞相、御史大夫、廷尉、博士等朝廷官员对国家重大事务进行讨论的集体活动，最后由皇帝从群臣的各种不同看法或意见中选择一种做出最后决断。据《史记·秦始皇本纪》记载，秦朝举凡类似秦王更号为皇帝、国家实行分封制还是郡县制、封禅、禁私学、收天下《诗》《书》等重大问题，皇帝都要下其议于群臣，最后由皇帝裁决和选择。二是奏事，是指大臣以书面形式或面见皇帝之时，就军国要政为皇帝出谋划策，或就皇帝言行对皇帝进行规谏，以引起皇帝的注意和重视。① 谏官的谏诤活动，多以两种表现形式出现，即讽谏和直谏。有关史料中，记载讽谏的事例比较少，说明其不是谏诤的主要形式，主要形式是直谏。

---

① 张晋藩．中国古代监察制度史［M］．北京：中国方正出版社，2013：61.

（二）汉朝监察调查的表现形态

汉朝巡视制度的全面继承和对"六条问事"的创新。汉承秦巡行监察的制度，又多有创设，两汉时期是中国古代巡视制度形成和发展的重要阶段。汉朝的巡视方式主要有七种：其一是皇帝巡行天下；其二是由中央监察机构派出刺史巡行郡国；其三是郡国派出督邮巡行县域；其四是县令县长派出廷掾巡行乡里；其五是京畿地区由司隶校尉巡行视察；其六是皇帝临时派遣特使循行视察；其七是地方官员下乡巡查工作。特别值得一提的是，汉朝制定了巡使职责的"六条问事"，即巡视官员巡行时的六条考察标准：一条，强宗豪右，田宅逾制，以强凌弱，以众暴寡；二条，二千石不奉诏书，遵承典制，倍公向私，旁诏守利，侵渔百姓，聚敛为奸；三条，二千石不恤疑案，风厉杀人，怒则任刑，喜则淫赏，烦扰刻薄，剥截黎元，为百姓所疾，山崩石裂，妖祥讹言；四条，二千石选署不平，苟阿所爱，蔽贤宠顽；五条，二千石子弟恃怙荣势，请托所监；六条，二千石违公下比，阿附豪强，通行货赂，割损正令。"六条问事"成为此后历朝历代巡行制度所仿效的蓝本，如隋朝的"六察"、唐朝的《巡察六条》等，都是在汉朝"六条问事"的基础上发展而成的。

中央监察机构御史台对朝廷百官的监察、纠核和审核。汉朝统治者非常重视对朝廷百官的监督察核，东汉时期不再设御史大夫府，而是设监察机构——御史台，隶属于少府。东汉御史台机构的职能是监察、纠核百官违失，审核各种案件。御史台主官为御史中丞，主政，属吏有治书侍御史2人，专掌审核案件；侍御史15人，专掌监察。东汉政府加强监察部门的职能，设专门的御史台机构，是当时为了强化吏治管理，肃贪倡廉，实现集权统治而采取的一种必要措施。东汉御史台的出现，开中国封建国家设置独立监察机构之先河，对后世封建国家监察谏议机构的发展与完善，产生了重要影响。[①]监察、纠核和审核，作为御史台行使监察权的三种主要方式，分别对封建官吏的执法现状、违法失德、审判案件等进行审查，较为全面地涵盖了主要方面内容。

监察官员对朝议祭奠、军事审判等的现场督察。这种方式主要适用于监察朝仪和祭礼、军事行动和审判活动等场合。就监察朝仪和祭礼而言，如西汉时期御史"执法举不如仪者辄引去"。东汉时的侍御史"凡郊庙之祠及大朝

[①] 唐进，郑川水．中国国家机构史［M］．沈阳：辽宁人民出版社，1993：103．

会、大封拜，则二人监威仪，有违失则劾奏"。对于军事行动的监督，如秦始皇曾命太子扶苏"监兵上郡"，监督蒙恬北御匈奴。东汉"光武建武初，征伐四方，始权时置督军御史，事竟罢"。对审判活动的监督，如汉朝的御史大夫或御史中丞与丞相、廷尉等高级官员共同进行的"杂治"，刺史察核所辖郡国的狱案等。

监察官通过对地方官员的检查实现监察职能的行使。汉朝监察官进行的检查，也可以分为一般检查和专项检查两种：汉朝刺史和督邮行部所进行的检查，都属于一般检查；而御史台和丞相司直的检查则属于派使巡查，带有专项检查的性质。监察官进行检查可以通过巡行的方式，也可以通过接受吏民检举并经过一定的立案程序而进行调查。监察官进行巡查既可以采用明察的方式，也可以通过暗察的方式进行，前者是指公开监察官的身份，后者是指监察官通过微服私访的方式进行。

丞相司直对不法行为、无德行为的检举、弹劾。检举、弹劾是司直最主要的工作方式。"举不法"，何谓法？终两汉之世，讲究以"仁孝"治天下，崇尚道德的力量。因此，司直翟方进弹劾司隶校尉涓勳的理由就是"不遵礼仪，轻谩宰相，贱易上卿"；司直孙宝奏免红阳侯立"怀奸罔上，狡猾不道"；司直陈崇奏免大司农孙宝，是因其"遣吏迎母，母道病，留弟家，独遣妻子"。从西汉司直弹劾百官的案例来看，大多也是与道德有关的。而史籍仅载司直主管"举不法"，但对于不道德之言行，依然要予以惩处。这也从另一个层面反映了当时法德界限不分明的状况。平帝之世，政自莽出，"遣大司徒司直陈崇等八人分行天下览观风俗"；王莽将自己的女儿嫁给平帝为皇后时，司直陈崇对其歌功颂德。文非出于陈崇之笔，却以其名义上奏。① 可见当时丞相司直地位之崇高，连王莽等篡权者也希望通过司直的名义为自己增光添彩。

司隶校尉对不法官员的逮捕惩处权。作为汉朝的国家监察官，司隶校尉集中央监察与地方监察于一身，集监察权、治安权、领兵权、议政权、荐举权、社会事务管理权于一身，权大位重。当然，这些权限不是初设即有的，而是经过发展逐步完善的。其中的治安权，主要指的是逮捕惩治的权力。司隶校尉初置不久就遭到诸侯王和贵戚的反对，所以皇帝增派一千二百名刑徒兵来保障其权力的行使。也就是说，要使司隶校尉的监察"行之有效"，就必

---

① 张立鹏. 汉代丞相司直论考 [J]. 西安文理学院学报（社会科学版），2015（2）：26-30, 34.

然要拥有逮捕惩治的权力。既监察又惩处，才能保证司隶校尉的监察"行之有效"。① 在督治阳石公主、决太子巫蛊之狱中，司隶校尉就充分运用了这一巨大的治安权力。汉武帝置司隶校尉督察皇太子、三公以下百官，是历代统治者以低治高，以贱治贵的惯用手段，这也成为司隶校尉权势最重的手段和方法。

汉朝谏官还可以通过考试对策的方式行使谏诤职权。对策是两汉时期谏官采用的一种新形式。西汉对仕子进行考试时，要求考生对写在简册上的试题逐条答对，并将答案也写在简册上。这既是一种考试方式，又是一种谏诤方式。西汉时的考试多以政事、经义设问，大部分内容都是政治性的，需要考生对国家大事直言无隐。通过这种方式，广大庶民或政府官吏得以直言皇帝或政府的得失，揭露社会弊病并深入分析其原因，进而提出新的治国方略，因而也是行使监察权的一种方式。② 将考试方式融入谏诤渠道，也算是一种创新和发明。当然，这种考试对策的方式，必须有上层特别是皇帝有足够的求知欲，特别希望通过不同渠道实现广开言路、广揽人才的背景才行。

（三）隋朝监察调查的表现形态

隋朝御史台对行政官吏广泛的弹劾权。隋朝御史台对以下行为有权弹劾：一是违反法令者；二是品官不理朝政者；三是监授人官，不举贤才者；四是以权谋私者；五是朝会举止礼仪不肃整者。隋朝御史还有权谏正君主得失。文帝执政期间，往往随心所欲，决罚官民，御史刘行本、柳彧等数次谏止。隋御史不仅可以弹劾百官违失，而且有权弹劾皇子。

隋朝监察机构以"六条"或者"六察"巡察京师内外。《隋书·百官下》记载这六条的内容是：一察品官以上理政能不；二察官人贪残害政；三察豪强奸猾，侵害下人，及田宅逾制，官司不能禁止者；四察水旱虫灾，不以实言，枉征赋役，及无灾妄独免者；五察部内贼盗，不能穷逐，隐而不申者；六察德行孝悌，茂才异行，隐不贡者。隋朝的"六条"或者"六察"起源于汉朝"六条问事"，但在纠察案件范围、纠察重点等方面，有了很大的不同；覆盖的范围比汉朝"六条问事"要广，成为唐朝《巡察六条》的重要蓝本和依据。

隋朝御史台推鞫狱讼、三司受事等方式实现对审判权的监督。自秦汉以

---

① 王尔春，冯国义. 论汉代司隶校尉监察权［J］. 河北学刊，2008（1）：89-93.
② 张晋藩. 中国古代监察制度史［M］. 北京：中国方正出版社，2013：61.

来,御史台都掌审理冤案、推鞫狱讼的权责。隋唐沿袭其制。"凡天下之人,有称冤而无告者,与三司话之。""若有制使复囚徒,则刑部尚书参择之。"隋唐时期,对人犯申诉的重大案件,由御史台会同中书省、门下省审讯,具体参与人员,通常是御史台侍御史、中书省中书舍人、门下省给事中共同组成法庭审理,谓之"三司受事"。若有疑虑未决的重大案件,则由大理寺卿会同刑部尚书、御史中丞共同审理,谓之"三司推事"。

(四) 唐朝监察调查的表现形态

唐朝御史开展定期巡视或者临时巡察工作。唐朝将全国分为"十道"监察区,因此对地方的监察,又称"十道巡察"。道察或由察院临时派出监察御史,具有奉敕特使的性质,或者定期巡视。御史出巡,尤其是遣使巡察,其活动在皇帝的直接控制下,所谓"事无巨细得失,皆令访察奏闻,所以明四目,达四职也。"这是出巡御史位卑权重的根源。根据唐制,御史台推按时,分京城诸司及诸州为东、西两部分,取侍御史二人知东、西推,殿中侍御史二人同知东、西推,谓之四推御史。单日于台院(侍御史居处),双日于殿院(殿中侍御史居处)受事。元和八年(813年),由四推御史轮流受事。御史的监察活动,在客观上形成皇帝关心民生的场景,也体现了御史监察对于整肃吏治、巩固专制制度的作用。

唐朝御史针对包括宰相在内百官的独立弹劾权。唐初曾有"凡中外百僚之事,应弹劾者,御史言于大夫,大事则方幅奏弹之,小事则署名"的规定,但是,武则天统治时期,为了加强对中央和地方的监察控制,将监察御史的弹劾功能发挥到了极致,允许越过御史大夫独立弹劾。据《大唐新语》记载:长安四年(704年),监察御史萧至忠弹劾宰相苏味道贪赃,苏味道被贬,此举遭到御史大夫李承嘉的指责,引发监察御史是否可以独立弹劾的争议。至德元年(756年),唐肃宗下诏:御史弹事,自今以后不须取大夫同署。御史独立弹劾权制度至此成立。不过,虽然唐朝在制度上规定御史可以弹劾包括宰相在内的所有百官,但在实际中,很少有御史弹劾宰相的情况发生。

唐朝形成了比汉六条、隋六条范围还要广泛的《巡察六条》。在监察内容方面,唐初,监察御史仍按汉代"六条问事"进行纠弹。武则天时尚书侍郎韦方质奉旨修订监察州县的四十八法,实行10年后,以其烦琐难于执行而中止。玄宗开元年间,将中宗时察郡的六条定例发展为《巡察六条》,具体如下:其一,察官人善恶;其二,察户口流散,籍帐隐设,赋役不均;其三,察农桑不勤,仓库减耗;其四,察妖猾盗贼,不事生业,为私蠹害;其五,察德行孝悌，茂才异常，藏器晦迹，应时行用；其六，察黠吏豪宗，兼并纵暴，贪弱冤苦不解自申者。

武则天时代在朝堂上置铜匦收四方之书。铜匦是武则天当皇帝时，出现过的新鲜事物，其性质等同于后世所设置的检举箱。唐代的铜匦，构造比较复杂。据《资治通鉴》记载：其器共为一室，中有四隔，上各有窍，以受表疏，可入不可出。四匦分置于朝堂的东、南、西、北四面，涂上青、丹（红）、白、黑四色。青匦曰"延恩"，事关养民劝农及求仕进者投之；丹匦曰"招谏"，论时政得失者投之；白匦曰"申冤"，陈诉冤屈者投之，黑匦曰"通玄"，告天文、密谋者投之。以谏议大夫、补阙、拾遗各一人为知匦使，专知受状，以达其事于上。另以御史中丞、侍御史各一人为理匦使，据状申奏。从一定意义上看，铜匦的设置是广开言路的一个措施。但时间长久后，容易成为匿名告状、虚假揭发的载体。

第三节　宋元明清监察调查权的沿革

一、宋元明清国家机构的体系建构

（一）宋朝国家机构的体系建构

宋朝是中国历史中上承五代十国下启元朝的朝代，存在于960—1279年，共历18帝，享国319年，分北宋（960—1127年）和南宋（1127—1279年）两个阶段。宋朝中央机构在神宗元丰元年（1078年）前后有很大不同。元丰元年以前，虽仍有三省六部，但形同虚设。以同中书门下平章事为真宰相之任，参知政事为副相，总揆行政；又设枢密院掌军事，转运司（也叫户部司）、盐铁司、度支司三司掌财政，这样形成行政、军事、财政三权分立的局面，宰相的权力大大削弱。六部的权力也被不断增设的机构所侵夺，九寺五监中部分寺、监权力转移也有类似的情形。三司本来是原尚书六部之下的机构，现在越级上升，而成为基本与两院并列的部门，形成枢密院、中书省另有三司的最高军政机构。神宗元丰五年（1082年），实行中央官制改革，罢去三司及一切丛杂机构，基本恢复到唐朝三省六部的格局。枢密院职任得以保留，同中书门下平章事改称左、右宰相，实际上兼管财政。南宋时，宰相兼任枢密使，又兼管部分军政。这样，宰相重新握有民政、财政和部分军政之权。

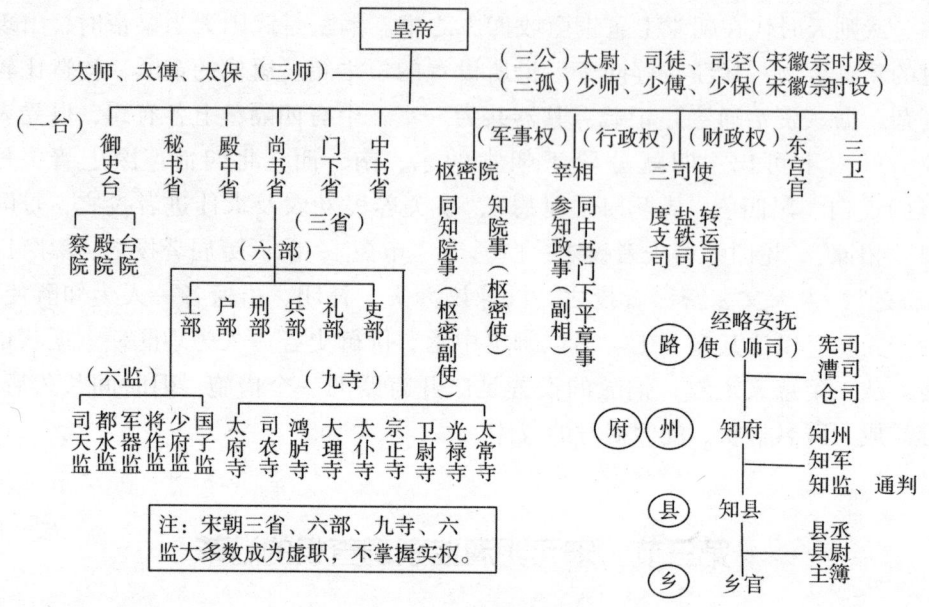

图 2-8 宋朝国家机构设置图

（二）元朝国家机构的体系建构

元朝由蒙古族建立，是中国历史上首次由少数民族建立的大一统王朝，存在于 1271—1368 年，传五世 11 帝，历时 98 年。元朝政权机构大体承袭宋朝，废除尚书省和门下省，变唐、宋时期的三省制为一省制——中书省，以其为最高政务机关，六部为其所属。中书省与枢密院、御史台分掌政、军、监察三权，地方实行行省制度，开中国行省制度之先河。地方行政机构采取路、府（州）、县三级，军政总权在行省。行省是汲取金朝的制度——外放和行动中的中书省，行省长官就是中书长官的分身。元朝商品经济和海外贸易较繁荣，但整体生产力不如宋朝。元朝的国家机构始终没有真正建立起来，原因在人员的配备上。元朝统治者不信任汉人，所以政府机构要职全由蒙古人占据，其次是其他少数民族，但蒙古人少且政务不熟，完全没有能力真正管理全国政务。

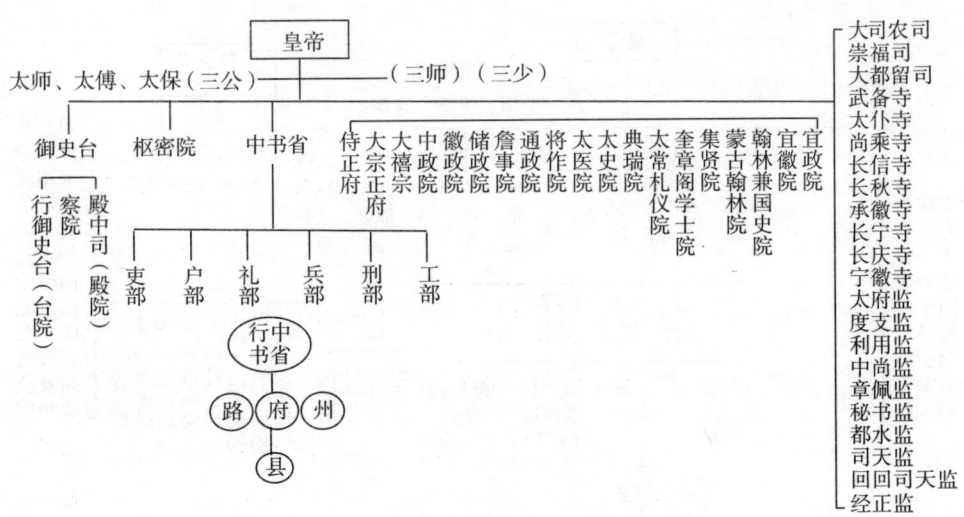

图 2-9 元朝国家机构设置图

(三) 明朝国家机构的体系建构

明朝是中国历史上最后一个由汉族建立的大一统中原王朝,存在于1368—1644年,共传12世历经16帝,享国276年。明朝建国初期,有宰相设置,保持着宋元时期的中书省。胡惟庸案后,朱元璋取消宰相和中书省,分中书省及丞相权力归属六部,相对提高六部职权和地位,由六部尚书直接对皇帝负责。设置办理日常公务的内阁制,内阁既非官署,也非职官名,开始只是简任文臣入值文渊阁参与机务,后有了正式办事处所开始参预机务。内阁由翰林院学士组成,分首辅、次辅和群辅,其职责主要为"票拟",即代拟诏书、批答奏折。永乐以后,内阁学士逐步参与政事,不仅是咨询顾问且掌实权,成为全国行政中枢。嘉靖年间,内阁大学士班次列在六部尚书之上,就类似于唐朝的中书门下省。军事上,改大都督府为五军都督府。建立庞大的宦官机构及其控制下的厂卫特务组织。明朝中枢政务机构中,初期有三公、三孤,为皇帝之辅佐官,职位崇高的虚衔。明朝的地方机构,初期沿用元制以行省为单位,下设府、州、县各级。洪武九年(1376年)废除行中书省制,改为承宣布政使司,但习惯上仍称为省。承宣布政使司与都指挥使司、提刑按察使司并称三司,分别管理行政、军事和司法。为了加强中央集权,明朝也派监察御史往地方稽查,称为巡按御史,建立了督抚制度。

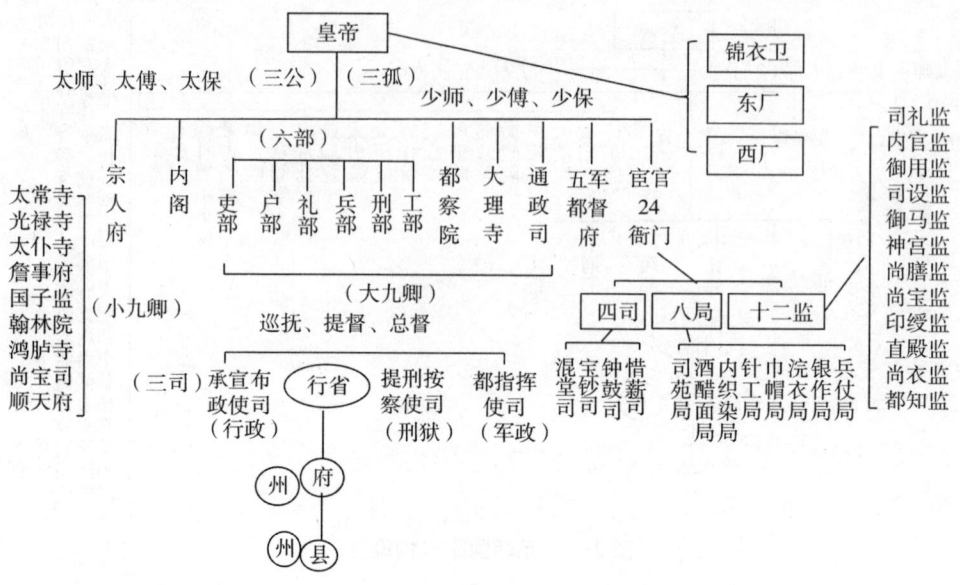

图 2-10 明朝国家机构设置图

(四) 清朝国家机构的体系建构

清朝是中国历史上最后一个大一统的、由少数民族建立的王朝,存在于 1636—1912 年,传 12 帝,享国 276 年。由满洲贵族建立的清王朝,初由八旗旗主和议政王大臣会议共同议政。清朝建立政权后,国家机构基本承袭明朝,总摄机构还是内阁,雍正时增设办理军机处,简称军机处,在文华殿、武英殿后面,又称南书房,成为皇帝直接控制的中枢辅政部门。清朝六部职权缩小,已不是行政管理中枢,不能对下直接发布政令。清朝寺监仅存大理寺、太常寺、光禄寺、太仆寺和鸿胪寺。宗人府的地位则在六部之上。五监仅存国子监,其余四监先后并归工部。清朝的地方行政管理除特别行政区外,几乎全部承袭明朝,但对地方控制复杂程度在明朝之上。先是将明朝地方非常设机构总督、巡抚确定为地方机构,再派出参赞大臣、经略大臣予以监摄。至于督抚之下的三司、分司、府州、县基本同于明朝。其余地方官员基本仿照明朝,即县、府州、藩台与臬台的分司(道)、三司。

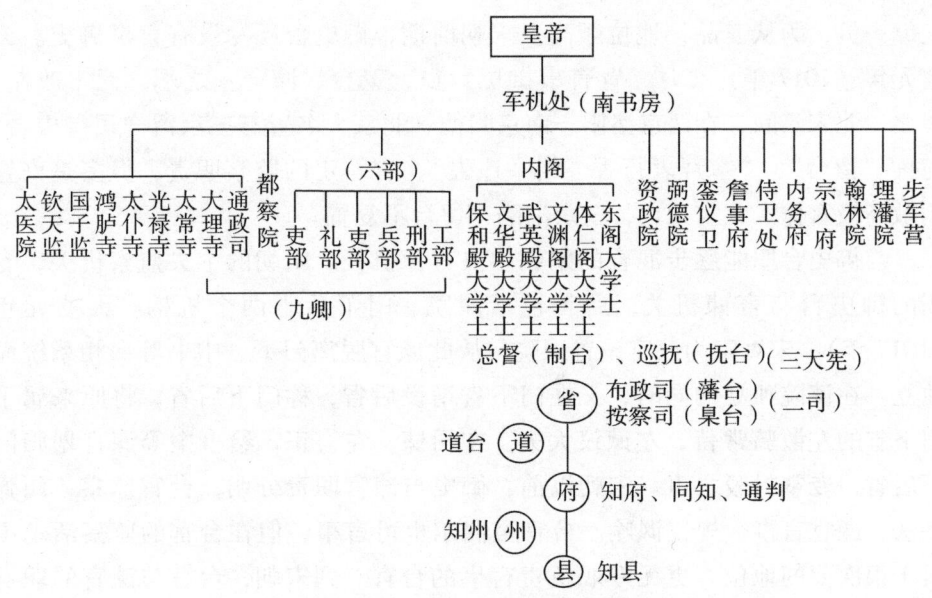

图 2-11 清朝国家机构设置图

二、宋元明清监察职能的行使主体

（一）宋朝监察职能的行使主体

宋朝从虚职（兼职）向实职过渡的中央监察机关：御史台。宋朝中央最主要的监察机关，仍然是御史台，其组织机构设置基本沿袭唐朝体制。台长为御史大夫、御史中丞和侍御史知杂事；下设台院、殿院、察院三院，分别置侍御史、殿中侍御史、监察御史；监察官还有不常设的里行、言事御史等。不过，宋朝初期，御史台各类主官多为兼职，御史大夫甚至都不常设，只是一种荣誉性的加官、空衔，称为检校御史大夫。实际主持台务工作的是御史中丞，但御史中丞也是中书、门下两省的谏官，由给事中、谏议大夫等兼任。台院、殿院、察院三院的置侍御史、监察御史很多都是由其他部门的官员兼任。宋神宗元丰三年（1080年），实行官制改革，撤销只领空衔的官职和其他官员兼任御史，规定非本职官员不得视事，御史台官员这才实领御史职事。由于御史大夫一职地位崇高，不宜轻易授人，御史台的实际台长是御史中丞。在宋前期，中丞必须是本官阶在左、右谏议大夫以上的官员方能出任；如未至，须先升迁至右谏议大夫，并带"权"字，即权御史中丞。元丰改制后，定编一员,为从三品,地位颇高。宋朝前期,御史台还专设有言事御史。天禧元年(1017年)二月,置言事御史六员,肇台、谏合一之端。元丰改制,罢之。北宋年间,在西京洛阳、南京归德、北京大名置有三京留守司御史台,简称"留台","掌拜表行香、纠举违失",有一定的监察职责,但多是安置闲散高级官僚。北宋灭亡,三京沦陷,留台不复置。

与御史台职能逐步混合的宋朝中央言谏机关。宋朝的中央监察机关,专职的御史台与言谏机关,后者包括谏院、门下后省两个机构。天禧元年(1017年),宋真宗为谏官设置谏院,从此谏官脱离门下、中书等宰相系统而独立。在谏院独立的同时,又在门下省增设后省,称门下后省,将原来属于门下省的左散骑常侍、左谏议大夫、左司谏、左言正、给事中等谏官划归门下后省,专掌封驳之事。宋朝以前,御史与谏官职责分明,台官监察,纠弹违法;谏官言事,规正讽喻。台官虽偶尔也可言事,但在台官的监察活动中居于很次要的地位,更无专职负责言事的台官。到宋朝,台官与谏官的职责逐渐交叉融合,台官可以言事规谏,谏官也有纠弹百官之责,台谏之责趋向合一。① 天禧元年,在御史台设置了六名言事御史,是为专职的言谏御史,开宋朝台谏合一的先河。元丰八年(1085年),宋神宗在诏书中明确说:"监察御史兼言事,殿中侍御史兼察事。"这样,谏官脱离门下省,由皇帝钦命,并且无主官,和御史台并列,地位得到提升,成为皇帝身边重要的监察机构。此外,宋朝言谏机构的言谏对象发生改变,原来谏官的针对对象主要是皇帝,宋朝开始转向百官大臣,成为一批只向皇帝负责,而游离于各机构的散官。据说,王安石变法时,最大阻力就是谏官,这些人以祖宗旧制为立意之基,目标模糊而又"凛然正气",使得谁都会头疼。除了御史台与谏院外,尚书左、右司和宰执都可以监察百官。

宋朝地方承担监察职能的通判和四监司。通判,宋朝官职名称,是通判州事或知事通判的简称,又名同判(避讳)。宋朝初年,为了加强对地方官的监察和控制,防止知州职权过重,专擅作大,宋太祖创设通判一职。通判由皇帝直接委派,辅佐州政,可视为知州副职,但有直接向皇帝报告的权力。凡州府粮运、水利、屯田、牧马、江海防务和诉讼等事项,须通判连署方能生效,并有监察官吏之权,号称监州。宋朝在州、府、军、监之上,原没有设置更高一级的行政机构。太宗至道三年(997年),将太祖时期为适应军事需要而临时划定的区划路。各路皆置转运使和提点刑狱,有些路常置安抚使,

---

① 王正. 监察史话[M]. 北京:中国大百科全书出版社,2000:106.

各设官衙办事。安抚使司俗称帅司,由本路最重要的州府长官兼任,主管一路的军政,也兼管民政、司法和财政等。转运使俗称漕司,主管所领州县的水陆转运和财政税收,兼管司法和民政等。提点刑狱俗称宪司,主管一路的司法,兼管财政等。宋神宗时增设提举常平司,俗称仓司,主管本路常平、义仓等。帅、漕、宪、仓四司相互监督、相互制约,被习惯合称为四监司。

北宋时期地方的路还设置有走马承受公事的特务监察官员。走马承受,宋朝差遣官名,全称为都总管司走马承受公事,为路级非正式监察官员,政和中期改名廉访使,靖康初年又复名走马承受。为皇帝特派、身份公开的特务。初期仅密察将帅的言行举动,不涉它事;后负有监察本路将帅、人事、物情、边防及州郡不法事之责,事无巨细,皆得按刺。每年一次赴阙直达奏事。如有边警急报,不时驰驿上闻,并许风闻言事。北宋初,隶转运司,后隶帅司,崇宁中期不隶帅司,南宋建炎元年复隶帅司。走马承受以内侍官或三班使臣以上武官充任,差遣品级在正七品上,序位在转运使、副使、判官、提点刑狱、提举学事、常平官之下,通判之上。位卑权重,所谓均体使华,几乎可以跻身监司序列。

(二)元朝监察职能的行使主体

元朝从无到有地位大幅提升的"医两手"御史台。忽必烈即汗位时,并没有设置御史台。但当他执政九年以后,深感"政事废弛",于是在至元五年(1268年)七月,下令正式设立御史台,将主掌监察权的御史台提高到与总揽行政权的中书省、主掌军事权的枢密院并列的地位,成为元代中央政府三大重要中枢机构之一。凡有公事奏察,中书省、枢密院要与御史台一同闻奏。尤其是当中书省上奏重大国事时,必须有御史大夫副署丞相(中书省右、左丞)的奏章方能生效。忽必烈称:"中书朕左手、枢密朕右手、御史台是朕医两手的,此其重台之旨。"御史台,是元代的中央监察机构,即中央御史台,亦称中台或内台。元朝的御史台,沿袭唐宋,但地位大大提高,并自成体系,其职权为掌纠察百官善恶、政治得失。主要机构有台院、殿中司和察院。台院官员包括御史大夫、御史中丞、侍御史、治书侍御史等;殿中司,设殿中侍御史二人;察院,设监察御史三十二员,其职责是"司耳目之寄,任刺举之事"。

元朝地方重要监察主体之一的行御史台。元朝中央设御史台,各重要地区则设行御史台,简称行台,以监察诸省、掌纠查地方百官善恶、政治得失。至元十四年(1277年),在御史台外又置江南行御史台于扬州,后迁至建康,监临东南诸省，统领东南各道提刑按察司。大德元年（1297年），定为江南诸道行御史台，设官品秩同内台，掌监察江浙、江西、湖广三省，统管江东、广西、福建、海南十道刑按察司。至元二十七年（1290年），又始置云南诸路行御史台。大德元年，移于京兆，改为陕西行御史台，延佑元年（1314年）罢，次年复置陕西诸道行御史台，设官品秩同内台，统汉中、陇北、四川、云南四道提刑按察司。行御史台是中央御史台的派出机构，主管全国十个行省的监察事务，同时又总制二十二道肃政廉访司。元朝的行台先后设过四个，但长期保存下来的只有两个，即江南诸道行御史台、陕西诸道行御史台。

元朝地方由提刑按察司改设的肃政廉访司。肃政廉访司，元官署名，掌监察百官。元朝于行省之下实行路、府、州、县四级行政体制，在地方推行台"道"监察制度。"道"即提刑按察司巡视的区域。提刑按察司负责纠察地方吏治、政治得失，具体负责对全国道下一百八十五个路实施监察，各肃政廉访司可视监察的需要设立分司。至元二十八年（1291年）改称肃政廉访司。初置山东东西、河东陕西、山北京西、河北河南四道。大德初，全国分二十二道，遍于全国，分隶御史台、江南行台、陕西行台，成为定制。其中，内八道属御史台，江南十道属江南行御史台，陕西四道属陕西行御史台。每道置廉访使、副使、佥事等官。有学者认为，元朝以前，我国在地方未曾建立过正规的、独立的监察机构。到了元朝，才在地方建立了正规的、独立的监察机构，组成了从中央到地方独立、系统的监察体系。[①] 这种观点主要认为，前朝诸代虽然也有地方的监察机构，但或是派驻的、临时的，或是同时兼有其他行政、军事职能，没有形成独立的监察体系。

（三）明朝监察职能的行使主体

明朝中央监察主体大动作：撤销御史台而改设都察院。明朝初年，沿元旧制，设御史台，洪武十三年（1380年）五月罢御史台。洪武十五年（1382年）改置都察院。这个机构为明朝所创设的，与前代御史台之制不完全相同。都察院设左右都御史、左右副都御史、左右佥都御史及十三道监察御史共110人。都御史为台长，与六部平行，合称七卿。监察御史充任的职务，远比前代繁重。据《明史·职官志二》所载：在内两京刷卷，巡视京营、监临乡、会试及武举，巡视光禄，巡视仓场，巡视内库、皇城、五城、轮值登闻鼓。

---

① 王春瑜. 中国反贪史（中）[M]. 北京：人民出版社，2013：185.

在外巡按（北直隶二人，南直隶三人，宣大一人，辽东一人，甘肃一人，十三省各一人），清军，提督学校（两京各一人，万历末南京增设一人）。巡盐（两淮一人，两浙一人，长芦一人，河东一人），茶马（陕西）、巡漕、巡关、攒运、印马、屯田。师行则监军纪功，各以其事专监察。而巡按则代天子巡狩，所按藩服大臣、府州县官诸考察，举劾尤专，大事奏裁，小事立断。按临所至，必先审录罪囚，吊刷案卷，有故出入者理辩之。

明朝品级不高但权限较大的中央六科给事中。六科给事中，明朝谏言、监察官职名，源于给事中。作为言谏官员的给事中，早在秦朝时期就已经存在，不过封建社会大多数时期地位较低。秦汉时期的给事中，只是加官并无正员，设置为专官大概始于晋代。① 明朝则大幅提升给事中地位，不再隶属于其他单位，而成为一个独立的机构。由于给事中分掌六部，故也称六科给事中。六科的掌印长官都给事中，不过是正七品，下有左右给事中为从七品，另还有给事中（从七品）若干，各科人数不同。六科给事中与都察院均属于中央重要的监察机构，但侧重点略有区别：六科主要的工作是对专门的部门（六部）和业务进行监察，主规谏和封驳，而都察院则比较侧重于对中央其他机关和地方衙门官员的弹劾，兼管谏议。由于给事中和御史职权的比肩和同一化，因此清朝最后科道合一，将六科给事中隶属于都察院。

明朝中央设置收受、检查内外奏章和申诉文书的通政使司。通政使司是明朝创设的，其职能似乎有类于南北朝的通事舍人、唐代的知匦使、宋朝的合门使及通进银台司等机构之合并，理论上是君主和臣下之间的一个联系机关，任何官署上奏事件都必须经由其手，所以居七卿之下的最高位次，有资格参与廷推。明朝于洪武三年（1370年）三月，置察言司，掌受四方章奏，旋罢。洪武十年（1377年）七月，置通政司，设通政使1人，正三品；左、右通政各1人，正四品；誊黄右通政1人，正四品；左、右通议各1人，正五品。其属官有经历司经历1人，正七品；知事1人，正八品。通政司出纳王命，为朝廷之喉舌，其封奏皆自御前开拆，故奸臣有事即露，无幸免者。到明朝中、晚期，通政司实际已被奸党所控制，通达下情之意，荡然无存。

早期纯粹的监察官后期行政化的总督和巡抚。明朝总督和巡抚的职权有一个变化的过程。在其前期，以监察为主；在其后期，逐步从单纯的监察大臣，发展为总领节制三司的地方大员。但从明朝整体发展趋势来看，总督和巡抚尚不算省一级的最高行政长官，所以《明史·职官志》把总督、巡抚归

---

① 高一涵.中国御史制度的沿革［M］.北京：商务印书馆，1936：47.

属都察院系统。此外,作为监察地方的最高官吏,总督和巡抚都领有都御史的职衔,具体职责、使命大致相同。兼管行政、民政的叫巡抚,兼管军事叫提督,兼管行政、财政和军事的叫总督,总督和巡抚可以互相兼取,督、抚地位和职权高于"三司"。此外,明朝省级建制为"三司"并立,即行政系统的承宣布政使司(简称布政使司或布政司)、监察系统的提刑按察使司(简称按察使司或按察司)、军事系统的都指挥使司。提刑按察使司在浙江、江西、福建、四川、陕西、云南、河南、广西、广东、山西、山东、湖广、贵州十三道设置监察御史巡察地方。

(四) 清朝监察职能的行使主体

清朝监察权更加集中的中央监察机关都察院。清初仿明制,于崇德元年(1636年)五月设立都察院。都察院初设承政1人,左右参政各2人。顺治元年(1644年)改承政为左都御史,参政为左副都御史。左都御史为主官,左副都御史为副主官,负责都察院的全面事务。《清史稿·职官志二》记载:"左都御史掌察覈官常,参维纲纪。"右都御史,为总督兼衔;右副都御史为巡抚、河道总督、漕运总督兼衔,都不设专员。右都御史、右副都御史为各省督抚的兼衔,属于非京官,故中央都察院官衔特点为左系衔。在清初六科给事中为独立机关,雍正元年(1723年)改隶属都察院。给事中一官,在清朝以前,或属于尚书省,或属于门下省,或独立自为一曹,皆和御史台、都察院不生关系。到了清朝雍正元年,六科改隶都察院,把台谏两官完全合并起来。① 六科给事中划归都察院后,皇帝通过军机处发布谕旨,给事中不再染指,皇帝脱离"科臣"的牵制;另一方面给事中改成监督弹劾百司,从而加强了对中央各部院的监督。这种体制,使监察职能高度集中,皇权的权威得到加强。

清朝都察院直属的十五道御史和五城都察院。清朝都察院下设十五道御史和六科给事中、五城察院、宗室御史处、稽察内务府御史处。十五道御史是按省区划分的治事机构,监察御史各道人数不同。十五道是按省区划分的机构,计有京畿、河南、江南(包括江苏、安徽)、浙江、山西、山东、陕西、湖广、江西、福建、四川、广东、广西、云南、贵州等道。十五道的职官各有掌印监察御史(满、汉各1人),一般的监察御史,各道的人数不同,十五道共有掌印监察御史30人,一般监察御史26人,总数56人,满、汉各

---

① 高一涵. 中国御史制度的沿革 [M]. 北京:商务印书馆,1936:47.

28人（满御史内有宗室4人，蒙古2人，汉御史内兼用汉军），笔帖式32人，经承49人。十五道御史总数为137人。十五道监察御史初有"坐道""协道"之分。"坐道"为空衔，并不办本道之事；"协道"也不固定办理某道事务。至乾隆十四年（1749年）始固定各道职掌：除负责稽核本省刑名案件外，并令稽察在京各衙门事务，各道所稽察之衙门。五城都察院是稽察京师地方治安的机构。清朝把京城分为中、东、西、南、北五城，都察院分派御史巡城，并设有巡城御史的公署，称为五城察院，或称五城。各城都设有兵马司，每司又分为二坊，由五城御史督率管理，负责审理诉讼、缉捕盗贼等事。宗室御史处、稽察内务府御史处是负责对宗人府、内务府进行财务监督的专门机构。

清朝承担地方监察职责的督抚、道员等。清承明制设总督与巡抚，在较长一段时期督抚职能与明朝相同，至乾隆时期督抚成为数省或一省的最高军政长官。总督与巡抚作为地方军政长官的同时负有地方监察之职，均兼都察院衔。都察院右职向为督抚兼衔。提刑按察使司是省的负责监察诸官的监察机关，设按察使一人，正三品。按察使称臬司或臬台，职掌一省刑名校勘之事，以振风纪、澄吏治。清朝在省和府（州）之间设道，各道承担监察职能，职司风宪、考察官吏。道员为布政使、按察使两司的派遣官，不属于地方行政区域官。道员分守道和巡道两种：守道指由布政使司派员驻守某一地方，兼布政使司参政、参议衔；巡道指由按察使司派员巡察某一地方，兼按察使司副使、佥事衔。守道偏重于财政经济，巡道偏重于司法监察，故道员又有"监司"之称。

三、宋元明清监察调查的表现形态

（一）宋朝监察调查的表现形态

宋朝御史台对文武百官的弹、劾、纠、奏四种方式。宋朝御史台的主要职责，继续沿袭唐制，为纠举弹劾文武百官的不法行为。宋朝宰相因遭御史弹劾而被罢相之事屡见不鲜，仅宋仁宗时期，就有十多人。宋朝御史监察百官的方式与名称已基本被确定了下来，揭发指控重大罪行称"劾"、较大罪行称"弹"、罪行较轻称"纠"、一般性的违纪失礼称"奏"，即所谓弹、劾、纠、奏四种名称或方式。《宋史·职官志》记载，监察御史六人，掌分察六曹及百司之事，纠其谬误，大事则奏核，小事则举正。从具体的监督、监察方式而言,宋朝监察方式包括以下几种:一是监察官纠弹;二是关系人检举;三是受害人户论诉;四是遣亲事卒侦探。宋朝还采取了一系列与监察方式并行的监察手段,从而使监察措施显得更为完备,监察手段包括:其一为周防法,以利相互监察;其二为考课法,以利定期监察;其三为越诉法,以利民众监督;其四为连坐法,以利依法监督。① 从宋朝监察方式和监察手段看,已经实现了全方位、广覆盖的国家监察体系,从被害人诉权角度也有创新。

宋朝御史台三院的司法监督权和部分刑讯审判权。御史台设有检法1人,主掌司法;下设推勘官10—20人,负责对罪犯和案件的调查与审理。凡遇涉及官员违法渎职的案件,必须先经御史台调查审讯,再送交大理寺审判。此外,宋代的御史台还拥有经济、财政的审计监督权和考核官吏的考课权。

宋朝言谏机关拥有谏诤、谏劾、封驳三项主要职权。宋朝的言谏机关主要包括谏院、门下后省两个机构。谏院主要行使两项职权:一是谏诤,二是谏核。谏诤是针对皇帝而言的,即对皇帝言行、旨意方面的失误进行规劝;谏核的对象是文武百官,对上至宰相、下至一般普通官吏的言行进行监督、弹劾。两项职权因对象不同而有着本质的区别。不过,由于宋朝言谏机关和御史机关职能的混同,言谏机关谏诤的使用比例已经大幅下降。门下后省则负责封驳职权。封驳,意为封还皇帝失宜诏令,驳正臣下奏章违误。唐朝规定,凡诏敕须经门下省,如认为有失宜的书可以封还,有错误者则由给事中驳正。该制度在五代时废止,宋太宗淳化四年(993年)恢复唐制。

宋朝御史和谏官的风闻奏事或者闻风弹事之特权。所谓风闻奏事,又称闻风弹事,是指朝廷授予谏官们仅根据传闻提供的线索(不一定要真凭实据或真实可靠信息),即可启动对相关官员调查弹劾的特权。所谓风闻,主要是街谈巷议、舆论、民谣、谣言、话本、戏曲、匿名文书之类,以及基层民众的诉状中发现的线索。宋朝王安石认为,许风闻言事者,不问其言所从来,又不责言之必实。若他人言不实,即得诬告及上书诈不实之罪;谏官、御史则虽失实,亦不加罪,此是许风闻言事。《文献通考》云:"故御史为风霜之任,弹纠不法,百僚震恐;官之雄峻,莫之比焉。旧制,但闻风弹事,提纲而已。"注云:"旧例,御史台不受诉讼,有通辞状者,立于台门候御史,御史竟往门外收采之,可弹者略其姓名,皆云:风闻访知。"通说认为,宋仁宗"发明"了风闻奏事的制度,让谏官可以根据道听途说来参奏大臣。也有学者考证,南北朝已经存在御史风闻奏事,其源于汉代的三公谣言奏事,东汉三

---

① 王春瑜.中国反贪史(中)[M].北京:人民出版社,2013:59-64.

公府橡及公卿均可以根据传闻劾奏刺史及二千石官僚，称为"谣言奏事"，至南北朝乃成为御史的特殊权力。① 还有学者认为，这是始自晋代的一种对官吏的弹劾、监察方式。② 所谓风闻，就是根据传闻。对风闻奏事最大的争议，就是其中捕风捉影、子虚乌有比例很高，如果仅依据此来进行弹劾，会让人惊恐，很多时候这成为皇帝挑起大臣之间矛盾、更好掌控朝政的技巧。当然，风闻奏事并不是完全不加核对。从南北朝史籍有关事例来看，有的仅是风闻，未核实情况；有的则是由御史台自行核实后方才奏劾的。

（二）元朝监察调查的表现形态

监察机关对国家各级在职官吏不法行为的纠弹。这是监察机构的主要职能，元朝监察条例规定对下列行为，监察机关有权弹劾：第一，不执行政府法令。各级行政官员如有不执行上级命令，而有枉错，经再三敦促"不从不报"的，监察机构应纠弹。各行政机关如违背规定，刑名违错、赋役不均，擅自科差，造作不如法者，也应受到弹劾。第二，贪污受贿、营私舞弊。各级行政官员如有"乞受钱物"，接受贿赂，或使用官船及其他公物谋取私利，以及扰乱金融、破坏钞法的行为，监察机构都应予纠弹。第三，仗势欺人，官风不正。凡官员之家有仗势"妄生事端，恐喝小民田宅诸物或恃势侵夺"的行为，监察机构应予纠弹。第四，玩忽职守，造成损失。各级官员如有对"盗贼"缉捕不严，对私盐酒面及各种应禁物货禁断不力，或户籍管理混乱，以致造成人口流散的，都应予纠弹。守土官"火禁不严，以致疏失"，也要受到纠弹。③

监察机关在举荐贤能、淘汰昏庸方面的积极作为。元朝监察机关在官职举荐、考核、任免、淘汰等方面，均有较大的权力和作为。元朝监察机关有权力和责任考察保举官员。根据监察机构对官吏的考查保举，吏部进行升迁降转。监察机关还可以击刺昏庸、纠黜不称职的官吏。所谓不称职的官吏，指那些无违法乱纪行为，但"年老无补于事"，或者年龄未及七十，但病残体弱，"步履蹒跚、目视昏近、两耳重听、心思愦愦、事岁遗忘"，无法正常理事，或者能力平庸，政绩不显，甚至贻误公务的人。《设立宪台格例》规定："职官若有老病，不胜职任者，委监察体察。"《察司体察等例》也规定："若

---

① 周一良. 魏晋南北朝史札记［M］//周一良集：第2卷. 沈阳：辽宁教育出版社，1998：434-436.
② 王正. 监察史话［M］. 北京：中国大百科全书出版社，2000：46.
③ 林代昭. 中国监察制度［M］. 北京：中华书局，1988：131-136.

年老及虽未年老而病不胜职者,皆相验明白,申台呈省。"《行台体察等例》也作了同样规定,不仅有权弹劾不法官吏,而且有权并且有责任击刺昏庸,纠察不称职的官员。元朝统治阶级赋予监察机关这一权力,形成了元朝监察制度的一个重要特征,对提高国家官吏队伍的质量,起了重要作用。此外,元朝对官吏的考核中,监察机关应提供该官员的政绩材料,同时由所在官府提供一份全面鉴定的官吏档案,这种档案称为"鲜由"。监察机构不仅要对鲜由内容实行监督和体覆得失,而且还要在吏部监选。

监察机关享有监督军事和司法的权力。元朝监察法规对此有不少明确的规定。监察机关主要是监督军队在镇压人民方面是否得力。元朝军队的调动权,统一由中央枢密院掌握。根据《宪例》第一条规定,中央御史台有权监督中央枢密院,可以弹劾枢密院官员"奸邪非法"行为。元朝地方最高军事机关仿金制设行枢密院。边疆地区采取军政机关结合的办法,设立"宣慰使司都元帅府",又称"宣慰使兼管军万户府"或都元帅府,对边疆居民直接进行军事统治。《行例》规定:"行省、宣慰司委行台监察。"监察机关也可以行使监督司法的权力。元朝监察机构兼有部分司法权。我国封建社会历朝历代,监察权和司法权经常混淆在一起,很难严格区分。元朝对监察机关的职权作了规定。根据监察条例的规定,监察机关有权力并有责任在以下七方面对司法审判机关进行监督:其一,监督回避制度的执行;其二,监督保密制度的执行;其三,监督执行法律是否得当;其四,监督监管人员的工作;其五,监督审判人员是否廉洁奉公;其六,负责重大案件的复审;其七,对死刑案件,肃政廉访司有审复权。[①]

监察机关依法享有监督财务和纠肃风俗的职权。元朝监察条例规定,监察机关可以在下列方面对财务进行监督:第一,随路总管府、统军司、转运司、漕运司等政府机关"分随色文帐,委监察(御史)每季炤刷"。第二,采购物资不依时价,冒领官钱的,或分发物资不如实分配加以剋减的,委监察御史纠察。第三,非法侵占公物或将公物借贷他人者,委监察御史纠察。第四,办理公务,财政支出的盈余部分不如实上交的,委监察御史纠察。第五,建设项目委监察御史随时弹纠。[②]元朝监察机关对财政的监督,尽管不能从根本上防止豪门贵族、贪官污吏巧取豪夺,不能完全保障政府财政的合理收支,但作为一项制度,对于抑制不法官吏的贪污盗窃、非法掠夺,仍有一

---

① 林代昭. 中国监察制度 [M]. 北京:中华书局,1988:133-134.
② 林代昭. 中国监察制度 [M]. 北京:中华书局,1988:135-136.

定的警示作用。元朝监察机构把维护封建风俗进而维护封建社会秩序看作是至关重要的事情。《先例》就明文规定了监察机构具有"肃清风俗"的职责。

（三）明朝监察调查的表现形态

明朝都察院的都御史拥有广泛的纠劾百官、官员考察和刑事司法等职权。都察院的职权可以归纳为以下九点：第一，向皇帝进谏；第二，纠察、弹劾宰相、百僚；第三，司法审判权和逮捕权；第四，参与朝政；第五，监军之权；第六，巡边、守疆、经略之权；第七，监理河道、漕运、屯田；第八，监理赈济灾民、治理流民；第九，纠察、弹劾皇亲。① 据《明史·职官志二》记载，都御史职专纠劾百司，辩明冤枉，提督各道，为天子耳目风纪之司。凡大臣奸邪，小人构党，作威福乱政者，劾；凡百官猥茸贪冒坏官纪者，劾；凡学术不正，上书陈言变乱成宪，希进用者，劾。遇期觐，考察，同吏部司贤否陟黜。大狱重囚会鞫于外朝，偕刑部、大理谳平之。其奉敕内地，抚循外地，各专其敕行事。可见明朝都御史的权力很大，凡官吏之考察黜陟则会同吏部、重大刑狱则会同刑部与大理院。根据规定，都御史等监察官一旦以上述理由提出弹劾，被弹劾的官员必须有所表示，或上疏申辩，或自动辞职，等候皇帝处理。② 都察院其他各官署，分属十三道监察御史稽察。其他监察领域还包括刷卷、巡视、监临、巡按、清军、提督学校、巡盐、茶马、巡漕、巡关、攒运、印马、屯田等。

直属皇帝的六科给事的掌侍从、规谏、补阙、拾遗、稽察权。《明史》卷七十四《职官三》记载：六科，掌侍从、规谏、补阙、拾遗、稽察六部百司之事。凡制敕宣行，大事覆奏，小事署而颁之；有失，封还执奏。凡内外所上章疏下，分类抄出，参署付部，驳正其违误。具体概括，六科给事中共同执掌五大内容：第一，言谏权；第二，封驳权；第三，弹劾权；第四，监督狱讼权；第五，廷推权。以上是六科的共同职掌，也是六科的基本职权。此外，各科还有自己独有的职掌。③ 可见，六科给事中虽然品级较低，但由于在皇帝身边负责各类事务，实际地位较高，承担了包括监察在内的诸多繁重任务。封驳，即辅助皇帝处理奏章。具体业务中，科抄、科参，即稽察六部事务；注销，是指圣旨与奏章每日归附科籍，每五日一送内阁备案，执行机关

---

① 刘社建. 古代监察史［M］. 上海：东方出版中心，2018：231-233.
② 王正. 监察史话［M］. 北京：中国大百科全书出版社，2000：145.
③ 邱永明. 中国古代监察制度史［M］. 上海：上海人民出版社，2006：401.

在指定时限内奉旨处理政务,由六科核查后五日一注销。

明朝通政使司掌受章疏、敷奏、封驳及大政、大狱及会推参预权。据《明史·职官志二》载:"通政使,掌受内外章疏敷奏封驳之事。凡四方陈情建言,申诉冤滞,或告不法等事,于底簿内誊写诉告缘由,赍状奏闻。凡天下臣民实封入递,即于公厅启视,节写副本,然后奏闻。即五军、六部、都察院等衙门,有事关机密重大者,其入奏仍用本司印信。凡诸司公文、勘合辨验允当,编号注写,公文用'日照之记'、勘合用'验正之记'关防之。凡在外之题本、奏本,在京之奏本,并受之,于早朝汇而进之。有径自封进者则参驳。午朝则引奏臣民之言事者,有机密则不时入奏。有违误则籍而汇请。凡抄发,照驳诸司公移及勘合、讼牒、勾提件数,给繇人员,月终类奏,岁终通奏。凡议大政、大狱及会推文武大臣,必参预。"

(四)清朝监察调查的表现形态

清朝监察官职责上的《科规九事》和广泛的监察范围。清朝对监察官职责和监察范围有明确、严格的规定。顺治十七年,为申明职掌,严防情弊,曾制定《科规九事》:一,开明都给事中职掌,以专责成;一,严发钞日期,以慎关防;一,查对史书录书,以备纂修;一,按期注销,以查部件;一,细阅本章,以慎钞参;一,稽查邸报,以防虚伪;一,明升转之例,以杜搀越;一,严贿赂之禁,以励官箴;一,议劝惩笔帖式,以核实效。清朝监察官的监察范围极其广泛,可以说是无所不监。总的来说,可概括为:立法监察、司法监察、行政监察、军事监察等几大类。[①] 也有学者将都察院左都御史范围至广的职权总和为四端:立法的、司法的、监察的、礼仪的。[②] 从发展演进角度看,虽然清朝为我国历史上少数民族统治的朝代之一,但其执政能力、管理水平、廉政程度等,较元朝甚至明朝统治,均有了很大的提升。

清朝中央监察主体职责分明的"科道"分工。作为中央监察主体,清朝都察院负责监察政治得失,还具体担负以下工作:参预九卿一起议奏折,登记转抄皇帝批件、封驳;凡重大案件与刑部、大理寺共同审断;稽察各级衙门、官吏办事的优劣;检查注销文书案卷及封驳事;监察参劾文武百官,监察科举考试,巡视军营、仓库;以及负责朝会、典礼的纠仪等事务。监察院

---

① 焦力.吏治何以清明——清代监察法镜鉴[M].北京:中国民主法制出版社,2007:21-29.
② 曾纪蔚.清代之监察制度论[M].北京:商务印书馆,1936:48.

内部的分工中,六科给事中"稽查六部百司之事",十五道监察御史"纠察内外百司之官邪",合称"科道"。乾隆十四年(1749年),"各道并给印信,规制始称",明确规定各道掌理各省刑名案件。此外,监察御史还对中央各部院衙门有一些稽查监督任务,如山西道掌理山西刑名,还负责稽查兵部、翰林院、六科、中书科,依照规定期限注销文卷,并会同兵部监掣武职的月选签,中央各部院衙门都要受监察机关的稽查。六科给事中主要职责是:负责发"科抄",封还诏书,驳正题本违失,分稽各科庶政。吏科稽查官铨选、考核等;户科审察财赋,稽核各项捐项、杂税、漕粮、盐课、户关等;礼科稽察各种典礼、科举考试;兵科稽察军政、武官考试、考察等;刑科稽察刑名,参加秋审和朝审,监视朝审处决的行刑;工科稽察工程等。

第四节 民国时期监察调查权的沿革

一、民国时期国家机构的体系建构

(一)北洋政府国家机构的体系建构

北洋政府是指"中华民国"前期以袁世凯为首的晚清北洋军阀在政治格局中占主导地位的中国中央政府,存在于1912年至1928年之间。北洋政府是中国历史上第一个以和平的方式完整继承前朝疆域的政权,也是中国继清朝灭亡后第一个被国际承认的中国政府。

1911年武昌起义后,鄂军都督布告发表意味着湖北军政府正式成立。新政权的组织机构形式,最初是实行军事权和行政权分立的。分工上,军事由都督领导,行政则由所设民政长(政务部长)领导,下设参谋部、军务部、政务部、外交部、招贤馆(集贤馆)等机构。经过第一次改组后,军政府由军事和行政两个系统构成:军事部门为军政部,下设军令部、参谋部、军务部;行政部门为民政部(政治部),下设外交局、内务局、财政局、法制局、交通局、文书局、编制局。军政部和行政部统一归都督领导,都督兼任军政府总司令。湖北军政府的第二次改组,撤销了军事部和行政部分立之制,将原来的三部七局的体制改组为11个部,实行由都督集中领导的军政合一制度。11个部为军务部、内务部、外交部、理财部、交通部、司法部、教育部、实业部、参谋部、军令部、编制部等，还增设秘书处、监察处以及秘书长、秘书员、稽察员等，从机构设置与人员编制上进一步完善了湖北军政府的组成。

从1912年3月到1916年3月，是北洋军阀统治的袁世凯专制时期。袁世凯主持的"中华民国"北京临时政府（北洋政府），按照"临时约法"确立的三权分立原则，将国家权力分为立法权（参议院行使）、行政权（总统与行政各部行使）和司法权（大理院行使）。1913年4月通过的"国会组织法"规定，国会由参议院、众议院组成。最高行政机构为国务院，下设外交部、内务部、财政部、陆军部、海军部、司法部、教育部、农林部、工商部、交通部，1913年将农林、工商合并为农商部。北京临时政府的司法机构有大理院和总检查厅。

1924年10月，直系军阀在第二次直奉战争中失败，冯玉祥与奉系张作霖拥护段祺瑞出山，于11月24日成立临时执政府，段祺瑞任"中华民国"临时总执政。并于当日发布"中华民国临时政府制"，规定临时政府设临时执政1人、设国务员若干人，由国务员分掌外交、财政、内务、陆军、海军、司法、教育、农商、交通各部。1925年7月30日开院，由各省地方代表、军人代表、职业团体代表、中央代表等拼凑而成的临时参政院，是辅佐临时执政的一种立法咨询机构。1925年12月26日，段祺瑞颁布修改后的"中华民国临时政府制"，规定设立国务总理，成立国务院，恢复后的国务院仍设各部及秘书厅。由国务院法制局改组而来的临时法制院，充任了在行政权支配下的变相的立法机构。

1927年6月18日，张作霖受北方各省军阀拥戴，在北京就任海陆军大元帅，成立北洋军政府。同时公布"国务院官制"，将北洋政府全部改组。军政府下设国务院，由国务员组成。国务院下设外交部、军事部、内务部、财政部、司法部、实业部、农工部、交通部、教育部，国务员包括各部部长，组成国务会议。对于大元帅的命令，须国务总理副署。北洋军政府的各部机构变化，可谓是这个时期中变化最大的。1927年7月12日公布的各部官制规定，各部由国务员分管，直属大元帅，由大元帅任免。1928年6月3日，张作霖在国民革命军北伐压力下仓皇退出北京，蒋介石接收了北洋军政府，宣告北洋军阀统治的结束。

（二）"中华民国"国家机构的体系建构

"中华民国"是辛亥革命以后建立的亚洲第一个民主共和国，简称"民国",存在于 1912 年至 1949 年,为第二次世界大战的主要战胜国及联合国五个主要创始会员国之一。1911 年辛亥革命爆发后,革命党在南京建立临时政府,推举孙中山为临时大总统,1912 年 1 月 1 日,孙中山在南京宣誓就职,宣告"中华民国"南京临时政府正式成立。南京临时政府实行资产阶级民主共和制度。在机构的组织形式上,仿效美国三权分立制度,由立法机关临时参议院、行政机关总统和各部、司法机关中央审判所组成。但由于当时司法机关未作明确规定,司法权暂由司法部行使。因此,南京临时政府的机构设置,实际上主要由行政机构和立法机构所组成。中央共设 9 个行政部,是具体执掌管理国家军政事务的执行机构,包括陆军部、海军部、外交部、司法部、财政部、内务部、教育部、实业部和交通部。

1917 年段祺瑞重新执政后,拒绝恢复"临时约法"和召开国会。7 月,孙中山毅然带领一批人南下广州,拉开了护法运动的序幕。8 月,"非常国会"在广州召开,决定成立中华民国军政府。会议通过了《中华民国军政府组织法大纲》,规定军政府设大元帅 1 人、元帅 2 人,大元帅对外代表"中华民国",元帅协助大元帅筹备政务。军政府下设外交、内务、财政、陆军、海军、交通 6 个部,由"非常国会"选出,咨请大元帅特任。护法军政府的成立,标志着南北对立局面的形成。1918 年 3 月,陆荣廷、唐继尧等人拉拢国会议员,联合政学会政客,大行分裂活动。5 月 4 日,在政学会的组织下,国会非常会议通过了《修正军政府组织法》,规定军政府为"中华民国"政府,军政府采取总裁会议制。政务院系军政府的中枢机构,政务院长和各部总长,均称政务员。政务员辅助总裁,对国会两院负责。政务院下设各部执掌各有关事务。政务院还附设政府的咨询机构——参事会、军事委员会等。

1921 年 4 月 7 日,在广东军阀陈炯明和广州重组军政府的支持下,参众二院召开联合会议,通过"中华民国政府组织大纲",选举孙中山为非常大总统。规定大总统由非常国会选出,总揽政务,发布命令,统率海、陆军,任免文武官吏,大总统对外代表"中华民国"。5 月 5 日,孙中山宣誓就职。6 日,任命伍廷芳为"外交部"部长(兼"财政部"部长)、陈炯明为"陆军部"部长(兼"内务部"部长)、徐谦为"司法部"部长、汤廷光为"海军部"部长、马君武为"总统府"秘书长。政府成立后的第二年,孙中山决定北伐,北伐途中陈炯明叛变革命,北伐军迅速回防击溃陈炯明。1923 年 3 月 1 日,孙中山重新建立中华民国海陆军大元帅府大本营,再任陆海军大元帅。大元帅府大本营,下设内政、外交、财政、建设 4 个部;法制、审计 2 个局;参谋、秘书 2 个处,金库 1 个所。在大元帅之下,设大理院,作为最高审判机关，兼管司法行政事务，并配置总检查厅。

1924年1月，孙中山主持在广州召开的国民党第一次全国代表大会。1925年6月，陆海军大元帅大本营改组为正式的国民政府。7月1日，"中华民国"政府正式成立。根据孙中山党治原则，早期国民政府的立法机构实际上是国民党全国代表大会及其中央执行委员会，中央机构由国民政府委员会、行政各部、委、院、司法监察机构、军事委员会等几大类部门组成。1927年4月12日反革命政变后，国民党中央机构经历了南京中央党部、武汉中央党部以及国民党西山会议派操纵的上海中央党部三个党中央和武汉国民政府、南京国民政府两个政府。1927年9月15日，国民党中央执、监委员临时会议后，三个党中央和两个政府的现状得到合并解决。1928年10月，国民党中央先后通过"中国国民党训政纲领""中华民国国民政府组织法"，国民政府行政院、立法院、司法院、考试院、监察院5院的组织法，标志着国民党一党专制的形成。国民政府所辖地方的行政管理体制，改北洋政府所设的省、道、县三级旧制，建置了新的省、县两级制，另有中央直辖市和省直辖市，省内亦有派出机构——地区。改原来的独任制为新型的委员合议制，地方政府机构名称由公署一律改称政府。

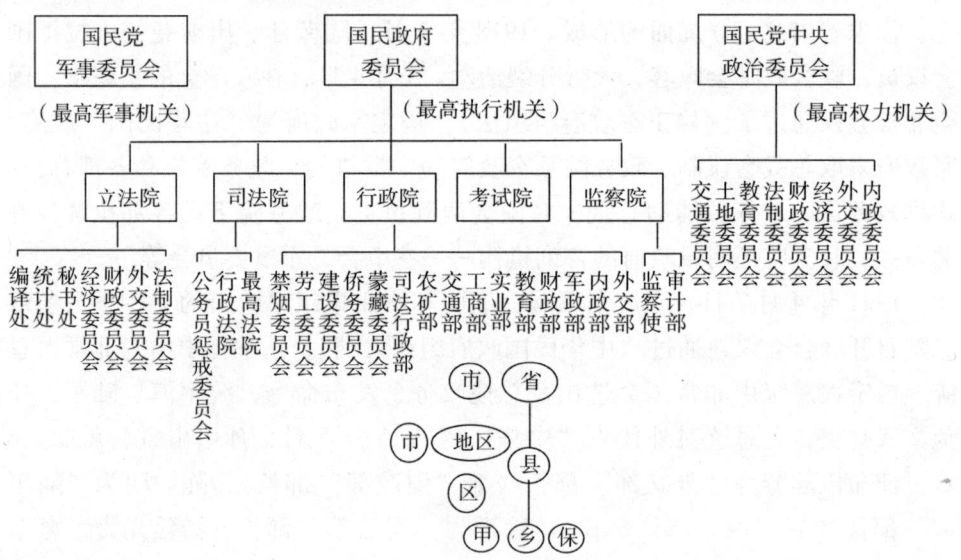

图2-12 "中华民国"的国家机构设置图

(三) 革命根据地国家机构的体系建构

中国共产党在领导中国人民进行新民主主义革命过程中，先后经历了大革命（1919~1927年）、土地革命战争（1927~1937年）、抗日战争（1931~1945年）和全国解放战争（1945~1949年）四个历史阶段。1927年10月，秋收起义部队到达井冈山，进入土地革命战争时期。此时的农村革命根据地，主要是井冈山革命根据地。抗日战争时期，陕甘宁根据地成为党中央所在地，也是全国抗日战争的指导中心和总后方，全国还有包括晋察冀根据地在内的近20个抗日根据地。解放战争时期，这近20个根据地得到极大的发展，部分根据地范围进行了适度调整。

自1927年秋收起义创建工农民主政权，到1931年11月中华苏维埃共和国成立，是红色政权发展的初期阶段。先后建立了大小15块革命根据地，成立了30余个县级工农民主政府。这种工农民主政府一般分为两个阶段，即革命委员会和代表会议（苏维埃）。工农民主政权的中央政权机关，包括全国苏维埃代表大会，是中华苏维埃共和国的最高权力机关；中央执行委员会，是全国苏维埃代表大会闭会期间的最高权力机关；人民委员会，是中央执行委员会的行政机关，负责指挥全国政务。人民委员会下还设有人民革命军事委员会和国家政治保卫局。中央执行委员会下设立最高法院，是工农民主政权的最高审判机关，还设有审计委员会和总务厅。

1935年，中国共产党领导中央红军北上抗日，到达陕、甘、宁等地区，组织了中华苏维埃共和国临时中央政府驻西北办事处，统一领导陕北、陕甘两省和关中、神府两个特区，完成了革命中心的历史性转移。1937年9月6日，改西北办事处为陕甘宁边区政府，并派遣主力部队挺进敌后，开辟了敌后抗日根据地。先后建立陕甘宁、晋察冀、晋冀鲁豫等19个抗日根据地，并建立了抗日民主政权。抗日民主政权的权力机关，是各解放区的各级参议会。参议会一般有边区（省）、县、乡三级。抗日民主政权的各级行政机关，包括由各级权力机关选出的各级政府及县级以上政府在一定区域内设立的代表机关或辅佐机关。边区政府设秘书处、民政厅、财政厅、教育厅、建设厅、保安司令部、保安处、审计处及各种专管机关和高等法院等部门，分管各项工作。边区（省）以下设立行署，晋察冀边区还设过相当行署一级的办事处。行政督察专员公署（专署），是边区一级政府的代表机关，指导督察所辖各县（市）政务及上级政府驻该区的附属机关。在专署与县政府之间，有的解放区还设立过办事处或行署。县政府在各解放区皆为一级政权机关，区公所（署）

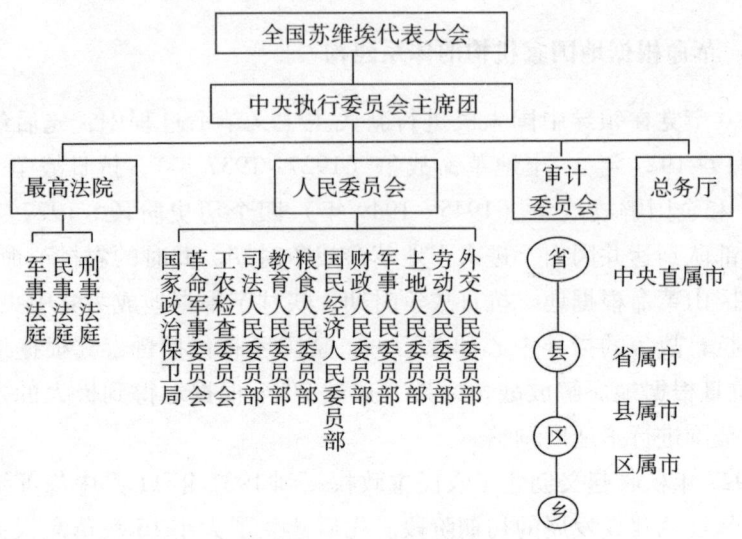

图 2-13 土地革命时期根据地国家机构设置图

是县（市）政府执行政务的协助机关。

1945 年 8 月，日本帝国主义宣布无条件投降。抗日战争胜利后的初期，各解放区政权仍然采取参议会组织形式。1945 年 8 月到 1946 年 6 月期间，解放区人民民主政权机关的设置基本上与抗日战争时期相同。政府工作部门，基本上还是设民、财、教、建、公安、法院等机构。随着解放区的不断扩大，先后形成了几个大的解放区，如陕甘宁边区、东北解放区、华北解放区、中原解放区、华东解放区等，各大解放区陆续成立了大行政区的人民政权机关。从 1946 年 6 月到中华人民共和国成立，东北解放区的"东北行政委员会"，下设民政、财政、经济、教育、交通、民族等委员会、外事、办公二厅及东北公安总处等部门。1948 年 7 月中旬，工作部门一般改称"部"。随着全国各地的逐步解放，国家机构也相应地开始发生转变和完善，并最终形成了中华人民共和国的国家机构体系。

二、民国时期监察职能的行使主体

（一）北洋政府监察职能的行使主体

北洋军阀执政时期，北洋政府于 1914 年 3 月 31 日公布《平政院编制令》，根据该令建立了平政院、肃政厅和惩戒委员会，专司行政诉讼与监察权：肃政厅主弹劾，平政院主审理，惩戒委员会主处分违职而尚未涉及法律范围的事项。6月16日，又公布"审计院编制法"，成立审计院，专司财政监察。

肃政厅之名称源于唐朝武则天一度将御史台改为肃政台之前例。元朝至元年间，曾将地方监察机构提刑按察司改为肃政廉访司。北洋军阀政府肃政厅设于"中华民国"三年八月，为纠弹机关，形式上隶属平政院，实际上独立司掌纠察官吏违失。肃政厅设立都肃政史一人为长官，由大总统任命之，掌理全厅事务。设书记处和总会议，书记处分设记录、文牍、会计、庶务四科书记官掌理；总会议由全体肃政史组成，以都肃政史为议长，议决重要事项。肃政厅的职权范围，因性质的差别可分为直呈大总统纠弹案和提交平政院诉讼案两方面。

平政院这一词汇首次在我国的正式法律文件提出，应当是1912年3月11日开始施行的《中华民国临时约法》。根据1914年编制令正式创立的平政院，实际上为行政法院，专司审理行政诉讼案件。但它又在很大程度上顶替了前清都察院的角色，并在形式上统辖肃政厅和惩戒委员会。平政院直隶于大总统，设院长一人，由大总统任命，指挥督办全院事务。

惩戒委员会产生于北洋军阀执政时期，1913年北洋政府公布了文官惩戒委员会编制法草案，并委任章宗祥为第一任会长；1914年1月公布文官惩戒委员会编制令，成立高等文官惩戒委员会和普通文官惩戒委员会，专司平政院评事和肃政厅肃政史审理案的惩戒处分。此外，还设有司法官惩戒委员会与审计官惩戒委员会。

北洋政府时期还设立了独立的审计院。1912年9月，北洋政府国务院宣布成立审计处，隶属国务总理，掌管全国会计监察事务。1914年6月，中央审计处升格为审计院，隶属大总统，与国务院、平政院、大理院成鼎足之势。负责财政监督的审计机关，成为相对独立的监察机关，是中国资产阶级监察制度的另一特色。西方资本主义国家大多由国会行使财政监督权，而民国时期却承袭中国固有的监察制度，设立独立的财政监察机关，这是直接由明清的巡槽、巡盐、巡关御史及六科给事中的户科发展而来的。

（二）"中华民国"监察职能的行使主体

早期国民政府中央监察机构主要是监察院。监察院于1925年8月1日正式成立，由5名监察委员组成，其中1人为主席。下设1~5个局。主要职责是：在中国国民党的监督、指导下，接受国民政府的命令，掌理监察国民政府所属行政、司法各机关官吏的违纪违法活动。随着监察工作的加强，当时在一定程度上提高了国民政府的行政效率，促进北伐战争的胜利。① 监察院的独立，是孙中山"五权宪法"的重要表现之一，也是监察权独立行使的标志。监察院内部还设有审计部，掌理全国审计业务，置审计长一人，由总统提名，经立法院同意任命，掌理审计部事务。

监察院成立不久，国民政府于1926年1月又成立了惩吏院。惩吏院直隶国民党中央执行委员会，在国民党的监督、指导及国民政府的命令下，负责对官吏的惩处。凡行政和司法官吏有违法失职的行为，监察院向惩吏院起诉，提出给予行政处分；涉及刑事犯罪，则将刑事部分提交司法机关处理。惩吏院接到监察院对违法失职官吏的起诉后，组织合议庭进行审理。1926年5月，撤销惩吏院，改设审政院；后因新任委员一再呈请辞职而未就，11月撤销审政院，将惩治官吏之职权合并于监察院。

训政时期，官吏惩戒机构还有国民党中央党部监察委员会、政务官惩戒委员会、中央和地方公务员惩戒委员会、军事长官惩戒委员会等，均隶属监察院。"行宪"后，改由司法机关受理惩戒权。1947年颁布的《中华民国宪法》规定：司法院为国家最高司法机关，掌理民事、刑事、行政诉讼之审判，及公务员之惩戒。司法院设公务员惩戒委员会，掌理全国公务员惩戒事宜。

（三）革命根据地监察职能的行使主体

土地革命时期，已经形成了自上而下、覆盖党内外的全面监察主体。作为中央执行委员会的人民委员会，下设有工农检查委员会（也称为人民检查委员会），承担监察职能。中华苏维埃第一次全国代表大会还通过了《工农检察处问题的决议案》，规定工农检察处是中华苏维埃共和国临时中央政府的一部分，代表工农和城市贫民的利益，有权对国家机关工作人员进行检察和监督。在中央监察委员会尚未正式成立以前，特设立中央党务委员会和各省县监察委员会，执行党章决议处分权。② 各个革命根据地形成了具有现代国家监察性质的新型人民监督制度，主要包括四种形式：第一，苏维埃代表大会的监督；第二，工农检察机关的监督；第三，审计机关的监督；第四，司法机关的监督。③ 需要注意的是，司法机关的监督其实就是检察机关的监督，而工

---

① 唐进，郑川水. 中国国家机构史 [M]. 沈阳：辽宁人民出版社，1993：550.
② 邱涛. 中国反贪制度史（下）[M]. 太原：山西人民出版社，2019：21.
③ 王晓天. 中国监察制度简史 [M]. 长沙：湖南人民出版社，1989：231-236.

农检查机关实际上指的是当时苏区从中央到省县区市普遍设置的工农检查委员会（初期叫工农检查部），一般内设控告局、各类检查委员会、突击队等。

抗日战争时期，形成了立法监察、专门监察和内部监察相结合的体制。陕甘宁边区和各敌后抗日根据地的参议会，是各边区的人民代表机关，也是行使边区立法权的最高权力机关，同时也承担了监察职能。当时的中央和地方、各抗日根据地政府均建立了相关监察机关，从而形成了全面的监察体系，主要包括：区、村镇监察委员会的监察；参议会的监察；区民代表会及乡（或村）民大会的监察；行政机关的内部监督。这四种方式，构成抗日根据地的监察制度。[①] 其中，参议会的监察，是权力机关对同级政府施行的监察，监察的主要内容是监督和检查政府执行参议会决议的情况，监察和纠举政府行政司法机关的公务人员。边区各级参议会的监督，是中国共产党领导下各抗日民主政权监察制度的一种主要形式。除了权力机关参议会以外，各抗日民主政权还在政府系统分别组建了审计机关和检察机关，加强对各级政府机关及其工作人员的专门监察。

解放战争时期，专职监察主体与立法监察、群众监察相结合。承担监察职责的主体变化可以分为两个阶段：华北人民政府成立以前和成立以后。华北人民政府成立以前，各地区的行政监察工作与抗日战争时期的行政监察工作基本上相同；华北人民政府建立以后，成立了华北人民监察院，开展了由行政监察机关主持的专职监察工作。此时革命根据地的监察制度发展，主要有两个变化：第一，国家权力机关的监督由参议会的监督发展为人民代表大会的监督；第二，出现了隶属于政府系统的专门的行政监察机关，如1948年华北人民政府成立的人民监察院；1949年陕甘宁边区的人民监察委员会等。为密切联系工农，推动广大群众一起来监督自己的政权，以维持人民政权的纪律性，改进人民政权机关工作作风，华北人民监察院从社会公正人士、热心公务人士中，经团体机关介绍后，审慎选聘出通讯检查员，协助政府监察工作。当然，此时的审计机关、检察机关同时存在，在一定范围内进行监督和监察工作。

---

① 林代昭.中国监察制度[M].北京：中华书局，1988：294.

三、民国时期监察调查的表现形态

（一）北洋政府监察调查的表现形态

北洋政府时期平政院对行政诉讼的案件审理权。《中华民国临时约法》第10条规定：人民对于官吏违法损害权利之行为，有陈诉于平政院之权。第49条规定：法院依法律审判民事诉讼及刑事诉讼，但关于行政诉讼以及其他特别诉讼，别以法律定之。1914年平政院编制令则明确了平政院的法律地位，随后相继颁布了"纠弹条例""行政诉讼条例""诉愿条例""平政院裁决执行条例""平政院拟定诉状缮写方法""平政院各庭评事兼代办法""行政诉讼法""纠弹法""诉愿法""平政院处务规则"等。平政院的存续期间为1914年3月31日至1928年11月17日，在这十五年的时间里，据统计共审理407起案件，平均每年受理28件左右。鲁迅诉教育部就是平政院裁决的案件之一。

专职监察机关肃政厅的纠弹、行政诉讼、监视权力。肃政厅虽然名义上附设于平政院，但独立行使其职务，其职权主要包括纠弹、行政诉讼和监视三方面。属于纠弹的是：肃政史对于国务卿、各部总长有违法行为的或官吏有违宪、违法、行贿、受贿、营私舞弊、溺职殃民等行为的，均得弹纠；属于行政诉讼的是：对于人民的陈诉，得依法令向平政院提出行政诉讼；属于监视的是：行政院裁决的执行。在大总统独裁统治的背景下，肃政厅直隶于大总统，其纠弹官吏必须奏请大总统同意，并将纠弹结果呈报大总统，从纠弹的启动到执行都必须经过大总统的批准，没有大总统的同意弹劾职能很难实现。

北洋政府时期专职审计院的财务审计权。根据审计院成立后公布的"修正审计条例"以及后期公布的"审计法"的规定，审计院审计的内容为审查总决算、审查各官署每月的收支计算、特别会计的收支计算、官有物的收支计算、由政府发给补助费或特与保证之收支计算、法令特定为应经审计院审定之收支计算。具体的审查权限主要有：第一，要求送报资料权；第二，调查取证检查权；第三，惩戒处理权。[①] 不过，法律规定和制定设计还不错，但

[①] 王公尚，刘曼丽. 北洋政府时期审计院部分档案之解析 [J]. 西北大学学报（哲学社会科学版），2008（4）：56-59.

监督机关好比政府机关的"防疫"系统,北洋政府审计院效能低下,腐败蔓延,审计官如行尸走肉,审计院形同虚设,宪法和审计法律徒具虚文,有法无治。[①] 法律规定是一方面,制度完善是另一方面,但最终决定因素还是执行的人。

自治地方的监察机构的决议权、监督权、建议权。地方监察机构主要是在 1920 年前后南方各省推行"联省自治运动"期间,宣布"自治"的湖南、浙江、四川等省的省政当局多设立监察机构。1913 年 4 月 2 日公布的《省议会暂行法》等文件,规定了省议会的职权为决议权、监督权、建议权,体现预防权力贪腐的精神。不过,"联省自治运动"期间,浙江和四川等地的监察机构,大多只是一个民意机关,代表议会对政府公务员行使监察权,往往徒具虚名,难以真正发挥效应。

(二)"中华民国"监察调查的表现形态

"中华民国监察院"职能逐步完善、职权逐步扩大的过程。广州国民政府"监察院"的职权,起初仅以弹劾权、审计权为限,适用范围主要为:其一,财政领域。"除监察官吏非法行动之外,并严厉考核各机关对于公款之用途,稽查奸宄,使舞弊亏空者无所幸脱;调查田赋、税契、盐务、海关及其税项。"其二,交通领域。"交通为国民经济之枢纽,更严密监察各交通机关所用之材料有无浪费及浮报之情。""监察院"的事后监察极为详尽,既负责纠察官吏违法或失职行为,还负责审计各机关的财务收支状况,以确保经费的合理使用。

1925 年 9 月,广州国民政府公布《修正国民政府监察院组织法》,赋予"监察院"更进一步的职权,主要有:第一,直接变更权。"监察院"对于各官吏之违法或不当处分,认为损害人民权利或利益者,得不待人民之陈诉,径以职权为取消或变更之决定。第二,逮捕权。"监察院"发现各级官吏有犯罪行为时,得不待人民之控告,径以职权检举之,并于必要时得发逮捕状逮捕之。第三,行政诉讼的受理权。"监察院"收受人民控告官吏犯罪诉状,经审查后,除以为不应受理予以驳回外,其认为应受理者,进行审理。第四,侦查权。"监察院"对于所受理的案件,应即以严密之方法,从事侦查。第五,调查权。"监察院"还有调查权,"监察院"在监察国民政府所属各机关官吏时,"有随时调阅各官署之案牍、簿册之权,遇有质疑,该官署主管人员

---

① 陈仓. 北洋政府审计院为何形同虚设?[N]. 中国审计报,2009-2-18(8).

须负责为充分之答辩"。可见,广州国民政府的"监察院"不仅有纠弹和行政诉讼的职能,还具有检察机关和法院在刑事诉讼方面的部分职能,并以法规的形式加以固定,远非北洋政府时期的"平政院"和"肃政厅",以及后来的南京国民政府的"监察院"所能比拟。① 特别值得一提的是,此时的监察权既包括侦查权,也包括调查权,涵盖面大大扩充。

1935 年 10 月,国民党开始所谓的宪政时期,"监察院"权力和职权范围逐步稳定。"中华民国宪法"第 90 条规定:"监察院"为国家最高监察机关,行使同意、弹劾、纠举及审计权。另外,民国时期的宪法、监察法、监试法等还规定了监察机关的调查权、纠正权及监试权等。具体说来,国民党"监察院"的职权包括:第一,弹劾权;第二,纠举权;第三,纠正权;第四,同意权;第五,审计权;第六,调查权;第七,监试权。② 其中,纠举权来源于中国古代御史对百官违失的纠弹之权,严格意义上看,纠举与弹劾没有明确的分界线,但民国时期,纠举与弹劾分开。纠举案实际上是弹劾案的简便程序。纠正权由明、清六科给事中驳正违失的职权演化而来,训政时期为建议权,行宪后扩大为纠正权。

"监察院"审计部成立后,审计职权基本完善,形成事前、事后、稽察全过程的审计体系。1938 年 5 月 3 日公布、1939 年 3 月 4 日修正公布的审计法规定,"中华民国各级政府及其所属机关财务之审计,依本法之规定"。审计职权为:其一,"监督预算之执行",属于事前审计监督;其二,"核定收支命令";其三,"审核计算决算";其四,"稽察财政上之不法或不忠于职务之行为"。③ 作为特定领域的监察措施,审计需要通过监督、核定、审核、稽察等方式来最终实现。

(三) 革命根据地监察调查的表现形态

土地革命时期,承担监察职责的机关享有检查、监督、建议、报告和检举权。通过《工农检查处问题的决议案》,规定工农检查处是中华苏维埃政府的一部分,代表工农和城市贫民的利益,有权对国家机关工作人员进行检查、监督。随后,中华苏维埃政府在中央执行委员会下设人民委员会为行政机关,人民委员会下设有工农检察人民委员,规定由中央执行委员会选任,主持中

---

① 王春瑜. 中国反贪史 (下) [M]. 北京:人民出版社,2013:106.
② 赵贵龙. 中国历代监察制度 [M]. 北京:法律出版社,2010:136-142.
③ 王春瑜. 中国反贪史 (下) [M]. 北京:人民出版社,2013:177-181.

央工农检察（人民委员）部的工作。地方各级工农检察机关的任务是：监督本级政府机关正确执行上级政府颁布的政治、经济、文化、教育等各方面的法令、政策和方针。有权向该级政府执行委员会建议撤换或处罚国家机关与国家企业的工作人员，并对该机关或企业的工作措施，有直接建议之权，如果发现工作人员有犯罪行为（如行贿、浪费公款、贪污等），有权报告法院，以便施以法律上的检查和制裁。各级工农检察委员会在对某些国家机关、企业或对其中的工作人员进行检查工作或进行检举时，需组织临时的检察委员会或检举委员会。控告局的职责是：接受控告某机关或某机关工作人员的控告书，而不受理私人争执的控告书。为了调查所控告的材料，控告局给调查员发放本机关的证明书，并派调查员到各工厂、作坊、机关去调查。调查时不能妨害调查单位正常工作的进行。突击队的职责主要是检查和报告。

抗日战争时期，监察权的表现形式主要有选举和罢免、监察和弹劾、创制和复决、通过和审查、督促和检查、控告和检举等。抗日根据地参议会的主要职权有：选举和罢免边区政府主席、副主席、政府委员和高等法院院长；监察和弹劾边区各级政府、司法机关的公务人员；创制及复决边区的行政法规；决定边区各种政策及通过各项计划方案；通过、审查边区政府预算决算；决定边区应兴应革事项；督促及检查边区各级政府对边区参议会决议执行情况。《陕甘宁边区施政纲领》规定，人民"有用无论何种方式，控告任何公务人员非法行为之权利"。群众有权对公职人员的贪污腐化、疏忽政令等行为进行检举、揭发。行政机关内部的监督则表现为行政首长对本机关内部不当行为的撤销、停止职务，上级政府改变或撤销下级不合适的决议和命令，下级发现上级或者附设机构不当的，随时呈报上级。《陕甘宁边区政府组织条例》还具体规定了边区政府审计处的八项审计、监察、检举职责和任务。

解放战争时期，监察权的表现形式主要包括检查、检举、处理、调查、审计等。华北人民监察院的职权包括检查、检举；接受控诉及举发，并拟议处理办法；整肃政风事项；调查；提请法院审理。① 华北人民监察院选聘的通讯检查员，对行政、司法、企业、财经各部门之各级公务人员，遇有违法失职、贪污浪费、违反政策及侵害群众利益的行为时，应负责搜集材料，经其所属机关领导的审查，再向华北人民监察院以通信方式报告，如有必要时可来院面报。如果通讯检查员的报告证据不足，或情节不清而令其进行复查时，通讯检查员应当再次进行详细的调查，掌握真实情况，经其所属机关领导审

---

① 邱涛. 中国反贪制度史（下）[M]. 太原：山西人民出版社，2019：55.

查后，再上报给监察院。1948年的《陕甘宁晋绥边区暂行审计条例》是边区政府正式颁布的第一个独立的审计法规，明确了边区、分区、县三级的审计机构设置和审计管理体制，以各单位的经济委员会为审计机构的基层组织，体现了审计监督与群众监督相结合的精神。

第三章 监察调查权的构成体系

第一节 监察调查权的行使主体

一、我国监察机构的发展与演变

早在1948年,华北抗日根据地就已经建立了专职的监察机关——人民监察院。新中国成立后,我国监察机构的建立与发展,经历了一个不断变化的过程。

(一)新中国初期的人民监察委员会

伴随着新中国的建立,新的监察机关也逐步建立起来。1949年9月,中国人民政治协商会议第一届全体会议通过的《中国人民政治协商会议共同纲领》规定,在县市以上的各级人民政府内,设人民监察机关。根据这一规定,1949年10月19日,中央人民政府委员会第三次会议决定,成立中央人民政府政务院人民监察委员会,谭平山任首届监察委员会主任。监察委员会主要负责监察政府机关和公务人员是否正确履行职责。随后,县以上地方人民政府也相继建立起人民监察机关。中央人民政府政务院人民监察委员会下设四厅,分别负责监察及日常行政事务:

第一厅负责关于财政、银行、海关、合作、贸易、农业、林垦、水利各机关及其企业部门的监察、纠举及对该各机关或人员控告的处理工作。

第二厅负责关于各种工业、铁道、邮电、交通、劳动各机关及其企业部门的监察、纠举及对该各机关或人员控告的处理工作。

第三厅负责关于内务、公安、司法、法制、民族事务、华侨事务、文化、教育、卫生、科学、出版、新闻及不属于第一、第二厅的其他一切机关及其企业部门的监察、纠举及对该各机关或人员控告的处理工作。

办公厅负责工作检查、会议组织及其他第一、二、三厅的日常行政工作。办公厅下设两个处：第一处下设秘书、人事、总务三个科，第二处下设研究和编译资料两个室。

第一、二、三厅各设厅长1人，高级监察专员、中级监察专员、助理监察专员各若干人，必要时可分设专员办公室。专员办公室设主任1人，办公厅设主任1人，处级部门设处长1人，科级部门设科长1人，研究室、编译资料室各设主任1人。各厅、处、室于必要时可设副职。人民监察委员会在必要时可设顾问及参事。

此外，人民监察委员会可在中央直属各机关、各国营企业部门、人民团体及新闻机关设监察通讯员若干人，分别受第一、二、三厅的领导。

与国家行政序列监察机关几乎同步的是，中国共产党党内的纪律检查机关也在逐步地建立机构和完善制度中。1949年11月9日，中共中央做出《关于成立中央及各级党的纪律检查委员会的决定》，成立了由朱德等11人组成的中共中央纪律检查委员会。1950年2月24日，中共中央发出《关于各级党的纪律检查委员会领导关系问题的指示》，规定各级党的纪律检查委员会是各级党委的一个工作部门，直接在各级党委的领导下进行工作。1952年2月10日，中共中央政治局向各级党委发出《关于加强纪律检查工作的指示》，指示各级党委必须加强对纪律检查工作的领导，加强各级纪律检查机关干部队伍建设。

（二）曾中断28年的政府序列监察部

1954年9月至1959年4月，成立了作为政府组成序列的监察部。1954年9月，第一届全国人民代表大会第一次会议通过了《中华人民共和国国务院组织法》，中华人民共和国成立初期的政务院改为国务院，国务院设立监察部，钱瑛（女）为首任监察部部长，不再设立人民监察委员会。监察部主要负责维护国家纪律，贯彻政策法令，保护国家财产，对国务院各部门、地方各级国家行政机关、国营企业、公私合营企业、合作社实施监督。20世纪50年代后期，随着我国政治、经济形势的变化，"左"倾思潮渐渐抬头，加之精简机构等种种原因，第二届全国人民代表大会第一次会议根据国务院提出的建议，于1959年4月28日做出了《关于撤销司法部、监察部的决议》，随即各级监察机关相继被撤销，对国家行政机关工作人员的监察工作一律由各有关国家机关负责进行。① 我国的行政监察制度被中断，监察工作出现曲折。当然，虽然行政序列独立的监察体制被修改为各行政机关内部的监察，但毕竟党的监察委员会还存在，监察工作并没有完全废止。

1955年3月至1969年4月，党的纪律检查委员会改变为中共中央监察委员会。1955年3月21日至31日，中国共产党全国代表会议在北京举行，本次会议通过了《关于成立党的中央和地方监察委员会的决议》，决定成立党的中央和地方监察委员会，代替各级党的纪律检查委员会，会议选举产生了由董必武等21人组成的中共中央监察委员会。由纪律检查委员会转变为监察委员会，不只是名称的变化，相应地在组织和职权上也有新的发展，这是为了加强党的纪律检查工作，以适应当时复杂尖锐的斗争情况而做的选择。② 1969年4月，中国共产党第九次全国代表大会通过《中国共产党章程》，决定取消党的监察机关的条款，撤销了中央监察委员会。"文革"期间，特别是后期，党的纪律检查机构被撤销，代之以所谓的"群众专政"，或者各种名义的专案组，彻底破坏了党内良好的监督与制约关系。

1977年8月至1993年1月，党的纪律检查委员会和监察部先后恢复。"文革"结束后的1977年8月，中国共产党第十一次全国代表大会通过《中国共产党章程》，决定重新恢复设置党的纪律检查委员会的条款，规定各级纪委由同级党委选举产生。1982年9月，中国共产党第十二次全国代表大会通过的《中国共产党章程》规定，党的各级纪律检查委员会都由同级党的代表大会选举产生。党的中央纪律检查委员会在党的中央委员会领导下进行工作，党的地方各级纪律检查委员会在同级党的委员会和上级纪律检查委员会的双重领导下进行工作。1986年12月，第六届全国人民代表大会常务委员会第十八次会议决定，设立中华人民共和国监察部。1987年7月，监察部正式挂牌成立，主要负责对国家行政机关及其工作人员和国家行政机关任命的其他人员执行国家法律、法规、政策和决定、命令的情况以及违法违纪行为进行监察。1990年11月，国务院第七十二次常务会议通过《中华人民共和国行政监察条例》（已废止）。

1993年1月至2018年3月，中央纪律检查委员会和监察部合署办公。1993年1月，党中央、国务院决定中央纪律检查委员会与监察部合署办公，实行一套工作机构、两个机关名称，履行党的纪律检查和政府行政监察两项

---

① 王永祥，杨世钊. 中国现代监察制度史论［M］. 福州：福建人民出版社，1998：214.
② 王永祥，杨世钊. 中国现代监察制度史论［M］. 福州：福建人民出版社，1998：193.

职能。1997年5月,第八届全国人民代表大会常务委员会第二十五次会议通过《中华人民共和国行政监察法》(现已被监察法取代),规定监察机关对国家行政机关、国家公务员和国家行政机关任命的其他人员实施监察。2018年3月17日,监察部并入新组建的国家监察委员会。

(三) 脱离政府序列的国家监察委员会

2016年11月,中共中央办公厅印发《关于在北京市、山西省、浙江省开展国家监察体制改革试点方案》,部署在三省市设立各级监察委员会,从体制机制、制度建设上先行先试、探索实践,为在全国推开积累经验。

2017年11月4日,第十二届全国人大常委会第三十次会议表决通过全国人大常委会关于在全国各地推开国家监察体制改革试点工作的决定。2017年11月,《中华人民共和国监察法(草案)》面向社会征求意见。2018年2月,党的十九届三中全会通过《深化党和国家机构改革方案》,决定组建国家监察委员会,同中央纪律检查委员会合署办公。2018年3月,第十三届全国人民代表大会第一次会议通过《中华人民共和国监察法》,选举产生国家监察委员会。

监察体制改革的目标,是为了加强党对反腐败工作的集中统一领导,实现党内监督和国家机关监督、党的纪律检查和国家监察有机统一,实现对所有行使公权力的公职人员监察全覆盖。国家监察委员会的主要职责是,维护党的章程和其他党内法规,检查党的路线方针政策和决议执行情况,对党员领导干部行使权力进行监督,维护宪法法律,对公职人员依法履职、秉公用权、廉洁从政以及道德操守情况进行监督检查,对涉嫌职务违法和职务犯罪的行为进行调查并做出政务处分决定,对履行职责不力、失职失责的领导人员进行问责,负责组织协调党风廉政建设和反腐败宣传等。国家监察委员会由全国人民代表大会产生,接受全国人民代表大会及其常务委员会的监督。

二、国家监察委员会的机构设置

(一) 国家监察委员会的机构组成

从中华人民共和国成立后国家设立监察机关的历史发展演变历程看,不论是中华人民共和国成立初期的人民监察委员会,还是后期的监察部,以及国家监察委员会,都体现了国家对反腐败工作的重视,体现了国家对全体公

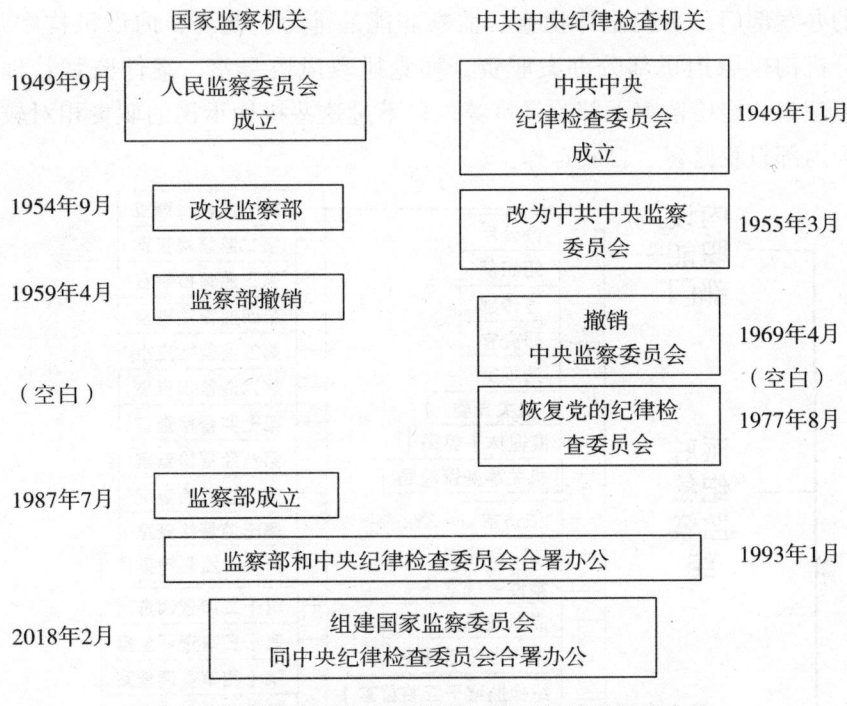

图 3-1 我国监察机关和党的纪律机关的发展演变图

职人员清廉执法的要求。

2018年，中共中央印发《深化党和国家机构改革方案》，将监察部、国家预防腐败局的职责，最高人民检察院查处贪污贿赂、失职渎职以及预防职务犯罪等反腐败相关职责整合，重新组建成立国家监察委员会，同中央纪律检查委员会合署办公，履行纪检、监察两项职责，实行一套工作机构、两个机关名称。不再保留监察部、国家预防腐败局。

根据中央纪委国家监委网站的介绍，其组织机构包括内设职能部门、直属单位和派驻纪检监察组。内设职能部门31个，具体为：办公厅、组织部、宣传部、研究室、法规室、党风政风监督室、信访室、中央巡视工作领导小组办公室、案件监督管理室、第一监督检查室至第十一监督检查室、第十二审查调查室至第十六审查调查室、案件审理室、纪检监察干部监督室、国际合作局、机关事务管理局、机关党委、离退休干部局。

不过，从具体行使权力和工作职能上看，中央纪委国家监委的31个内设职能部门，其实分为内设部门和职能部门两大类可能更为科学、合理。其中，内设部门是指承担内部行政管理事务的部分，原则上不对外；职能部门则是具体的办案部门,承担纪律检查、监察职能的部分。此外,内设机构中,其实部分机构也承担了部分办案职责,如党风政风监督室、案件监督管理室、案件审理室、纪检监察干部监督室等,只不过这些机构承担的职责相对较少,且多为内部自我监督、自我运作。

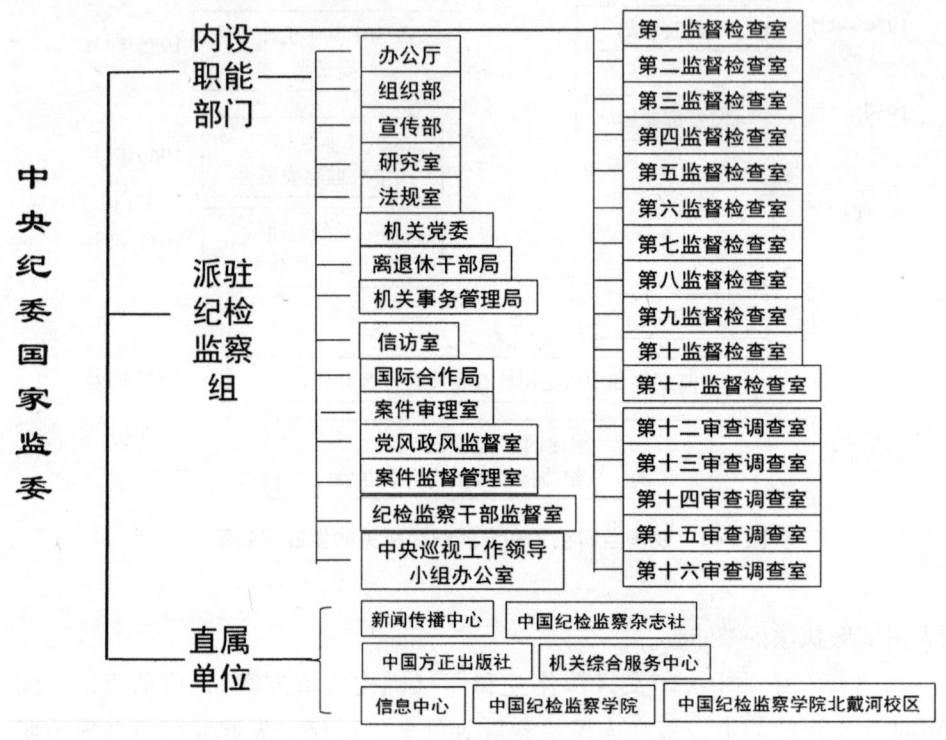

图 3-2 中央纪委国家监委组织机构图

(二)国家监察委员会的内设机构

国家监察委员会的内设机构,是负责处理国家监察委员会单位内部事务的机构,主要包括办公厅,纯行政事务的内部机构(8个)和以党风政风监督室为主、带有部分执法职能的内部机构(7个)。根据中央纪委国家监委网站的记载,各个内设机构的名称和工作职能如下:

办公厅:负责机关日常运转工作;筹备组织重要会议、活动;组织起草中央纪委国家监委有关文件文稿;督促检查有关工作部署的落实情况等。

组织部:负责纪检监察系统领导班子建设、干部队伍建设和组织建设的综合规划、政策研究、制度建设和业务指导;根据干部管理权限承办有关干部人事工作；组织和指导纪检监察系统干部教育培训工作等。

宣传部：负责组织协调全面从严治党、党风廉政建设和反腐败宣传教育以及廉洁文化建设工作；归口管理机关承担宣传教育职责的单位；负责机关的新闻事务和有关网络信息工作等。

研究室：负责综合分析全面从严治党、党风廉政建设和反腐败工作情况，开展政策理论及重大课题调查研究；起草重要文件文稿等。

法规室：负责提出纪检监察法规制度建设规划、计划和立法立规建议；起草、修改纪检监察法规制度；参与起草制定党和国家相关法律、法规和规范性文件；负责纪检监察法规制度的咨询答复、解释指导、立法立规后评估、备案审查、清理、编纂等。

信访室：负责受理对党的组织、党员违反党纪行为和对行使公权力的公职人员职务违法、职务犯罪行为等的检举、控告；受理党员对中央纪委做出的党纪处分或者其他处理不服的申诉、监察对象对国家监委做出的涉及本人的处理决定不服的复审申请；综合分析信访举报情况；接待群众来访，处理群众来信和电话网络举报事项等。

国际合作局：负责纪检监察国际交流与合作事宜；组织反腐败国际条约实施工作和履约审议事务；承担反腐败国际追逃追赃和防逃工作的组织协调，协调反腐败执法、引渡等领域国际合作；归口管理机关外事工作和涉港澳台事务等。

案件审理室：负责审理中央纪委国家监委直接审查调查和省（部）级党的组织、纪检监察机关报批或者备案的违反党纪和职务违法、职务犯罪案件；承办党员对中央纪委做出的党纪处分或者其他处理不服的申诉案件、监察对象对国家监委做出的涉及本人的处理决定不服的申请复审案件等。

党风政风监督室：负责综合协调贯彻执行党的路线方针政策和决议、国家法律法规等情况的监督检查；综合协调党的政治纪律和政治规矩执行、贯彻落实中央八项规定精神、纠正"四风"工作、整治群众身边和扶贫领域的腐败和作风问题；综合协调党内监督、问责等方面工作等。

案件监督管理室：负责对监督检查、审查调查工作全过程进行监督管理，履行线索管理、组织协调、监督检查、督促办理、统计分析等职责；统一受理有关单位移交的相关问题线索以及下级纪检监察机关线索处置和案件查办报告；归口管理审查调查有关协调事项；对调查措施使用进行监督管理，监督检查纪检监察机关依纪依法安全办案情况等。

纪检监察干部监督室：负责监督检查纪检监察系统干部遵守和执行党的

章程和其他党内法规，遵守和执行党的路线方针政策和决议、国家法律法规等方面的情况；受理对有关纪检监察领导干部涉嫌违反党纪、职务违法和职务犯罪等问题的举报，提出处置意见并负责问题线索初步核实及立案审查调查工作等。

中央巡视工作领导小组办公室：统筹协调、指导督导、服务保障巡视工作。负责向中央巡视工作领导小组报告工作情况，传达贯彻党中央和中央巡视工作领导小组的决策和部署，并对其决定的事项进行督办；具体组织中央巡视组开展巡视工作；承担巡视巡察工作政策研究、制度建设和业务指导工作等。

机关党委：负责机关和直属单位党群工作。

离退休干部局：负责离退休干部工作。

机关事务管理局：负责机关事务管理和服务保障工作；负责机关及直属单位财务管理、国有资产管理、房管基建、医疗卫生和安全保卫工作；负责机关及派驻机构涉案财务管理等。

（三）国家监察委员会的职能机构

中央纪委国家监委内部的专职的职能办案机构，在 2018 年国家监察体制改革前后，是不同的。2018 年国家监察体制改革前，中央纪委和监察部合署办公，下设第一纪检监察室至第十二纪检监察室，其中第一纪检监察室至第五纪检监察室主要负责监督检查中直、政法、宣传、国务院部门、金融口单位、国资委和央企等单位领导班子及中管干部遵守和执行党章党规、国家法律法规、党风廉政建设等方面的情况；第六纪检监察室至第十二纪检监察室则主要全国分片负责监督检查联系地区省级领导班子及中管干部遵守和执行党章党规、国家法律法规、党风廉政建设等方面的情况。2018 年新组建的国家监察委员会，在内部职能机构设置上，开始区分为两大类：监督检查室（11 个）和审查调查室（5 个）。

第一至第十一监督检查室：主要履行依纪依法监督的职责。监督检查联系单位（地区）领导班子及中管干部遵守和执行党的章程和其他党内法规，遵守和执行党的路线方针政策和决议、国家法律法规，推进全面从严治党，依法履职、秉公用权、廉洁从政从业以及道德操守等方面的情况；监督检查联系单位（地区）党委（党组）落实管党治党主体责任的情况，指导、检查、督促纪委监委（派驻、派出机构）落实纪检、监察责任，实施问责；向监察对象所在单位提出监察建议；综合分析研判问题线索，按程序提出处置意见或移交审查调查室；综合、协调、指导联系单位（地区）及其系统的纪检监察工作等。

第十二至第十六审查调查室：主要履行执纪审查和依法调查处置的职责。承办涉嫌严重违纪或者职务违法、职务犯罪问题线索的初步核实和立案审查调查，以及其他比较重要或者复杂案件的初步核实、审查调查，并提出处理建议；向监察对象所在单位提出监察建议；可以办理下一级监察机关管辖范围内的监察事项，必要时也可以办理所辖各级监察机关管辖范围内的监察事项等。

具体到监察调查权的行使，是否只有审查调查机构才能够行使，监督检查机构就无法行使？这种理解显然不正确，监督、调查、处置是监察机关监察权的三大权力表现形式，任何一种权力形态都无法独立存在于某一类案件中。监督检查、审查调查只是监察机关内部的一个权力、职能的相对划分，并不意味着权力的完全分离和互不干涉。2019年《监察机关监督执法工作规定》第92条第2款对此作了扩充规定，该规定所称监督检查部门、审查调查部门包括监察机关各监督检查室、审查调查室、党风政风监督室、干部监督室、机关党委等履行监督检查、审查调查职能的部门和跨室组建的审查调查组。

（四）国家监察委员会的直属机构和派驻机构

国家监察委员会还设有9个直属单位，分别是中国纪检监察杂志社、中国方正出版社、新闻传播中心、机关综合服务中心、信息中心、中国纪检监察学院、中国纪检监察学院北戴河校区等。这些单位不属于国家监察委员会的内部机构或者职能机构，是为国家监察委员会提供特定领域的技术支撑和服务保障的，不属于执法主体，也当然不享有监察权和调查权。

国家监察委员会还设有中央纪委国家监委派驻纪检监察组。派驻监督是党的自我监督的重要形式。党的十九大修改的党章规定，党的中央和地方纪律检查委员会向同级党和国家机关全面派驻党的纪律检查组。《中国共产党党内监督条例》总结党的十八大以来派驻纪检机构改革实践经验，把派驻监督纳入党内监督的制度框架，在党和国家形成巡视、派驻、监察三个全覆盖的统一的权力监督格局，形成发现问题、纠正偏差、惩治腐败的有效机制。监察机构、监察专员对派驻或者派出它的监察机关负责，不受所驻部门的领导，具有开展工作的独立地位。① 在国家监察体制改革后，派驻纪检监察组的管理体制发生变化，使得其独立性得到加强。毋庸置疑的是，派驻纪检监察组是各级监察委员会重要的组成部分，是各级监察委员会重要的办案机构的延伸，当然也具有监察权和监察调查权。

三、地方监察委员会的机构组成

（一）省级监察委员会的机构组成

省级监察委员会的机构组成，基本上沿袭国家监察委员会的组织架构，个别地方根据地方实际情况做出微调。以下根据相关网站信息②，介绍部分省级监察委员会的机构组成：

中共广东省纪律检查委员会广东省监察委员会的组织架构包括内设职能部门、派驻（出）机构和直属单位。其中，内设职能部门24个，具体为：办公厅、组织部、宣传部、政策法规研究室、党风政风监督室、信访室、案件监督管理室、第一监督检查室至第七监督检查室、第八审查调查室（兼作反腐败国际追逃追赃工作办公室）至第十四审查调查室、案件审理室、纪检监察干部监督室、机关党委。与中央纪委国家监察委不同的是，将研究室和法规室合并为政策法规研究室，将与国际合作局职能类似的反腐败国际追逃追赃工作办公室的职能赋予第八审查调查室行使，没有单独设置巡视工作领导小组办公室、机关事务管理局、离退休干部局。在监督检查室和审查调查室的数量和配置上，广东的做法与国家也略有不同。

河南省纪委监委的组织机构包括内设机构、事业单位和派驻机构三大部分。其中，内设部门包括30个，具体为办公厅、组织部、宣传部、机关党委、研究室、法规室、案件审理室、信访室、案件监督管理室、党风政风监督室、第一监督检查室至第八监督检查室、第九审查调查室至第十五审查调查室、外事合作室、纪检监察干部监督室、网络信息室、综合事务管理室、离退休干部工作室。相比较而言，河南省与中央纪委国家监察委的组织机构最为近似，将国际合作局改为外事合作室，将机关事务管理局改为综合事务

---

① 中共中央纪律检查委员会中华人民共和国国家监察委员会法规室.《中华人民共和国监察法》释义 [M]. 北京：中国方正出版社，2018：96-98.
② 相关网站信息的截止时间为2020年4月26日。

管理室，没有单独设置巡视工作领导小组办公室，但独立设置了网络信息室，中央是将网络信息列为直属机构。

东北三省的纪委监委的机构构成，均分为内设职能部门、直属单位和派驻纪检组（或巡视办）。黑龙江省纪委监委内设职能机构有26个，办公厅、组织部、宣传部、研究室、法规室（复查复议室）、党风政风监督室、信访室、案件监督管理室、案件审理室、纪检监察干部监督室、机关党委、信息技术保障室、第一监督检查室至第七监督检查室、第八审查调查室至第十四审查调查室。吉林省纪委监委内设职能机构有32个，监督检查室设有8个、审查调查室设有10个。辽宁省纪委监委内设职能机构有25个，将研究室与法规室合并为研究法规室，但辽宁省具体办案机构没有划分监督检查室和审查调查室，14个办案机构均为纪检监察室。

（二）地市级监察委员会的机构组成

地市级监察委员会的机构组成，基本上沿袭国家监察委员会和省级监察委员会的组织架构，个别地方根据地方实际情况适当微调。不过，由于地市级、区县级监察委员会的办案力量、管辖范围等相对局限，机构组成也相对较为简单。以下根据相关网站信息，介绍部分地市级监察委员会的机构组成。

中共广州市纪律检查委员会与广州市监察委员会合署办公，其内设职能部门24个，包括：办公厅、组织部、宣传部、政策法规研究室、党风政风监督室（市党风廉政建设领导小组办公室）、信访室（举报中心）、案件监督管理室、案件审理室、纪检监察干部监督室、机关党委办公室、第一至第七监督检查室、第八至第十四审查调查室，其中，第十三审查调查室兼反腐败国际追逃追赃工作办公室、第十四审查调查室兼纪检监察信息技术保障室。另设派驻（出）机构33家。同在广东省的深圳市纪委监委，内设机构21个，增设了一个有特色的信息数据监督室，办案机构则做了划分：第一至第五审查调查室、第六至第十一监督检查室，不过监督检查和审查调查的先后顺序和其他地方均不同。

从中共成都市纪律检查委员会成都市监察委员会的"清廉蓉城"网站中可见，成都市纪委监委的机构组成分为内设职能机构、直属单位、市委巡查工作领导小组办公室和派驻（出）纪检监察机构，内设职能机构有26个，包括办公厅、组织部、宣传部、研究室（法规室）、党风政风监督室、信访室、案件监督管理室、案件审理室、纪检监察干部监督室、技术保障室、离退休室、机关党委、第一至第十四纪检监察室。具体办案机构没有做监督检查和审查调查的区分。检索四川省内其他地市网站，发现大多数地区没有对监督检查和审查调查进行机构区分，如中共乐山市纪委（乐山市监察委员会）"嘉廉话"网站显示，该机关共有19个内设机构，第一至第十纪检监察室。中共达州市纪委监委"廉洁达州"网站显示，达州市纪委监委机关内设机构19个，其中具体办案部门为第一至第九纪检监察室。

检索全国各地其他地市级纪委监委网站，发现两种做法均存在：既有将监督检查和审查调查分设的，也有统一设置为纪检监察室的。前者如海口市纪委监委、金华市纪委监委、延安市纪委监委等；后者如厦门市纪委监委、大连市纪委监委等。

（三）区县级监察委员会的机构组成

区县级监察委员会，作为最基层的一线监察机关，其机构组成基本上沿袭国家、省级和地市级监察委员会的做法，同时根据地方实际情况进行调整。由于《中国共产党纪律检查机关监督执纪工作规则》的监督检查和审查调查部门分设，主要是要求市地级以上纪委监委适用，基层纪委监委并没有这方面的要求，此外区县级案件相对较小且数量有限，所以其机构设置相对比较简单、单一。

根据中共嘉鱼县纪委监委网站信息，湖北省咸宁市嘉鱼县纪委监委，共设立内设机构13个，包括办公室、组织部（挂政治部牌子）、宣传部、信访室、案件监督管理室、案件审理室、第一至第六纪检监察室（第一纪检监察室加挂党风政风监督室牌子）和廉政教育中心，成立5个派驻纪检组。中共崇阳县纪委监委有13个内设机构和6个派出纪检监察组，内设机构包括办公室（政策法规研究室）、组织宣传部（县监察委员会政治部）、党风政风监督室、信访室、案件监督管理室（审查调查协调指挥室）、案件审理室、第一至第七纪检监察室（第七纪检监察室兼纪检监察干部监督室）。

根据深圳市福田区纪检监察网站信息显示，深圳市福田区纪委监委设立内设机构14个，包括办公室、干部管理室（纪检监察干部监督室）、宣传教育室（研究室）、党风政风监督室（纠风办）、信访举报室、案件监督管理室、案件审理室、第一至第七纪检监察室，设有3个派驻纪检监察组1个区委巡查办、3个巡查组。盐田区纪检监察机构相对简单，设立内设机构9个，包括办公室（宣传教育室、纪检监察干部监督室）、党风政风监督室、信访室、案件监督管理室、案件审理室、第一至第四纪检监察室，还有2个派驻纪检监察组。

第二节　监察调查权的权力内容

一、言语类措施：谈话、要求作出陈述与讯问、询问

（一）谈话的基本界定和程序要求

谈话，是指监察机关直接或者依法委托有关主体，对有问题线索反映、可能发生职务违法的监察对象，以面对面谈话的方式了解情况或者予以提醒。谈话措施来源于党内监督制度。①《中国共产党党内监督条例》规定，党内监督必须把纪律挺在前面，运用监督执纪"四种形态"，经常开展批评和自我批评、约谈函询，让"红红脸、出出汗"成为常态。纪委接到对干部一般性违纪问题的反映，应当及时找本人核实，谈话提醒、约谈函询，让干部把问题讲清楚。谈话，作为一种最为普遍适用的调查措施，也被称为要求说明情况，或者将谈话与要求说明情况并列。②《中国共产党纪律检查机关监督执纪工作规则》将谈话函询作为问题线索处置的四类方式之一。

谈话，或者说要求说明情况，作为监察机关15项调查措施之一，主要用于在采取初步核实方式处置问题线索期间，向被核查人及相关涉案人员调查违纪和职务违法事实。按照规定，监察机关只有在掌握了监察对象部分违纪或者涉嫌职务违法、职务犯罪事实和证据的条件下，才可以立案调查，这就要求监察机关在立案之前做好扎实的初核工作。谈话作为一项最基本的调查措施，在监察机关案件初核过程中被大量运用，对于获取证据、突破案件、教育挽救党员干部起到了关键作用。

谈话是监察机关与被核查人的正面较量，是一项充满艺术性、政治性和政策性的调查措施。艺术性，是指谈话是一场"软硬兼施"的心理战争，需要监察人员对被核查人有充分的认识。既要用法律事实和外围调查取得的铁证，突破被核查人的侥幸心理和对抗态度，又要通过安排被核查人学习党章党规和法律法规，用理想信念教育、感化，使被谈话人在思想上发生积极转

---

① 本书编写组. 监察机关15项调查措施学习指南 [M]. 北京：中国方正出版社，2018：1.
② 钟晋. 监察法应用一本通 [M]. 北京：中国检察出版社，2018：144.

变，能够主动交代问题。政治性，就是强调作为谈话主导者，必须提高思想认识，以党性为根、以事实为本，站在党和人民事业的高度，以强烈的事业心和政治责任感、严肃认真的态度、深入细致的作风、务实管用的方法开展谈心谈话。政策性，是指谈话要强化党性观念和担当意识，面对原则问题要敢于亮剑，不能模棱两可、含糊其辞，要郑重其事向谈话对象讲明党的政策、讲清组织原则和纪律要求，充分认识到纪委监委工作不光是反腐败，更是要教育和挽救更多的党员干部，在谈话中体现政策的感召力和思想的感染力，体现我们党惩前毖后、治病救人的一贯方针。

谈话是一项具有法律效力的调查措施，必须遵守相关程序和要求。监察机关采取谈话措施，要严格遵循相应的审批和执行程序。具体地说，检察机关采取谈话措施的要求，主要有六方面：一是谈话措施的适用对象是监察机关管辖范围内的监察对象；二是谈话措施的适用要件是监察对象可能发生职务违法；三是要严格按照程序报批；四是依规确定谈话主体；五是谈话过程应当形成工作记录，谈话后可视情况让被谈话人就所反映的问题写出书面说明；六是依规办理和处置谈话材料。① 也就是说，监察法规定的谈话，不同于一般的交谈、对话、谈心，是一项具有法律效力的调查措施。和谁谈、何时谈、怎么谈，都要由案件承办室主要负责人与审查组共同研究，提出谈话方案，经分管该案的领导批准以后，由审查组负责实施。谈话方案必须严格执行，不得随意缩小或者扩大范围、变更调查方向和事项。为了防止跑风漏气等情况的发生，谈话人员不能私下与被谈话人接触，也不能直接与被谈话人联络。谈话必须在指定地点或专门场所进行，谈话场所的各项措施必须符合安全防范的要求。谈话期间，要充分保障被谈话人的合法权利，严禁使用违反党章和国家法律的手段，严禁侮辱、诽谤、打骂、逼供等行为的发生。

2019年7月，中共中央纪委国家监察委员会印发《监察机关监督执法工作规定》，其中第29条规定了对被调查人进行谈话（讯问、询问）的基本程序：对留置在设置于公安机关的留置场所的被调查人进行谈话（讯问、询问）的，调查人员应当持《提讯提解证》和工作证件进行。对被羁押的犯罪嫌疑人、被告人进行谈话（讯问、询问）的，调查人员应当持以监委名义出具的介绍信、工作证件，商请有关案件主管机关协助办理。对在看守所、监狱服刑的人员进行谈话（讯问、询问）的，调查人员应当持以监委名义出具的介

---

① 本书编写组. 监察机关15项调查措施学习指南 [M]. 北京：中国方正出版社，2018：8-10.

绍信、工作证件办理。对前三款规定人员中的原中管干部进行询问的，应当报中央纪委书记、国家监委主任审批。

（二）要求作出陈述与讯问的基本界定和程序要求

要求作出陈述，是指在调查过程中，对涉嫌职务违法的被调查人，监察机关可以要求其就涉嫌违法行为作出陈述，必要时向被调查人出具书面通知。讯问，是指通过监察机关工作人员提问、被调查人回答的方式，取得印证被调查人以及涉嫌行贿犯罪或者共同职务犯罪的涉案人员有关贪污贿赂、失职渎职等职务犯罪事实的口供及其他证据的过程。[①] 讯问，作为获取被调查人基本情况的一种普遍适用的调查措施，与要求作出陈述相并列。[②] 不过，虽然要求作出陈述与讯问均规定在《监察法》第20条中，但从条文规定内容看，两者的适用对象略有差异：要求作出陈述针对的是涉嫌职务违法的被调查人，而讯问针对的是涉嫌职务犯罪的被调查人。

为了保障要求作出陈述措施的实施，防止有的被调查人不配合，《监察法》规定监察机关对被要求陈述的被调查人，在必要时可以出具书面通知。这里的"书面通知"是具有法律效力的文书，主要是针对被调查人不按照监察机关口头要求进行陈述时，由监察机关对其出具书面通知，要求其作出陈述。如果被调查人此时再不按照要求作出陈述的，则应当追究其法律责任。[③] 需要注意的是，要求被调查人就涉嫌的职务违法行为作出陈述，只能由监察机关工作人员来行使，不能委托给其他机关、个人行使。此外，要求作出陈述与前面的谈话措施中的要求说明情况非常类似，但要求说明情况适用的是"可能发生"职务违法的监察对象，而要求作出陈述适用的是"涉嫌"职务违法的被调查人；要求说明情况适用的阶段既可能是立案后也可能是立案前，而要求作出陈述只能是立案后。

讯问是调查人员为了获取涉嫌职务犯罪的被调查人的陈述、供述和辩解，依照法定程序通过言辞等方式进行提问并加以固定的一种调查措施。讯问措施不是《监察法》的独创，是我国历次《刑事诉讼法》中规定的一项重要的侦查方法，后被《监察法》转用和借鉴过来。讯问和谈话不同，只有涉嫌贪污贿赂等职务犯罪，且在被监委立案之后，才能对被调查人进行讯问。在办

[①] 本书编写组. 监察机关15项调查措施学习指南［M］. 北京：中国方正出版社，2018：7.
[②] 钟晋. 监察法应用一本通［M］. 北京：中国检察出版社，2018：145.
[③] 中共中央纪律检查委员会中华人民共和国国家监察委员会法规室.《中华人民共和国监察法》释义［M］. 北京：中国方正出版社，2018：129.

案人员心目当中，讯问可以说是15项调查措施里的重中之重。一旦立案了，就得不断对被调查人进行讯问。能不能突破案件，关键就看能否把被调查人的口供拿下来。没有口供，调查如大海捞针、工作量很大。而口供一旦突破，查起来如顺水行舟，能节省大量人力物力。顺藤摸瓜获得相应书证物证，案件质量会非常稳定。通过讯问，挖掘被调查人的堕落轨迹和内心独白，还有利于发挥反面教材作用，唤醒党员初心，强化理想信念，加强制度建设，助力全面从严治党向纵深发展。

监察机关采取讯问措施的要求，主要有七方面：一是讯问措施的适用对象主要是被调查的监察对象；二是讯问措施的适用条件是被调查人涉嫌贪污贿赂、失职渎职等职务犯罪，或者涉案人员涉嫌行贿犯罪或者共同职务犯罪；三是依法确定讯问主体，讯问人不得少于2人；四是讯问应当在规定地点进行；五是讯问活动要严格符合监察法有关程序方面的规定，监察机关应当对讯问全过程录音录像；六是讯问活动要按照既定程序有序进行；七是严格依法依规制作笔录、供述、供词。① 讯问前要履行严格的审批手续，将拟定的讯问提纲、讯问计划等材料及手续逐级报批。讯问全过程录音录像，既是为了固定证据、防止翻供，也能确保和证明讯问过程是文明合法的；既是对被留置人员合法权利的保障，也是对监察干部的一种监督和保护。为充分保障被调查人合法权利，还须合理安排讯问时间和时长，不搞疲劳提讯、熬夜提讯。

（三）询问的基本界定和程序要求

询问，是指监察机关调查人员为查明案件事实、收集证据，依照法定程序用口头的方式向证人等人员获取证人证言等证据的调查措施。询问措施来源于纪检监察机关多年实践中运用的执纪审查手段。② 询问是一项比较常见的侦查方法、调查措施，在党纪政纪调查、行政执法过程、司法诉讼程序中，均被大量使用，纪检监察领域的询问措施也借鉴了我国《刑事诉讼法》第二编第二章第三节"询问证人"的相关规定。《浙江省监察业务运行工作规程》规定：监察机关在向有关人员、证人了解情况时，可以采取询问措施。询问和讯问最本质的区别，在于对象不同：讯问针对的是立案后涉嫌职务犯罪的被调查人，询问则针对的是有关人员与证人。

---

① 本书编写组．监察机关15项调查措施学习图解 [M]．北京：中国方正出版社，2019：18-20．

② 本书编写组．监察机关15项调查措施学习图解 [M]．北京：中国方正出版社，2019：13．

询问有关人员与证人，是一项重要的调查措施，尤其在行贿、受贿类职务犯罪案件中。由于贿赂行为是涉及双方的，贿赂事实的认定必须要有双方的言词证据。贿赂行为较少会产生书面证据，即使有网络转账、银行转账等书面证据，要证明这笔钱属于什么性质的钱，是经济往来还是贿赂款项，也是需要双方的言词证据的。因此在这类案件中，监察机关依法运用询问措施也就显得尤为重要，甚至可以说是认定案件事实的必备一环。不同于被采取留置措施的被调查人，相关人员或者证人在接受询问前掌握的信息相对丰富，甚至存在着串供、作伪证的可能。从某种程度上讲，对相关人员或者证人的询问，更考验着调查人员的调查水平和调查能力。需要调查人员在询问相关人员之前，对被询问人的身份、性格、行为、动机等情况作出精准的分析，对可能出现的各种情况做好预案。

监察机关采取询问措施的要求，主要有五方面：一是采取询问措施的对象是证人等人员；二是询问的场所要符合要求；三是依法确定询问主体；四是询问活动要严格符合监察法有关程序方面的规定；五是严格依法依规形成笔录等书面材料。① 在具体个案的询问过程中，调查人员要按照事先制定的方案，分门别类、层层加码、步步紧逼，逐步加大询问力度，针对每个被询问对象的不同特点及时调整策略。询问措施威力虽然很大，但使用起来也不可任性而为。在实际运用过程中，案件承办部门、案件监督管理部门切实负起责任，确保办案人员在运用询问措施的过程中合法、合规；严格按照有关规定执行内部审批程序。询问同级党委管理的干部，必须层报监委主任批准；询问普通涉案人员，必须层报分管副主任审批。询问可以在证人所在的单位、住处或者证人提出的地点进行，必要时也可以通知证人到监察机关提供证言。询问证人时应向被询问人送达询问通知书，告知证人作证的权利和义务。

2019年《监察机关监督执法工作规定》第28条，规定了对证人等人员进行询问的报批程序：询问同级党委管理的正职领导干部，报同级党委主要负责人审批；询问同级党委管理的副职领导干部，报监委主要负责人审批；询问前两项规定以外的同级党委管理的干部，报监委分管领导审批；询问前三项规定以外的人员，报承办的监督检查部门、审查调查部门主要负责人审批。

---

① 本书编写组. 监察机关15项调查措施学习图解[M]. 北京：中国方正出版社，2019：28-30.

二、取证类措施：查询、冻结、搜查、调取、查封、扣押

（一）查询的基本界定和程序要求

根据《现代汉语词典（第6版）》的解释，查询，同查问的"调查询问"之意。《牛津法律大辞典》中的查问（examination）是指口头或书面形式质问某人。查问通常发生于法庭，查问的主要方式有：主询问、交叉询问、再询问。① 国内法学界早期更多时候将查询视为执行程序中的辅助措施之一，是指人民法院向银行、信用社或者其他有储蓄业务的单位调查询问有关被执行人存款情况的执行活动。查询是现行民事诉讼法赋予人民法院的一种权利，也是人民法院行使执行权的一种职务活动。② 不过，现在的查询，作为一种常规措施，已经被广泛地应用于民事诉讼、刑事诉讼、行政执法等活动中。《监察法》规定的查询，是对《行政监察法》和《刑事诉讼法》关于查询规定的吸收和完善，《行政监察法》在第21条和第26条分别对案件涉嫌单位和涉嫌人员在银行或者其他金融机构的存款、监察事项涉及的单位和个人规定了查询措施。

根据《监察法》第23条的规定，监察机关在调查涉嫌贪污贿赂、失职渎职等严重职务违法或者职务犯罪时，根据工作需要，可以依照规定查询、冻结涉案单位和个人的存款、汇款、债券、股票、基金份额等财产，这是监察机关获取线索、证实犯罪、追缴赃款的重要手段，有关单位和个人应当配合。在案件调查过程中，监察机关一般都会在正面接触被调查对象之前，通过外围初步核查来获取其涉嫌违纪违法的相关线索材料。通过查询，获取更多信息，找准案件突破口，讯问时就能迅速击中对方要害。通过查询获取的都是客观证据，相对而言比较稳定。不过，单单依靠查询获取的证据，通常也并不能把事情的本来面目说清楚。比如，查询中发现了一笔可疑记录，它到底是行贿款，还是私人之间正常的债务往来，银行流水单子是看不出来的，最后还得依靠言词证据，来把银行流水单子"激活"。

监察机关采取查询措施，需要注意以下五方面的内容：一是采取查询措施应当"依照规定"；二是启动查询必须履行严格的审批程序；三是办理查询

---

① 沃克. 牛津法律大辞典 [M]. 李双元, 译. 北京：法律出版社，2003：402.
② 陈光中. 中华法学大辞典. 诉讼法学卷 [M]. 北京：中国检察出版社，1995：53.

必须严格遵照有关程序；四是查询收集的证据应当具有完整性与客观性；五是查询获取的证据需要与言词证据构成相互印证、完整稳定的证据链。① 启动查询措施有严格的条件，必须履行严格的审批程序，需要坚持"一事由一提请"原则，填写查询事由、事项、信息类型、时间范围等内容，经监察机关相关负责人批准后办理。调查人员可以查询的信息仅限于涉案信息；必须按照批准的查询对象、范围和事项严格执行，不得随意扩大查询范围，不得从事与查询事项无关的活动；所有的查询内容、开具的查询单，都要备案留查。

（二）冻结的基本界定和程序要求

根据《现代汉语词典（第 6 版）》的解释，冻结原意为液体遇冷凝结，比喻阻止流动或变动（指人员、资金等），暂不执行或发展。法律上的冻结，是指人民法院就被申请人在金融单位的存款，向金融单位发出协助执行通知书，不准被申请人提取或转移的执行措施。② 《行政监察法》第 21 条对冻结措施作了规定，提请人民法院冻结存款权，是指监察机关在调查贪污、贿赂、挪用公款等违反行政纪律的行为时，必要时有权提请人民法院采取保全措施，由银行或者其他金融机构根据人民法院的冻结通知书，在一定期限内停止案件涉嫌人员提取其在银行或者其他金融机构的存款，这是一种限制财产流通的强制措施。③ 现在《监察法》规定的冻结，是对《行政监察法》和《刑事诉讼法》关于冻结规定的吸收和完善。

根据《监察法》第 23 条的规定，监察机关在调查涉嫌贪污贿赂、失职渎职等严重职务违法或者职务犯罪时，根据工作需要，可以依照规定查询、冻结涉案单位和个人的存款、汇款、债券、股票、基金份额等财产。及时采取冻结措施，可以防止被调查人转移、抽逃涉案财产，有利于迅速固定证据，推进办案工作。尤其是在涉案财产金额较大、来源复杂、行贿手段隐蔽、被调查人逃避甚至对抗组织调查的情况下，适时运用冻结措施显得很有必要。

监察机关采取冻结措施，需要注意以下六方面的内容：一是冻结必须履行严格的程序；二是冻结的财产范围仅限于涉案的财产；三是冻结的数额和期限应当具体、明确；四是冻结财产的出售，必须履行批准程序；五是不得

---

① 本书编写组. 监察机关 15 项调查措施学习图解 [M]. 北京：中国方正出版社，2019：51-52.
② 陈光中. 中华法学大辞典. 诉讼法学卷 [M]. 北京：中国检察出版社，1995：111.
③ 屈万祥. 行政监察法行政监察法实施条例解说 [M]. 北京：中国方正出版社，2004：81.

重复冻结；六是冻结的解除包括主动解除和自动解除。① 由于冻结措施直接限制当事人财产权利，因此在采取过程中，必须严格履行审批手续，接受有效监督和制约。对于冻结的财产，经查明确实与案件无关的，应当及时解除冻结，并通知财产所有人。

冻结措施经常与查询措施联用，具有程序上的先后关系，一般是先查询后冻结，当然也可以直接申请冻结。查询、冻结措施，很多执法领域的主体都有权行使，根据2002年1月15日中国人民银行关于发布《金融机构协助查询、冻结、扣划工作管理规定》的通知，有权查询、解冻、扣划单位、个人存款的执法机关如表3-1。需要说明的是，根据《监察法》的规定，监察机关现在有权冻结单位、个人存款。

表3-1 各个机关查询、冻结、扣划权限表

单位名称	查询		冻结		扣划	
	单位	个人	单位	个人	单位	个人
人民法院	有权	有权	有权	有权	有权	有权
税务机关	有权	有权	有权	有权	有权	有权
海关	有权	有权	有权	有权	有权	有权
人民检察院	有权	有权	有权	有权	无权	无权
公安机关	有权	有权	有权	有权	无权	无权
国家安全机关	有权	有权	有权	有权	无权	无权
军队保卫部门	有权	有权	有权	有权	无权	无权
监狱	有权	有权	有权	有权	无权	无权
走私犯罪侦查机关	有权	有权	有权	有权	无权	无权
监察机关	有权	有权	有权	有权	无权	无权
审计机关	有权	有权	无权	无权	无权	无权
工商行政管理机关	有权	无权	暂停结算	暂停结算	无权	无权

---

① 本书编写组. 监察机关15项调查措施学习图解［M］. 北京：中国方正出版社，2019：59-61.

续表

单位名称	查询		冻结		扣划	
	单位	个人	单位	个人	单位	个人
证券监管管理机关	有权	无权	无权	无权	无权	无权

（三）搜查的基本界定和程序要求

搜查，是指监察机关为了收集犯罪证据、查获涉嫌职务犯罪的被调查人，对被调查人以及可能隐藏被调查人或者犯罪证据的人的身体、物品、住处和其他有关地方进行搜查和检查的调查措施。① 作为一项调查措施，搜查是《监察法》新增加的调查措施，《行政监察法》未授予原来的监察部门这项权力，纪委原来办案也只是可以检查相应的办公场所。现在《监察法》规定的搜查，是对《刑事诉讼法》关于搜查规定的吸收和借鉴，是对监察机关调查权力的大幅扩充。我国《刑事诉讼法》第二编第二章第五节"搜查"规定，为了收集犯罪证据、查获犯罪人，侦查人员可以对犯罪嫌疑人以及可能隐藏罪犯或者犯罪证据的人的身体、物品、住处和其他有关的地方进行搜查。

根据《监察法》第24条的规定，监察机关可以对涉嫌职务犯罪的被调查人以及可能隐藏被调查人或者犯罪证据的人的身体、物品、住处和其他有关地方进行搜查。为收集职务犯罪证据，查获涉嫌职务犯罪的人员，《监察法》授予监察机关调查人员以搜查权力。搜查相当于让调查人员进入了被调查人最隐秘的场所，能够使调查人员更加快速、客观地了解被调查人的性格、生活习惯、生活经历等信息，为后续调查工作提供很大帮助。大多数时候，搜查能够直接带来各种有用的信息，是一座潜力巨大的"线索宝库"。监察案件的突破，应当从言词证据和实物证据两方面实现，言词证据主要依赖于谈话、讯问、询问等，实物证据则需要外围各种调查措施特别是搜查的支持。

监察机关采取搜查措施的要求，主要有六方面：一是采取搜查措施的案件范围是职务犯罪案件；二是搜查的范围主要包括涉嫌职务犯罪的被调查人的身体、物品和住处，可能隐藏被调查人或者犯罪证据的人的身体、物品、住处，以及其他被调查人可能藏身或者隐匿犯罪证据的地方；三是搜查时，

---

① 本书编写组. 监察机关15项调查措施学习指南［M］. 北京：中国方正出版社，2018：39-40.

应当出示搜查证；四是监察机关在搜查时，调查人员不得少于 2 人；五是搜查情况应当现场制作笔录，将搜查的情况按照搜查的顺序如实记录下来；六是调查人员应当依法开展搜查，不得无故损坏搜查现场的物品，不得擅自扩大搜查对象和范围。① 此外，需要注意的是，搜查女性身体，应当由女性工作人员进行。监察机关进行搜查时，可以根据工作需要提请公安机关配合。公安机关应当依法予以协助。搜查时，应当有被搜查人或其家属，邻居或者其他见证人在场。

（四）调取的基本界定和程序要求

调取，是指监察机关为获取被调查人涉嫌职务违法或职务犯罪证据，要求有关单位或个人提供相关材料，并根据需要拍照、录像、复印和复制的一种调查措施。② 作为一种全新的调查措施，调取是获取证据的重要方法和渠道，也是《行政监察法》中没有规定的内容，是《监察法》对《刑事诉讼法》的学习和借鉴。不过，调取在《刑事诉讼法》中也不是一个独立的侦查措施，而是一个具体的调查行为。我国《刑事诉讼法》第 54 条规定，人民法院、人民检察院和公安机关有权向有关单位和个人收集、调取证据。有关单位和个人应当如实提供证据；第 115 条规定，公安机关对已经立案的刑事案件，应当进行侦查，收集、调取犯罪嫌疑人有罪或者无罪、罪轻或者罪重的证据材料；第 116 条规定，公安机关经过侦查，对有证据证明有犯罪事实的案件，应当进行预审，对收集、调取的证据材料予以核实。调取证据是一个很常规的诉讼行为，在民事诉讼和行政诉讼过程中，人民法院为了查清案件事实均可以行使。

根据《监察法》第 25 条的规定，监察机关在调查过程中，可以调取、查封、扣押用以证明被调查人涉嫌违法犯罪的财物、文件和电子数据等信息。调取，是监察机关向有关单位和个人收集证据的一种重要的调查措施。调取的证据多为书证、物证和视听资料，根据需要可以拍照、录像、复印和复制，办案实践中以调取书证最为频繁。包括的种类有工作计划、工作安排、简报、档案、账册、票据、报表、会议记录、文件草稿、电报、电传、信件、笔记、各种凭证、计算机数据、电子邮件等。调取措施对查清案件事实、固定证据

---

① 本书编写组. 监察机关 15 项调查措施学习图解 [M]. 北京：中国方正出版社，2019：68-69.

② 本书编写组. 监察机关 15 项调查措施学习指南 [M]. 北京：中国方正出版社，2018：57.

起到了重要作用。调取有很强的针对性,监察机关向有关单位和个人直接取得证据,能够快速了解案件情况,掌握关键的书证物证。因而在立案调查阶段和立案之前的初核阶段,调取都是监察机关很"青睐"的一种外围取证手段。

监察机关采取调取措施的要求,主要有七方面:一是采取调取措施,必须经监察机关相关负责人审批,并开具调取文书。二是办理调取事项时,应由2名以上调查人员持工作证件和调取文书,并有持有人或者保管人、见证人在场。三是调取的范围要同时具备以下两个条件:①需要调取的财物、文件、电子数据必须是监察机关在调查过程中发现的;②上述这些财物、文件、电子数据必须与监察机关调查的职务违法犯罪行为有关联,能够或者有可能证明该违法犯罪行为的真实情况。四是监察机关依法行使调取权限时,有关单位和个人必须履行这一法定义务,全面、如实地提供。五是在仔细查点的基础上,当面逐一拍照、登记、编号,开列清单,由在场人员当场核对、签字。六是对调取的财物、文件和电子数据等信息,监察机关要设立专门场所,配备专用的存储设备,由专门人员妥善保管和使用,防止证据遗失、损毁或者被调换。七是在调查中需要使用相关财物、文件或者电子数据的,应当履行严格的审批手续,调取、交接应当严格登记。① 监察机关执行调取措施,必须遵循严格的审批程序,依照法定程序进行,注意原物、原件的保存和处理,严格注意保密等。

(五)查封的基本界定和程序要求

查封,是指监察机关在调查过程中,对被调查人涉嫌违法犯罪的财物、文件和电子数据等信息进行检查后,就地封存,禁止任何单位和个人动用的一种调查措施。② 作为一种全新的、与调取并列的调查措施,查封是稳定证据的重要方法和渠道,也是《行政监察法》中没有规定的内容,是《监察法》对《刑事诉讼法》的学习和借鉴。查封是我国《刑事诉讼法》规定的一个独立的侦查行为,其第二编第二章第六节就是"查封、扣押物证、书证"的规定,查封也是人民法院在民事诉讼财产保全过程中可适用的行为。与查询、冻结的对象是存款、汇款等财产不同的是,调取、查封、扣押的对象是各类

---

① 本书编写组.监察机关15项调查措施学习图解[M].北京:中国方正出版社,2019:98-99.

② 《监察机关15项调查措施学习指南》编写组.监察机关15项调查措施学习指南[M].北京:中国方正出版社,2018:64.

财物、文件和电子数据等。

　　对证明被调查人有无职务违法犯罪以及情节轻重的各种财物、文件、资料进行查封，是监察机关调查职务违法和职务犯罪的重要手段。通过实施查封措施，控制赃款赃物藏匿场所，这是突破案件、查明事实的一大关键。查封的重要作用还体现在"控制第一现场"，防止重要证据被污染或流失。很多重要的贪污贿赂、渎职违法犯罪案件中，招投标合同、工作记录等文件，直接关系到被调查人涉嫌贪污贿赂、渎职违法犯罪的重要证据。如果因为未及时进行查封，导致这些重要文件被转移、藏匿或销毁，就会给案件调查工作造成严重的困难和不利的后果。一旦进行查封，还能给财产的名义持有人形成压力，促使他把实情向监察机关讲清楚。查封的目的还在于助力赃款赃物的追缴；通过查封冻结不动产的产权交易，就能确保赃款赃物始终在监察机关掌控之下，从而为日后追缴奠定基础。

　　监察机关采取查封措施的要求，主要有七方面：一是采取查封措施，必须经监察机关相关负责人审批，并开具查封文书。二是办理查封事项时，应由2名以上调查人员持工作证件和查封文书，并有持有人或者保管人、见证人在场。三是查封的范围要同时具备以下两个条件：①需要查封的财物、文件、电子数据必须是监察机关在调查过程中发现的；②上述这些财物、文件、电子数据必须与监察机关调查的职务违法犯罪行为有关联，能够或者有可能证明该违法犯罪行为的真实情况。四是对于查封的物品，调查人员应当会同在场见证人和被查封物品持有人或者保管人查点清楚，当场开列查封清单并签名。五是监察机关依法行使查封权限时，有关单位和个人应当配合，必要时可以强制查封。六是在调取中需要使用相关财物、文件或者电子数据的，应当履行严格的审批手续。七是监察机关对查封的财物、文件，应当及时进行认真审查。①查封措施的使用，直接关系到被调查人的财产等权利的行使，必须受到严格监督制约。查封过程要进行同步录音录像，留存备查。发现与违法犯罪无关的，应当及时解除查封。

（六）扣押的基本界定和程序要求

　　扣押，是指监察机关在调查过程中，为防止涉嫌违法犯罪的单位或者人员隐匿、毁灭证据，对被调查人涉嫌违法犯罪的财物、文件和电子数据等信

---

① 本书编写组. 监察机关15项调查措施学习图解 [M]. 北京：中国方正出版社，2019：108-109.

息采取扣留、保管的一种调查措施。① 作为一种全新的调查措施，扣押是稳定证据的重要方法和渠道，也是《行政监察法》中没有规定的内容，是《监察法》对《刑事诉讼法》的学习和借鉴。扣押是我国《刑事诉讼法》规定的一个独立的侦查行为，其第二编第二章第六节就是"查封、扣押物证、书证"的规定，扣押也是人民法院在民事诉讼财产保全过程中可适用的行为。查封与扣押的侧重点不同：查封一般是对不可移动的财物就地封存；扣押是将可移动的财产转移他处置于监察机关的控制下；对不动产、大型生产设备一般使用查封，对方便移动、有利检查的其他动产、文件、存储电子数据的设备等一般适用扣押。

监察机关在调查过程中，可以对证明被调查人涉嫌职务违法犯罪以及情节轻重的各种财物、文件、资料进行扣押。在查处各类职务违法和职务犯罪案件中，除了各类言词证据以外，大量的证据形式就是物证、书证，而对这些物证、书证的及时掌控就是案件解决的关键。在调查一些严重违纪违法案件中，及时扣押被调查人留存的涉案补签单据、相关涉案证人出具的虚假证明材料、被调查人及其家属用于记账的日记本等涉案证据，将成为突破这类案件的关键点。通过扣押措施将各类证据固定，有力稳定了案件的证据源，形成了完整的证据链条，被调查人在这些实物证据面前，大多情况下都无力狡辩，会主动认罪。

监察机关采取扣押措施的要求，主要有八方面：一是采取扣押措施，必须经监察机关相关负责人审批，并开具扣押文书。二是办理扣押事项时，应由2名以上调查人员持工作证件和扣押文书，有持有人或者保管人、见证人在场，并告知权利。三是扣押的范围要同时具备以下两个条件：①需要扣押的财物、文件、电子信息必须是监察机关在调查过程中发现的；②上述这些财物、文件、电子信息必须与监察机关调查的职务违法犯罪行为有关联，能够或者有可能证明该违法犯罪行为的真实情况。四是对于扣押的物品，调查人员应会同在场见证人和被扣押物品持有人或者保管人查点清楚，当场开列扣押清单并签名。五是监察机关依法行使扣押权限时，有关单位和个人应当配合，必要时可以强制扣押。六是对扣押的财物、文件和电子数据，监察机关要设立专门的账户、专门场所，配备专用的存储设备，由专门人员妥善保管和使用。七是在调查中需要使用相关财物、文件或者电子数据的，应当履

---

① 本书编写组. 监察机关15项调查措施学习指南 [M]. 北京：中国方正出版社，2018：70.

行严格的审批手续，调取、交接应当严格登记。八是监察机关对扣押的财物、文件，应当及时进行认真审查。① 扣押对象通常是动产，扣押及保管扣押财物、文件过程中容易出现不仔细、遗漏等情形，因此监察机关对扣押财物、文件的监管要求非常严格，有效避免了扣押过程中出现差错的可能。

三、技术类措施：勘验检查、鉴定、技术调查

（一）勘验检查的基本界定和程序要求

勘验检查，是指监察机关为了发现、搜集问题线索和违法犯罪证据，借助感觉器官和科学技术手段，对与违法犯罪行为相关的场所和存在于这些场所中的人身、痕迹、物品等进行的调查措施。② 作为一种全新的调查措施，勘验检查是收集证据的重要方法和渠道，也是《行政监察法》中没有规定的内容，是《监察法》对《刑事诉讼法》的学习和借鉴。勘验检查是我国《刑事诉讼法》规定的一个独立的侦查行为，其第二编第二章第四节就是"勘验、检查"的规定。

勘验检查是一项技术性较强的调查工作，是监察机关运用科学技术手段，对与职务违法、职务犯罪有关的场所、物品、人身等亲临查看、了解、检验与检查，以发现和固定违法犯罪活动所遗留下来的各种痕迹和物品。与《刑事诉讼法》规定的指派或者聘请"具有专门知识的人"不同的是，《监察法》规定的是直接或者指派、聘请"具有专门知识、资格的人员"。也就是说，《监察法》规定的勘验检查的启动方式和勘验检查人员，都不同于《刑事诉讼法》，《监察法》的启动方式多了"直接"进行的勘验检查方式，允许"具有专门资格的人员"进行勘验检查。实践中，监察机关可以直接自己进行勘验检查，也可委托相关部门进行。行为的发生必然会产生一定的后果、留下种种痕迹或物品。然而，随着时间的推移，这些痕迹会逐渐模糊甚至消失。勘验检查就是和时间赛跑，在各种痕迹与物品消失前将它们一一找出并固定下来，帮助调查人员去尽力还原事实真相。

监察机关采取勘验检查措施的要求，主要有五方面：一是采取勘验检

---

① 本书编写组. 监察机关 15 项调查措施学习图解［M］. 北京：中国方正出版社，2019：118-119.

② 本书编写组. 监察机关 15 项调查措施学习指南［M］. 北京：中国方正出版社，2018：45.

措施，必须经监察机关相关负责人审批；二是监察机关实施勘验检查的对象是与职务违法犯罪行为有关的场所、物品、人身等，具体措施包括现场勘验，物证、书证检验，人身检查等；三是调查人员是勘验检查的实施主体，可以由监察机关工作人员直接进行，并邀请见证人在场；四是依法制作勘验检查笔录；五是调查人员为了确定被调查人或者相关人员的某些特征、伤害情况或生理状态，可以对其人身进行检查，可以提取指纹信息，采集血液、尿液等生物样本。[①] 在这里，《监察法》的法条中，并没有明确提及勘验检查的范围，更没有提及监察机关可以进行侦查实验，是否可以对死因不明的尸体进行解剖检查。当然，这是由监察案件的特殊性决定的，贪污贿赂、渎职等犯罪一般不涉及死亡、尸体等，个别案件确实需要的，可以请求公安机关协助。

（二）鉴定的基本界定和程序要求

鉴定，是指监察机关为了查明案情，就案件中某些专门性问题指派、聘请专业机构和专业人员进行科学鉴别和判断的一种调查措施。[②] 作为一种全新的调查措施，鉴定是辨别证据证明力的重要方法和渠道，也是《行政监察法》中没有规定的内容，是《监察法》对《刑事诉讼法》的学习和借鉴。鉴定是我国《刑事诉讼法》规定的一个独立的侦查行为，其第二编第二章第七节就是"鉴定"的规定。

《监察法》第27条规定，监察机关在调查过程中，对于案件中的专门性问题，可以指派、聘请有专门知识的人进行鉴定。鉴定人进行鉴定后，应当出具鉴定意见，并且签名。该条规定基本上就是《刑事诉讼法》第146条和第147条的合并。鉴定是一项运用范围较广的措施，常用的专业技术鉴定一般包括法医类鉴定、物证类鉴定、声像资料鉴定、电子证据鉴定、会计鉴定以及其他鉴定等。在监察机关调查过程中，比较常见的是对房产、车辆等资产的价值评估，这些都需要请专业的人士来鉴定。鉴定是一把攻破案件关键的"利器"，具体个案中的相关文书、视频资料、档案记录等，只有经过专业鉴定才能明确其真伪，最终真正发现和揭露案件的事实。

监察机关采取鉴定措施的要求，主要有五方面：一是应经监察机关相关负责人审批，制作委托鉴定文书；二是鉴定人需具备法律法规规定的条件；

---

① 本书编写组.监察机关15项调查措施学习图解［M］.北京：中国方正出版社，2019：78-79.

② 本书编写组.监察机关15项调查措施学习指南［M］.北京：中国方正出版社，2018：51.

三是鉴定的目的是解决专门性问题；四是应当出具鉴定意见；五是调查人员应对鉴定意见进行审查，必要时可以申请补充鉴定或者重新鉴定。① 鉴定意见关乎对涉案人的事实认定，更关乎法纪的威严，容不得丝毫疏忽，需要严谨公正。运用科学的手段约束整个鉴定过程，也是鉴定意见准确公正的重要保障。对于鉴定意见，调查人员需要对"鉴定的程序、方法、分析过程是否科学，鉴定意见的科学根据是否充分"等方面进行研判，以确保鉴定意见的科学性和公正性。

（三）技术调查的基本界定和程序要求

技术调查，是指监察机关为调查职务犯罪需要，根据国家有关规定，主要通过通信技术手段对被调查人职务违法犯罪行为进行调查。通信技术手段包括电话监听、电子监控、拍照或者录像等手段获取某些物证等。② 作为一种全新的调查措施，技术调查是通过特别渠道获取特殊证据的重要方法，也是《行政监察法》中没有规定的内容，是《监察法》对《刑事诉讼法》的学习和借鉴。不过，我国《刑事诉讼法》第二编第二章第八节规定的是"技术侦查措施"，也是在 2012 年修订中新增加的内容。根据 2012 年修订后的《公安机关办理刑事案件程序规定》第 255 条的规定，技术侦查措施是指由设区的市一级以上公安机关负责技术侦查的部门实施的记录监控、行踪监控、通信监控、场所监控等措施。

《监察法》第 28 条规定，监察机关调查涉嫌重大贪污贿赂等职务犯罪，根据需要，经过严格的批准手续，可以采取技术调查措施，按照规定交有关机关执行。技术调查措施是《刑事诉讼法》技术侦查措施规定在《监察法》中的体现，也是 2012 年刑诉法赋予人民检察院技术侦查决定权后，人民检察院自侦机构及人员转隶监察委员会后的权力的必然转移。我国监察行为的技术调查是与常规调查相并列的几种调查手段之一，技术调查是国际监察工作实践中使用的重要调查方法。为有效应对涉嫌重大贪污贿赂等职务犯罪形势的新变化，《监察法》确立了技术调查措施的法律地位，既是进一步落实宪法

---

① 本书编写组. 监察机关 15 项调查措施学习图解 [M]. 北京：中国方正出版社，2019：88-90.

② 本书编写组. 监察机关 15 项调查措施学习图解 [M]. 北京：中国方正出版社，2019：123.

规定的要求，也展现了《监察法》的较前沿的立法水平。① 当然，和原来人民检察院享有的技术侦查权一样的是，监察机关的技术调查也局限于特定的职务犯罪案件范围，且只有决定权没有执行权。

监察机关采取技术调查措施的要求，主要有四方面：一是涉嫌重大贪污贿赂等职务犯罪案件。"重大"，一般是指犯罪数额巨大，造成的损失严重，社会影响恶劣等。此外，对于其他重大职务犯罪案件，如确有必要，监察机关也可以采取技术调查措施；二是"根据需要"确需采取技术调查措施的，才可以采取技术调查措施；三是履行批准手续。采取技术调查措施，程序上要经过严格的批准手续；四是按照规定交有关机关执行。② 可见技术调查措施的适用严格性，在案件范围、使用程度、批准手续和执行主体上，都体现了极为慎重的立法态度。2019年《监察机关监督执法工作规定》第35条第2款规定，对同级党委管理的正职领导干部采取技术调查措施，在履行纪委、监委和党委政法委批准手续基础上，应当报同级党委主要负责人审批。其中，省级以下监委采取技术调查措施，还应当报上一级监委批准。根据《监察法》的规定，采取技术调查措施的期限为三个月，自批准决定签发之日起算。对于复杂、疑难案件期满后，经过批准，可以延长，但每次延长不得超过三个月。应说明的是，"经过批准"还是要履行原来的审批程序。

四、人身自由类措施：留置、通缉、限制出境

（一）留置的基本界定和程序要求

留置，是指监察机关调查涉嫌贪污贿赂、失职渎职等严重职务违法或者职务犯罪时，已经掌握被调查人部分违法犯罪事实及证据，仍有重要问题需要进一步调查，并且具备法定情形，经依法审批后，将被调查人带至并留在特定场所，使其就案件所涉及的问题配合调查而采取的一项案件调查措施。③ 作为一类剥夺被调查人人身自由的调查措施，留置是2018年《监察法》的最

---

① 马怀德. 中华人民共和国监察法理解与适用[M]. 北京：中国法制出版社，2018：109-110.
② 本书编写组. 监察机关15项调查措施学习指南[M]. 北京：中国方正出版社，2018：77-78.
③ 本书编写组. 监察机关15项调查措施学习图解[M]. 北京：中国方正出版社，2019：35.

大亮点和贡献。"用留置取代'两规'措施。"习近平总书记在十九大报告中，用简短的9个字道出了监察体制改革带来的一个重磅变化。与《刑事诉讼法》中规定的拘留、逮捕不同，《监察法》中只有一个限制人身自由的留置措施。在监察机关的15项调查措施中，留置可谓一道"撒手锏"。山西、浙江等试点地区的大量案例已经证明，留置措施在反腐败、惩治职务犯罪方面发挥着重大作用。被调查人被留置后，不掌握外界的情况变化，给他们思想上造成非常大的压力。监察机关调查人员再有针对性地调整讯问策略，就极大地有利于案件的突破。

《监察法》第22条第1款规定，被调查人涉嫌贪污贿赂、失职渎职等严重职务违法或者职务犯罪，监察机关已经掌握其部分违法犯罪事实及证据，仍有重要问题需要进一步调查，并有下列情形之一的，经监察机关依法审批，可以将其留置在特定场所：其一，涉及案情重大、复杂的；其二，可能逃跑、自杀的；其三，可能串供或者伪造、隐匿、毁灭证据的；其四，可能有其他妨碍调查行为的。留置措施是否只针对被调查人？《监察法》第22条第2款规定，对涉嫌行贿犯罪或者共同职务犯罪的涉案人员，监察机关可以依照前款规定采取留置措施。在试点地区的实践中，为有效防止当事人订立攻守同盟、互相串供、隐匿销毁证据、转移赃款赃物等，留置行贿人的例子并不罕见。2017年3月，山西省纪委监委决定对山西某国企董事长郭某采取留置措施，这张编号为"晋监留〔2017〕1号"的留置决定书，成为山西省监察委员会挂牌成立2个月后"留置第一案"。在对太原市某领导干部梁某及其妻子采取留置措施后，几个曾给梁某行贿的个体老板开始"蠢蠢欲动"，出现伪造、隐匿证据，甚至逃跑倾向。监察机关调查人员立即对三名重要涉案人员采取留置措施，几名行贿人员很快交代了所有问题。

监察机关采取留置措施的要求，主要有七方面：一是留置的对象和条件。二是留置的审批权限和期限。市级、县级监察机关决定采取留置措施，应当报上一级监察机关批准；省级监察机关决定采取留置措施，应当报国家监察委员会备案。2019年《监察机关监督执法工作规定》第30条规定，依法需要对同级党委管理的干部采取留置措施的，应当召开专题会议集体研究决定，并报同级党委主要负责人审批；需要对同级党委管理的干部以外的人员采取留置措施的，应当报监委主要负责人审批；省级监委采取留置措施，应当报国家监委备案；设区的市级以下监委采取留置措施，应当报上一级监委批准。一般情况下，留置期限不得超过三个月。特殊情况下，可以延长一次，延长的时间也不得超过三个月。三是通知被留置人所在单位和家属。四是被留置人的权利保障。五是公安机关协助执行留置。六是刑期折抵。对被留置人的留置期限也应当适用刑期折抵。七是留置场所的设置和管理。① 因此，虽然留置措施的威力强大，但监察机关的态度是慎之又慎，严格依法限制留置措施的使用条件，秉持"慎用、少用、短用"的原则。需要特别注意的是，被留置人员往往是一个特殊的群体——党员领导干部。对于每一个犯错误的党员干部，党的方针历来是惩前毖后、治病救人。这种政策性和政治性也充分体现在留置措施中，让留置措施不仅仅是一个调查措施、剥夺人身自由的强制措施，更应当成为党员干部的一次带着温度的身心洗礼。

（二）通缉的基本界定和程序要求

《监察法》中所谓通缉是监察机关委托公安机关通过发布通缉令的方式抓捕在逃的、依法应当被留置的被调查人的一种侦查程序。通缉是一项紧急的强制调查措施，这种强制性主要体现在监察机关为了及时缉捕被通缉的对象，收集或者保全各种证据而采取各种强制性的方式或者对公民生活权益造成损害的方式进行调查。② 作为一种全新的调查措施，通缉是缉捕已经在逃的被调查人的重要方法和渠道，也是《行政监察法》没有规定的内容，是《监察法》对《刑事诉讼法》的学习和借鉴，我国《刑事诉讼法》第二编第二章第九节规定了"通缉"。与技术调查类似的是，监察机关依法享有的通缉权也是不完整的，只有决定权，没有执行权。对被调查人通缉的具体执行，应当交给公安机关进行。

《监察法》第29条规定，依法应当留置的被调查人如果在逃，监察机关可以决定在本行政区域内通缉，由公安机关发布通缉令，追捕归案。通缉范围超出本行政区域的，应当报请有权决定的上级监察机关决定。通缉的对象，应当是依法应当留置的被调查人。被调查人，是顺利开展监察活动和调查活动的保证，是开展谈话、讯问的基础和前提，是后期提起公诉和刑事审判的对象和承受者。被调查人在逃，意味着其逃避监察机关的调查活动，拒绝接受监察机关的监督和制约，是对国家监察活动和反腐败工作的破坏和侵犯。过去，通缉令一般由公安机关内部掌握。随着社会治安形势的日趋复杂，各地公安机关开始充分利用新闻媒体向社会公布通缉令，较早的警媒联合应是

---

① 本书编写组. 监察机关15项调查措施学习指南 [M]. 北京：中国方正出版社，2018：22-25.
② 马怀德. 中华人民共和国监察法理解与适用 [M]. 北京：中国法制出版社，2018：112.

在 1992 年 2 月 25 日,北京警方新闻发言人通过《中国青年报》上的一条消息,将这一做法公之于众。① 随后,随着电脑技术和互联网的推广,网络追逃逐渐发挥了越来越大的作用。将监察案件中通缉决定权和执行权予以分离,正是充分考虑公安机关新闻媒体追逃和网络追逃的优势,使这种追逃优势能够更好地服务于反腐败工作。

监察机关采取通缉措施的要求,主要有三方面:一是关于适用对象。监察机关决定通缉的对象需具备的三个条件:被通缉人必须是涉嫌职务违法犯罪的被调查人、被通缉人符合留置的条件依法应当留置、被通缉人处于在逃状态。二是关于决定机关,只能是监察机关。三是关于执行机关,应当交由公安机关具体执行。② 公安机关可以发布通缉令,采取有效措施,追捕归案,充分体现了监察机关和执法机关各司其职、各负其责、互相配合、互相制约的精神,形成部门之间的信息共享、优势互补和协调联动的整体合力,既确保了案件质量、提高了办案效率,也减少了工作环节和办案成本,有利于实现监察机关与执法机关之间顺畅高效对接。2018 年 5 月 11 日,根据云南省监委决定,云南省公安厅发布 A 级通缉令,对某大学原党委副书记、校长蒋某某进行通缉,仅 20 天,被通缉人就被抓获归案,合力作用显著。

(三)限制出境的基本界定和程序要求

限制出境也称为边控措施,是指监察机关在调查案件过程中,为防止被调查人及相关人员逃匿境外,经省级以上监察机关批准,依法通知有关被调查人及相关人员,在结案前不得离境、扣留被调查人出入境证件或通知边防机关限制其一定期限内不得出境的调查措施。对限制出境,可以从两个角度来认识:一者是因国家管理的需要,此乃一种行政强制;二者是出于对私法的保护,此举包含行政强制和行政处罚的效果。国家监察机关适用限制出境制度的本质为行使国家公权力合理限制公民私权的监察行为。③ 作为一种全新的调查措施,限制出境是对可能潜逃境外的被调查人的重要措施和限制方法,《行政监察法》中没有规定,是我国《监察法》对其他单行法、司法解释等的学习和借鉴。与技术调查、通缉类似的是,监察机关依法享有的限制出境权也是不完整的,只有决定权,没有执行权。对被调查人限制出境的具体执

---

① 唐楠. 通缉令:从幕后走到前台 [J]. 人民公安,2001 (22):16-19.
② 本书编写组. 监察机关 15 项调查措施学习图解 [M]. 北京:中国方正出版社,2019:133-134.
③ 马怀德. 中华人民共和国监察法理解与适用 [M]. 北京:中国法制出版社,2018:116.

行，应当交给公安机关进行。

我国关于限制出境的法律规定肇始于 1986 年实施的《外国人出入境管理法》第 23 条第 1 款第（二）项和《公民出境入境管理法》第 8 条，两法都明确规定人民法院通知有未了结民事案件的不能离境。此处"不能出境"的规定，在行为性质和内容上与限制出境措施实际一致，只是表述方式上的差异。1987 年，最高人民法院、最高人民检察院、公安部、国家安全部在《关于依法限制外国人和中国公民出境问题的若干规定》中，首次提出在执行程序中可以采用不准出境的措施。① 以后，我国多部法律法规和司法解释中，均出现了限制出境的内容，如《民事诉讼法》第 255 条、最高人民法院《关于适用〈中华人民共和国刑事诉讼法〉的解释》第 404 条、2005 年 12 月最高人民法院《第二次全国涉外商事海事审判工作会议纪要》等，均明确使用了"限制当事人出境"的概念。就限制出境的定性，传统研究中多界定其为对妨害民事诉讼的强制措施、财产保全措施或行为保全措施，但有学者认为限制出境仅为强制执行的执行措施，而且是对人执行措施、间接执行措施，没有期限限制或续期规定。② 也有学者认为，我国限制出境措施三大类分别规定在我国《刑事诉讼法》《民事诉讼法》和各类行政法律法规中，其属性分别是刑事诉讼强制措施、保障性的执行措施和具体行政行为。③ 不过，这种将刑事强制措施中的被取保候审人"将护照等出入境证件、驾驶证件交执行机关保存"理解为限制出境措施，从而理解为刑事诉讼强制措施，有点勉强，毕竟这只是被取保候审人义务的内容而已。我国台湾地区学者，也有将具保、责付或者限制住居，视为限制出境。④ 如果仅仅从内容上看，都限制在居所或者特定市县，出门甚至出县市都不行，更毋论出境，这样将限制人身自由的强制措施理解为限制出境，也有一定道理。

《监察法》第 30 条规定，监察机关为防止被调查人及相关人员逃匿境外，经省级以上监察机关批准，可以对被调查人及相关人员采取限制出境措施，由公安机关依法执行。2019 年《监察机关监督执法工作规定》第 38 条第 2 款规定，需要对同级党委管理的正职领导干部采取限制出境措施的，应当报同级党委主要负责人审批。需要对同级党委管理的副职领导干部采取限制出境

---

① 朱建朝，金香平，姜金良. 限制出境（边控）措施的法律适用 [J]. 人民司法，2012 (18): 107-111.
② 朱金高. 限制出境: 一种对人执行的新规 [J]. 政法论丛，2015 (6): 144-151.
③ 陈庆安. 我国限制出境措施问题研究 [J]. 政治与法律，2018 (9): 141-149.
④ 吴启玄. 限制出境制度之实务研析 [M]. 台湾: 翰芦图书出版公司，2003: 31-32.

措施的，应当按照以下程序报批：国家监委采取限制出境措施，报中央纪委书记、国家监委主任审批；省级以下监委采取限制出境措施，报同级监委主要负责人审批。对于不需要继续采取限制出境措施的，应当及时解除。监察机关采取限制出境措施的要求，主要有三方面：一是适用对象。既包括涉嫌职务违法犯罪的被调查人，也包括涉嫌行贿犯罪或者共同职务犯罪的涉案人员，以及与案件有关的其他相关人员。二是审批权限。采取限制出境的审批主体和程序非常严格，必须由省级以上监察机关批准。三是执行机关。监察机关做出采取限制出境措施的决定后，应当交由公安机关执行。① 虽然限制出境是一项被广泛应用于民事诉讼、刑事诉讼、行政执法领域的措施，但对公民人身自由仍然是一个较大的限制，特别是一些经常需要出国公干或者商业往来者，适用应当特别慎重。同时，限制出境也是一种重要的调查措施，对于防止被调查人逃匿境外、确保监察调查程序以及刑事诉讼程序的顺利进行，具有决定性影响和作用，因此这把"双刃剑"要严格、谨慎、依法适用和注重程序规范。

第三节 监察调查权的适用对象

我国监察体制改革最大的改变，就是由原来的行政监察体制向国家监察体制的进化。政府序列下的行政监察体制，决定了监察的对象局限于政府机关工作人员。脱离了政府序列的国家监察，实现了监察对象的全面性和广覆盖，监察调查权的适用对象自然也得到了大大扩充。根据《监察法》第15条的规定，监察调查权的适用对象包括六大类。

一、公务机关的公务员

根据我国《公务员法》第2条的规定，本法所称公务员，是指依法履行公职、纳入国家行政编制、由国家财政负担工资福利的工作人员。因此，对公务员广义的理解，不能仅仅局限于行政机关的公务员。1993年8月14日颁布的《国家公务员暂行条例》（已失效）第3条规定，本条例适用于各级国家

---

① 本书编写组.监察机关15项调查措施学习图解［M］.北京：中国方正出版社，2019：142.

行政机关中除工勤人员以外的工作人员。这种规定和理解已经淘汰和落后,现在我国认定的公务员范围较广,以"公职+行政编制+国家财政负担工资福利"为界定标准。具体地说,接受监察调查管辖的公务员范围包括九类:

(一) 中国共产党机关公务员

成立于1921年7月的中国共产党,是中华人民共和国的执政党,是中国工人阶级的先锋队,是中国人民和中华民族的先锋队,是中国特色社会主义事业的领导核心,代表中国先进生产力的发展要求,代表中国先进文化的前进方向,代表中国最广大人民的根本利益。作为执政党,中国共产党机关的公职人员,都属于公务员,具体包括:

第一,中央和地方各级党委、纪律检查委员会的领导人员;

第二,中央和地方各级党委工作部门、办事机构和派出机构的工作人员;

第三,中央和地方各级纪律检查委员会机关和派出机构的工作人员;

第四,街道、乡、镇党委机关的工作人员。

(二) 人民代表大会及其常务委员会机关公务员

人民代表大会制度是中国人民民主专政的政权组织形式,是中国的根本政治制度。中华人民共和国的一切权力属于人民,人民行使国家权力的机关是全国人民代表大会和地方各级人民代表大会。全国人民代表大会和地方各级人民代表大会都由民主选举产生,对人民负责,受人民监督。中华人民共和国全国人民代表大会是最高国家权力机关,它的常设机关是全国人民代表大会常务委员会,行使国家立法权。地方各级人民代表大会是地方权力机关,它的常设机关是地方各级人民代表大会常务委员会,行使地方立法权。人民代表大会及其常务委员会机关的公职人员,都属于公务员,具体包括:

第一,县级以上各级人民代表大会常务委员会领导人员,乡、镇人民代表大会主席、副主席;

第二,县级以上各级人民代表大会常务委员会工作机构和办事机构的工作人员;

第三,各级人民代表大会专门委员会办事机构的工作人员。

需要注意的是,全国人民代表大会的代表和地方各级人民代表大会的代表,由于都有本职工作,因此其身份是由本职工作决定。但不论本职工作如何,在履行人大代表权力的过程中,依法受到相关法律和程序的保障。

(三) 人民政府公务员

各级人民政府是我国的行政机关，也是立法机关的执行机关。中华人民共和国国务院，即中央人民政府，是最高国家权力机关的执行机关，是最高国家行政机关。地方各级人民政府是地方权力机关的执行机关、地方行政机关。各级人民政府的公职人员，均属于公务员，也是最狭义上的公务员，具体包括：

第一，各级人民政府的领导人员；

第二，县级以上各级人民政府工作部门和派出机构的工作人员；

第三，乡、镇人民政府机关的工作人员。

需要注意的是，我国最低一级政府为乡镇政府和街道办事处，村一级属于基层群众自治性组织，村主任等，不属于人民政府的公务员。

(四) 监察委员会公务员

监察委员会是我国的专职反腐败工作机构，是深化国家监察体制改革的重要成果，是加强党对反腐败工作统一领导的集中表现。监察委员会是由原隶属于人民政府序列的行政监察机关、国家预防腐败机关和隶属于人民检察院的贪污贿赂、失职渎职以及预防职务犯罪等机构组成。监察委员会现在成为我国"一府两院一委"系列之一，其内部公职人员当然也属于公务员，具体包括：

第一，各级监察委员会的组成人员；

第二，各级监察委员会内设机构和派出监察机构的工作人员，派出的监察专员等。

(五) 人民法院公务员

人民法院是我国的审判机关，通过审判刑事案件、民事案件、行政案件以及法律规定的其他案件，惩罚犯罪，保障无罪的人不受刑事追究，解决民事、行政纠纷，保护个人和组织的合法权益，监督行政机关依法行使职权，维护国家安全和社会秩序，维护社会公平正义，维护国家法制统一、尊严和权威，保障中国特色社会主义建设的顺利进行。我国设立了最高人民法院、地方各级人民法院和军事法院等专门人民法院，人民法院内部的公职人员，也都属于公务员，具体包括：

第一，最高人民法院和地方各级人民法院的法官、审判辅助人员；

第二，最高人民法院和地方各级人民法院的司法行政人员等。

（六）人民检察院公务员

人民检察院是我国的法律监督机关，通过行使检察权，追诉犯罪，维护国家安全和社会秩序，维护个人和组织的合法权益，维护国家利益和社会公共利益，保障法律正确实施，维护社会公平正义，维护国家法制统一、尊严和权威，保障中国特色社会主义建设的顺利进行。我国设立了最高人民检察院、地方各级人民检察院和军事检察院等专门人民检察院，人民检察院内部的公职人员，也都属于公务员，具体包括：

第一，最高人民检察院和地方各级人民检察院的检察官、检察辅助人员；

第二，最高人民检察院和地方各级人民检察院的司法行政人员等。

（七）中国人民政治协商会议各级委员会机关公务员

中国人民政治协商会议（简称人民政协），是中国人民爱国统一战线的组织，是中国共产党领导的多党合作和政治协商的重要机构，是中国政治生活中发扬社会主义民主的一种重要形式。中国人民政治协商会议由中国共产党和各民主党派、无党派民主人士、各人民团体、各界爱国人士共同组成，人民政协中的专职领导和工作人员，也属于公务员，具体包括：

第一，中国人民政治协商会议各级委员会的领导人员；

第二，中国人民政治协商会议各级委员会工作机构的工作人员。

需要注意的是，中国人民政治协商会议的代表和地方各级人民政治协商会议的代表，由于都有本职工作，因此其身份是由本职工作决定。但不论本职工作如何，在履行人民政协代表权力的过程中，依法受到相关法律和程序的保障。

（八）民主党派机关和工商业联合会机关的公务员

民主党派，指在中国大陆的中华人民共和国政党，除执政党中国共产党以外的八个参政党的统称。中国共产党与各民主党派合作的基本方针是：长期共存、互相监督、肝胆相照、荣辱与共；合作方式为中国共产党领导的多党合作和政治协商制度，也称中国共产党领导的多党合作制或一党领导的多党合作制。中华全国工商业联合会，简称全国工商联，是中华人民共和国工商业界组织的人民团体，民间的对内对外商会，各级工商联的全国性组织；它是中国爱国统一战线的一个组成部分，是中国人民政治协商会议的组成单位之一，是一支为社会主义服务的政治力量。民主党派机关和工商联的专职工作人员，也属于公务员，具体包括：

第一，中国国民党革命委员会中央和地方各级委员会的领导人员，工作机构的工作人员；

第二，中国民主同盟中央和地方各级委员会的领导人员，工作机构的工作人员；

第三，中国民主建国会中央和地方各级委员会的领导人员，工作机构的工作人员；

第四，中国民主促进会中央和地方各级委员会的领导人员，工作机构的工作人员；

第五，中国农工民主党中央和地方各级委员会的领导人员，工作机构的工作人员；

第六，中国致公党中央和地方各级委员会的领导人员，工作机构的工作人员；

第七，九三学社中央和地方各级委员会的领导人员，工作机构的工作人员；

第八，台湾民主自治同盟中央和地方各级委员会的领导人员，工作机构的工作人员；

第九，中华全国工商业联合会和地方各级工商联等单位的公务员。

（九）参照《中华人民共和国公务员法》管理的人员

参照《中华人民共和国公务员法》管理（简称"参公"）的人员，是指根据公务员法规定，法律、法规授权的具有公共事务管理职能的事业单位中除工勤人员以外的工作人员，经批准参照公务员法进行管理的人员。比如，中国证券监督管理委员会，就是参照公务员法管理的事业单位。列入参照公务员法管理范围，应当严格按照规定的条件、程序和权限进行审批。"参公"单位的专职工作人员，一般都视为公务员。具体包括两大类：

第一，参照公务员法管理的群团机关的领导及工作人员。2006年8月，《工会、共青团、妇联等人民团体和群众团体机关参照〈中华人民共和国公务员法〉管理的意见》中，将包括中华全国总工会在内的21个人民团体和群众团体机关，纳入参照公务员法管理的范围。具体包括工会、共青团、妇联、中国文联、中国科协、全国侨联、中国作协、中国法学会、对外友协、贸促会、中国残联、宋庆龄基金会、中国记协、全国台联、黄埔军校同学会、外交学会、中国红十字总会、中国职工思想政治工作研究会、欧美同学会、中华职业教育社、中国计划生育协会等人民团体。这些单位和团体中的公职人员，均参照公务员管理。

第二，参照公务员法管理的事业单位的领导及工作人员。此类单位多是各级党政机关的下属二级单位，如档案局、史志办、渔政监察大队、城管执法局、劳动监察大队、文化市场执法大队、金融办、旅游局、关工委、组织部党员电教中心、社保局、供销社等。这些单位参照公务员管理，工作人员一般没有行政编制而使用全额拨款事业编制，工资福利待遇和公务员没有区别。

二、授权、委托组织从事公务的人员

（一）法律、法规授权组织中从事公务的人员

法律、法规授权的组织是指依具体法律、法规授权而行使特定行政职能的非国家行政机关组织。对法律、法规授权的组织，需要从以下三方面来理解：首先，法律、法规授权的组织是指非国家机关的组织；其次，法律、法规授权的组织行使的是特定行政职能而非一般行政职能；最后，法律、法规授权的组织行使的职能为具体法律、法规所授，而非行政组织法所授，且具体法律、法规对相应组织的授权通常是有期限的，通常限于办理某一具体行政事务，该行政事务完成，相应授权即结束。

法律、法规授权的组织中从事公务的人员，主要是指除前面参公管理以外的其他管理公共事务的事业单位人员。我国《公务员法》第112条规定，法律、法规授权的具有公共事务管理职能的事业单位中除工勤人员以外的工作人员，经批准参照本法进行管理。在实践中，由于历史和国情等因素，一些事业单位尽管受法律、法规授权承担着一定的公共事务管理职能，但并未纳入"参公"管理的范围，如疾控中心、一些地方的农机监理机构等。这些单位尽管未被纳入"参公"组织的范围，但在实际上承担着公共事务管理职能，其中从事公务人员属于行使公权力的公职人员，理应属于监察的对象范围。[①] 在我国，事业单位人数多，分布广，一些地方和领域法律、法规授权的事业单位工作人员数量甚至大于公务员的数量，将其纳入监察调查权的适用

---

① 马怀德.中华人民共和国监察法理解与适用[M].北京：中国法制出版社，2018：59.

范围,由监察机关对其监督、调查、处置,也很有必要。

(二)受国家机关依法委托管理公共事务的组织中从事公务的人员

受国家机关依法委托管理公共事务的组织,学术上也被称为行政委托,是指国家行政机关在自己的职权范围内,将某项行政职能委托给某一机关、机构、事业单位、其他社会组织办理的行为。受委托的单位不具有行政主体资格,必须以委托的行政机关的名义实施行政管理活动,其后果由委托的行政机关承担。对行政委托的理解,从三方面进行:第一,行政委托是一种发生在行政法范围内的委托——民事经济委托。第二,行政委托是一种内部行政法关系或者准行政法关系。第三,行政委托是一种法律行为而不是简单的行政行为。

我国《行政处罚法》第19条对受委托组织的条件进行了限定,必须符合三点:第一,依法成立的管理公共事务的事业组织;第二,具有熟悉有关法律、法规、规章和业务的工作人员;第三,对违法行为需要进行技术检查或者技术鉴定的,应当有条件组织进行相应的技术检查或者技术鉴定。受国家机关依法委托管理公共事务的组织,主要是指除参公管理以外的其他管理公共事务的事业单位、机构或者社会组织,主要包括以下三类:

其一,企事业单位。如企事业单位在支付工资时将纳税义务人应该交纳的税款代征后缴纳给国家税务机关,其即处于受委托人的法律地位。

其二,社会组织。如村民委员会、居民委员会有权处理有关行政机关委托代办的一些简单的行政事务,我国的律师协会受委托对律师执业登记、管理行使相关管理权限。

其三,企业组织。如给城管机关、公安机关提供协管员、治安员的保安公司,给机关事业单位提供劳务派遣的劳务公司等。

这些人员虽然既不是公务员,也不存在参公管理,但由于在接受委托的过程中,直接或者间接行使了部分公权力。为实现国家监察全覆盖,有必要将这些组织中从事公务的人员纳入监察对象范围,由监察机关对其监督、调查、处置。

三、国有企业管理人员

(一) 国有独资企业、国有控股企业及其分支机构的领导班子成员

国有独资企业，是指企业全部资产归国家所有，国家依照所有权和经营权分离的原则授予企业经营管理，国有独资企业依法取得法人资格，实行自主经营、自负盈亏、独立核算，以国家授予其经营管理的财产承担民事责任。国有控股企业，是指在企业的全部资本中，国家资本股本占较高比例，并且由国家实际控制的企业。包括绝对控股企业和相对控股企业。国有绝对控股企业是指国家资本比例大于50%（含50%）的企业，包含未经改制的国有企业；国有相对控股企业是指国家资本比例不足50%，但相对高于企业中的其他经济成分所占比例的企业（相对控股），或者虽不大于其他经济成分，但根据协议规定，由国家拥有实际控制权的企业（协议控制）。

国有独资企业、国有控股企业及其分支机构的领导班子成员，虽然名义上属于企业人员，不具有公职人员身份，一般不是公务员，但由于其是代表国家对国家资本进行管理和运作的人员，其中不少领导成员可能原来就有公职身份，可能就是公务员，甚至可能是某一级别的党政领导干部，因此应当成为《监察法》监察和调查的对象。根据有关规定和实践需要，作为监察对象的国有企业管理人员，主要是国有独资企业、国有控股企业（含国有独资金融企业和国有控股金融企业）及其分支机构的领导班子成员，包括设董事会的企业中由国有股权代表出任的董事长、副董事长、董事，总经理、副总经理，党委书记、副书记、纪委书记，工会主席等；未设董事会的企业的总经理（总裁）、副总经理（副总裁），党委书记、副书记、纪委书记，工会主席等。

(二) 对国有资产负有经营管理责任的国有企业中层和基层管理人员

国家统计局在《关于对国有公司企业认定意见的函》（国统函〔2003〕44号）中，对国有企业、国有控股企业、国有参股企业的定义如下：国有企业有广义、狭义之分。广义的国有企业是指具有国家资本金的企业，可分为三个层次：纯国有企业（包括国有独资企业、国有独资公司、国有联营企业）、国有控股企业（包括国有绝对控股企业、国有相对控股企业）、国有参股企业。狭义的国有企业指纯国有企业。国有参股企业，是指具有部分国家资本金，但国家不控股的企业。

2003年11月13日，最高人民法院关于印发《全国法院审理经济犯罪案件工作座谈会纪要》的通知（法［2003］167号）中提到，不论被委派的人身份如何，只要是接受国家机关、国有公司、企业、事业单位委派，代表国家机关、国有公司、企业、事业单位在非国有公司、企业、事业单位、社会团体中从事组织、领导、监督、管理等工作，都可以认定为国家机关、国有公司、企业、事业单位委派到非国有公司、企业、事业单位、社会团体从事公务的人员。如国家机关、国有公司、企业、事业单位委派在国有控股或者参股的股份有限公司从事组织、领导、监督、管理等工作的人员，应当以国家工作人员论。

在国有独资企业、国有控股企业及其分支机构等国有企业中，对国有资产负有经营管理责任的中层和基层管理人员，包括部门经理、部门副经理、总监、副总监、车间负责人等；在管理、监督国有财产等重要岗位上工作的人员，包括会计、出纳人员等；国有企业所属事业单位领导人员，国有资本参股企业和金融机构中对国有资产负有经营管理责任的人员，也应当理解为国有企业管理人员的范畴，涉嫌职务违法和职务犯罪的，监察机关可以依法调查。① 当然，对于国有企业中仅承担技术型服务、服务类服务的中层和基层管理人员，一般不宜纳入公职人员管理范畴，也当然不成为监察机关调查权的适用对象。

四、公办单位的管理人员

（一）公办的教育、科研、文化、医疗卫生、体育等单位中从事管理的人员

公办教育单位，是指由国家提供财政拨款、办公经费和人头经费的教育机构。一般情况下，公办学校属于事业单位，在财务上有一定的支配权，但人事编制上必须服从教育主管部门的安排和审批，工资待遇参照公务员系统但有一定的灵活性、自主性。国内公办教育单位主要包括：公办学前教育、义务教育（小学阶段、中学阶段）、公办大学教育等形式。公办教育单位从事

---

① 中共中央纪律检查委员会中华人民共和国国家监察委员会法规室．《中华人民共和国监察法》释义［M］．北京：中国方正出版社，2018：111-112．

管理的人员，如公办学校的校长、副校长，虽然不具有公职身份和行政编制，但由国家财政负担工资福利，行使一定领域内的公共管理职能，应当纳入监察机关监察调查的范畴。

公办科研单位，也称为国立科研机构，是指由国家提供财政拨款、办公经费和人头经费的科研机构。公办科研机构的性质，在我国有不同种类。早期的中央和地方很多党政机关，下面都附设有科研单位或者机构，早期的一些科研单位，如中国科学院、中国社会科学院甚至属于国务院直属事业单位，承担部分行政管理职能。20世纪90年代进行的第二轮科技体制改革中，开始推动部分应用类科研院所转制为企业，促进了国家创新体系建设。[①] 不论改制与否，由于公办科研单位由国家提供资金以及国家下拨科研经费，科研院所的院长、所长实际行使一定的公共管理职能，应当纳入监察机关监察调查的范畴。

公办文化单位，是指由国家提供财政拨款、办公经费和人头经费的文化机构。公办文化单位大多数属于国家财政全额拨款的事业单位，如图书馆、博物馆等。部分文化单位现在已经改制成为经营性文化事业单位或者企业，如电影电视制片、销售、发行、电影放映的文化单位，广播电视运营服务单位，图书、报纸、期刊、音像制品、电子出版物出版制作和销售等文化单位。文化单位提供的是各类文化领域的服务性、公益性职能，但其中均或多或少地涉及国家财政的支持和拨款，各类文化单位负责人，如图书馆馆长、博物馆馆长、电视台台长、出版社社长等，实际行使一定的管理职能，当然应当纳入监察机关监察调查的范畴。

公办医疗卫生单位，是指由国家提供财政拨款、办公经费和人头经费的医疗卫生机构。医疗卫生机构是依法成立的从事疾病诊断、治疗活动的卫生机构。医院、卫生院、妇幼保健院是我国医疗卫生机构的主要形式。此外，还有疗养院、门诊部、诊所、卫生所（室）以及急救站、疾病预防控制中心、卫生监督所等，共同构成了我国的医疗卫生机构体系。其中，由国家全额或者主要提供财政拨款的，是公办（公立）医疗卫生单位。这些单位的负责人，如院长、所长、主任等，实际均在行使一定的公共管理职能，应当纳入监察机关监察调查的范畴。

公办体育单位，是指由国家提供财政拨款、办公经费和人头经费的体育机构。公办体育单位一般多属于国家财政全额拨款的事业单位，如体育馆、

---

① 白春礼. 科研院所改革，路在何方 [J]. 求是，2014（22）.

游泳馆、健身馆、体育训练中心等。部分体育单位现在已经改制成为经营性体育事业单位甚至企业,具有了自收自支的属性。但其中涉及国家财政拨款或者投资的,或者存在公共管理职能的,其管理人员实际行使了一定的公共管理职能,应当纳入监察机关监察调查的范畴。

作为监察对象的公办的教育、科研、文化、医疗卫生、体育等单位中从事管理的人员,主要是该单位及其分支机构的领导班子成员,以及该单位及其分支机构中的主要管理人员,如公立医院的院长、副院长等。

(二)公办的教育、科研、文化、医疗卫生、体育等单位及其分支机构中层和基层管理人员

除了公办教育、科研、文化、医疗卫生、体育等单位中从事管理的人员以外,这些单位及其分支机构中层和基层管理人员,也应当纳入监察机关调查权的范畴视野。公办教育、科研、文化、医疗卫生、体育等单位及其分支机构中层和基层管理人员,包括管理岗六级以上职员,从事与职权相联系的管理事务的其他职员;在管理、监督国有财产等重要岗位上工作的人员,包括会计、出纳人员,采购、基建部门人员涉嫌职务违法和职务犯罪,监察机关可以依法调查。比如,某大学基建处处长,虽然不是中共党员,也不是该大学的领导班子成员,但属于该大学中层管理人员,且承担着基建管理和招标等重要职责,属于行使公权力的公职人员,也属于监察对象,其职务违法犯罪行为,应当由当地纪检监察机关依法调查处置。

此外,临时从事与职权相联系的管理事务,包括依法组建的评标委员会、竞争性谈判采购中谈判小组、询价采购中询价小组的组成人员,在招标、政府采购等事项的评标或者采购活动中,利用职权实施的职务违法和职务犯罪行为,监察机关也可以依法调查。比如,某大医院的专家、教授,虽然既不是中共党员,也不是医院领导班子成员或者中层管理人员,但由于其声望较高,承担着医疗物资招标委员会、药物资质专家等重要职责,也属于行使公权力的公职人员,成为监察对象,其职务违法犯罪行为,应当由当地纪检监察机关依法调查处置。

需要说明的是,对于不担任任何职务的普通教师和医生等公办单位工作人员,是否属于监察对象,有着不同的认识。有的认为,公办教育和医疗单位的医生和教师,即使不担任任何职务,但其工作内容也具有管理公共事务的性质,应纳入监察对象范围;有的认为,普通教师和医生从事的只是业务技术性工作,不具有组织、监督和管理的内容,行使的不是公权力,不应将

其纳入监察对象范围。对此,各级纪检监察机关应当从两方面来把握。一是对监察对象要坚持动态识别原则,从"人"(公职人员)和"事"(行使公权力)两个标准判断,如果没有行使公权力,就不是监察全覆盖的对象;一旦从事与职权相联系的管理事务,如采购、基建、招生等,就属于监察对象。二是应当充分认识到纪检监察机关是"监督的监督",而不是要代替有关行业主管部门进行"管理中的监督"。① 也就是说,对于公办单位普通工作人员的违纪违法问题,应当是其主管部门首先进行监督处置;如果主管部门不履行主体责任,对于自己主管范围内的问题视而不见,或者是见而不处,则应当由纪检监察机关对该主管部门党组织和有关领导干部的失职渎职行为、不作为问题进行监督,依法采取相应的调查处置措施。

五、基层自治组织的管理人员

(一)村民委员会、居民委员会的主任、副主任和委员

村民委员会,为我国乡(镇)所辖的行政村的村民选举产生的群众性自治组织,村民委员会是村民自我管理、自我教育、自我服务的基层群众性自治组织,村民委员会由主任、副主任和委员三至七人组成。根据《村民委员会组织法》第2条的规定,基层群众性自治组织,实行民主选举、民主决策、民主管理、民主监督。村民委员会办理本村的公共事务和公益事业,调解民间纠纷,协助维护社会治安,向人民政府反映村民的意见、要求和建议。

居民委员会是我国人民民主专政和城市基层政权的重要基础,也是党和政府联系人民群众的桥梁和纽带之一。根据《城市居民委员会组织法》第2条规定,居民委员会是居民自我管理、自我教育、自我服务的基层群众性自治组织。居民委员会负责办理本居住地区居民的公共事务和公益事业,调解民间纠纷,协助维护社会治安,协助人民政府或者它的派出机关做好与居民利益有关的公共卫生、计划生育、优抚救济、青少年教育等项工作。

根据我国宪法的规定,城市和农村按居民居住地区设立居民委员会或者村民委员会,它们同基层政权的相互关系由法律规定。居民委员会、村民委员会的主任、副主任和委员由居民、村民选举。在居民委员会、村民委员会

---

① 《〈中华人民共和国监察法〉案例解读》编写组.《中华人民共和国监察法》案例解读[M].北京:中国方正出版社,2018:[案例33]部分.

之下，可以设立人民调解、治安保卫、公共卫生等委员会。居民委员会、村民委员会的组成人员没有行政编制，不是地方公务员。不过，居民委员会的工作经费和来源，居民委员会成员的生活补贴费的范围、标准和来源，主要由不设区的市、市辖区的人民政府或者上级人民政府规定并拨付。人民政府有关部门委托村民委员会开展工作需要经费的，由委托部门承担；村民委员会办理本村公益事业所需的经费，由村民会议通过等资筹劳解决；经费确有困难的，由地方人民政府给予适当支持。

由于居民委员会的各类费用主要由地方财政承担，村民委员会的部分费用也可由地方财政承担，且居民委员会和村民委员会实际承担了部分行政管理职能，不论这种职能是法律、法规直接授权还是国家机关委托的，其包括主任、副主任和委员在内的机构负责人，完全可能成为行使一定公权力的主体，应当纳入监察机关调查权的覆盖范畴。

（二）基层群众性自治组织中从事管理的其他人员

基层群众性自治组织中从事管理的人员，除了村民委员会、居民委员会的主任、副主任和委员以外，还有可能是其他受委托从事公务管理的人员。根据2000年4月29日第九届全国人民代表大会常务委员会第十五次会议通过的《全国人民代表大会常务委员会关于〈中华人民共和国刑法〉第九十三条第二款的解释》的规定，村民委员会等村基层组织人员协助人民政府从事下列行政管理工作，属于刑法第93条第2款规定的"其他依照法律从事公务的人员"：

第一，救灾、抢险、防汛、优抚、扶贫、移民、救济款物的管理；

第二，社会捐助公益事业款物的管理；

第三，国有土地的经营和管理；

第四，土地征用补偿费用的管理；

第五，代征、代缴税款；

第六，有关计划生育、户籍、征兵工作；

第七，协助人民政府等国家机关在基层群众性自治组织中从事的其他管理工作。

村民委员会等村基层组织人员从事前款规定的公务，利用职务上的便利，非法占有公共财物、挪用公款、索取他人财物或者非法收受他人财物，构成犯罪的，适用刑法贪污罪、挪用公款罪和受贿罪的规定。因此，除了主任、副主任和委员以外，基层群众性自治组织中可能受委托从事这些公务的人员，都纳入监察机关调查权的覆盖范围，当然也是调查权的适用对象。

六、其他依法履行公职的人员

我国《监察法》第 15 条第 6 项规定的是"其他依法履行公职的人员"，这其实是一个兜底条款。为了防止出现对监察对象列举不全的情况，避免挂一漏万，《监察法》设定了这个兜底条款。但是，对于"其他依法履行公职的人员"不能无限制地扩大解释，判断一个"履行公职的人员"是否属于监察对象的标准，主要看其是否行使公权力，所涉嫌的职务违法或者职务犯罪是否损害了公权力的廉洁性。

监察对象是一个动态的概念，其关注的焦点是"行使公权力"。除了《监察法》第 15 条规定的前五类公职人员之外，只要行使了公权力，从事领导、组织、管理和监督等公务活动的人员，都属于监察对象的范畴。因此，在判断"其他依法履行公职的人员"时，必须要注意其行为是否在履行公职，是否在行使公权力。例如，普通临时工、合同制民警、协管员、参与政府招投标人员等，在其依法从事公务活动期间，其身份就属于监察对象。① 还有的学者认为，这类人员一般包括人大代表、政协委员、党代会代表、人民陪审员、人民监督员、仲裁员等，以及其他在国家机关、国有公司、企业、事业单位、群团组织中依法从事领导、组织、管理、监督等公务活动的人员。② 总的来说，监察对象的范围，是所有行使公权力的公职人员。公职人员在国家的经济、政治和社会生活中行使公共职权、履行公共职责等。判断一个人是不是监察对象范围的公职人员，关键看他是不是行使公权力、履行公务，而不是看他是否有公职。

根据 2003 年最高人民法院印发的《全国法院审理经济犯罪案件工作座谈会纪要》的规定，对国家机关、国有公司、企业、事业单位委派到非国有公司、企业、事业单位、社会团体从事公务的人员的认定中提出，所谓委派，即委任、派遣，其形式多种多样，如任命、指派、提名、批准等。不论被委派的人身份如何，只要是接受国家机关、国有公司、企业、事业单位委派，代表国家机关、国有公司、企业、事业单位在非国有公司、企业、事业单位、社会团体中从事组织、领导、监督、管理等工作，都可以认定为国家机关、

---

① 付余. "其他依法履行公职的人员"范围辨析 [N]. 中国纪检监察报, 2019-9-18 (8).
② 马方, 任惠华. 监察调查程序与方法 [M]. 北京：中国方正出版社, 2020：8.

国有公司、企业、事业单位委派到非国有公司、企业、事业单位、社会团体从事公务的人员。既然被委托、指派行使公权力，就应当成为监察对象，纳入监察调查权的覆盖范畴。

第四节　监察调查权的应用范围

《监察法》第 11 条第 2 项规定，监察委员会依照本法和有关法律规定，对涉嫌贪污贿赂、滥用职权、玩忽职守、权力寻租、利益输送、徇私舞弊以及浪费国家资财等职务违法和职务犯罪进行调查。该项规定关于监察委员会调查权的授予，是采用"列举"加"等外"的规定方式。这七项内容是十八大以来发生概率最高的违法失职案件，但从这七项内容的逻辑结构来看，并不属于同一话语体系，其中贪污贿赂、滥用职权、玩忽职守、徇私舞弊行为均在刑法典中有规定，而权力寻租、利益输送则可能是权力腐败的直接根源，浪费国家资财又是一种具体行为。① 通过立法列举、行为概括、根源探寻等方式，监察调查权实现了对职务违法和职务犯罪的广覆盖、全覆盖。

一、贪污贿赂的职务违法和职务犯罪

2018 年 4 月，中央纪律检查委员会、国家监察委员会印发《国家监察委员会管辖规定（试行）》（国监发［2018］1 号），对国家监察委员会管辖的六大类 88 个具体犯罪类别进行了明确规定。② 2021 年 9 月 20 日，国家监委第 1 号公告发布了《中华人民共和国监察法实施条件》，将监察机关有权管辖的职务犯罪确定为 101 个。③ 监察调查权不仅仅对这六大类 88 个（101 个）犯罪有管辖权，对涵盖 88 个（101 个）犯罪以外的 7 项内容的违法失职也具有管辖权。也就是说，职务违法的范畴当然要比职务犯罪的范畴要广，覆盖面、涉及面更大。当然，六大类 88 个（101 个）具体罪名中，每类案件本身也存在着违法和犯罪的区分。因此，刑法对于各类案件的最低立案标准，实际上

---

① 马怀德.中华人民共和国监察法理解与适用［M］.北京：中国法制出版社，2018：43.
② 《88 种职务犯罪追诉标准》编写组.88 种职务犯罪追诉标准［M］.北京：中国方正出版社，2018.
③ 《101 种职务犯罪追诉标准》编写组.101 种职务犯罪追诉标准［M］.北京：中国方正出版社，2022.

就是违法与犯罪的界限。

(一) 贪污贿赂的概念与范畴

从词语的本质含义来看，贪污有三层含义：第一，贪利忘义。《庄子·秋水》曰："事焉不借人，不多食乎力，不贱贪污。"《淮南子·俶真训》曰："夫圣人量腹而食，度形而衣，节于己而已，贪污之心，奚由生哉？"第二，指贪利忘义之徒。《后汉书·周举传》曰："去斥贪污，离远佞邪。"章炳麟《中华民国解》记载："至于近世，则墨吏盈朝，贪污载路。"第三，利用职权非法取得财物。《汉书·冯奉世传》曰："汉数出使西域，多辱命不称，或贪污，为外国所苦。"《后汉书·酷吏传·阳球》："时天下大旱，司空张颢条奏长吏苛酷贪污者，皆罢免之。"《魏书·崔休传》："（崔叔仁）以贪污为御史所劾。"作为一个法律用语，贪污是指国家工作人员利用职务上的便利，侵吞、窃取、骗取或者以其他手段非法占有公共财物的行为。

贿赂有两层含义：第一，以财物买通他人。《三国演义》第三回写道："朝廷将治其罪，因贿赂十常侍幸免。"《初刻拍案惊奇》卷四写道："世间有考试官私通关节、贿赂徇私、黑白混淆，使不才侥幸、才士屈抑的，此皆吾术所必诛者也！"第二，行贿的财物。《三国演义》第二回写道："左右密报张让，让等转告何苗，又多送贿赂。"作为一个法律用语，贿赂是指为谋取不正当利益，给予对方单位或者个人金钱或其他利益，以排斥竞争对手，获得更大利益的行为。

从我国刑法的规定来看，贪污贿赂是一个集合了贪污、受贿、行贿、挪用公款等类的罪名。具体地说，"贪污贿赂"，主要是指贪污、挪用、私分公共财物以及行贿受贿等破坏公权力行使廉洁性的行为。① 根据规定，贪污贿赂罪包括以下 19 个罪名：贪污罪（第 382 条，括号内法条为刑法条文，下同），挪用公款罪（第 384 条），受贿罪（第 385 条），单位受贿罪（第 387 条），利用影响力受贿罪（第 388 条之一），行贿罪（第 389 条），对有影响力的人行贿罪（第 390 条之一），对单位行贿罪（第 391 条），介绍贿赂罪（第 392 条），单位行贿罪（第 393 条），巨额财产来源不明罪（第 395 条第 1 款），隐瞒境外存款罪（第 395 条第 2 款），私分国有资产罪（第 396 条第 1 款），私分罚没财物罪（第 396 条第 2 款），非国家工作人员受贿罪（第 163 条），对

---

① 中共中央纪律检查委员会中华人民共和国国家监察委员会法规室.《中华人民共和国监察法》释义 [M]. 北京：中国方正出版社，2018：92.

非国家工作人员行贿罪（第164条）、对外国公职人员、国际公共组织官员行贿罪（第164条第2款）、职务侵占罪（第271条第1款）、挪用资金罪（第272条第1款）。

（二）贪污贿赂违法与犯罪的界限

以上所列举的贪污贿赂19个罪名中，根据刑法规定的犯罪构成要件，各类犯罪必须符合客体、客观方面、主体、主观方面的要求。对每一类犯罪而言，都存在罪与非罪、违法与犯罪的界限。具体地说，每个罪名的最低立案标准，实际上就是该类行为违法与犯罪的界限。局限于篇幅，无法对每一个罪名的违法与犯罪界限进行分析，择部分罪名概要分析。

区分贪污罪与一般贪污违法行为的界限：一是根据贪污的数额，二是根据其他情节。① 根据我国《刑法》第383条的规定，贪污数额较大或者有其他较重情节的，构成贪污罪。这里的"数额较大"是指贪污数额在3万元以上不满20万元的。"其他较重情节"是指贪污数额在1万元以上不满3万元，同时具有下列情形之一的：贪污救灾、抢险、防汛、优抚、扶贫、移民、救济、防疫、社会捐助等特定款物的；曾因贪污、受贿、挪用公款受过党纪、行政处分的；曾因故意犯罪受过刑事追究的；赃款赃物用于非法活动的；拒不交代赃款赃物去向或者拒不配合追缴工作，致使无法追缴的；造成恶劣影响或者其他严重后果的。如果没有较重情节，在数额未达到较大的情况下，仅属于一般贪污违法行为。

区分受贿罪与一般受贿行为的界限：也是应当从数额和情节两方面把握。根据我国《刑法》第383条、第386条的规定，受贿数额较大或者有其他较重情节的，才构成受贿罪。这里的"数额较大"是指受贿数额在3万元以上不满20万元的。"其他较重情节"是指受贿数额在1万元以上不满3万元，同时具有曾因贪污、受贿、挪用公款受过党纪、行政处分等8种情形之一的。受贿罪与一般受贿行为的界限，和贪污罪与一般贪污行为的界限，基本一致。

区分私分国有资产罪与私分国有资产违法行为的界限：关键在于私分国有资产的数额，发放福利、奖金的资金性质及国有单位是否有权分配资金。根据我国《刑法》第396条规定，私分国有资产罪是指国家机关、国有公司、企业、事业单位、人民团体，违反国家规定，以单位名义将国有资产集体私分给个人，数额较大的行为。涉嫌私分国有资产，累计数额在10万元以上

---

① 高铭暄，马克昌. 刑法学（7版）[M]. 北京：北京大学出版社，2016：623.

的，应予刑事立案。当然，这里的 10 万元是私分国有资产犯罪与私分国有资产违法的界限，10 万元以下当然属于一般私分国有资产违法行为。

二、滥用职权的职务违法和职务犯罪

（一）滥用职权的概念与范畴

滥用，从词义上看，是指胡乱地、过多地、过度地使用。滥，是指不加选择、没有节制。职权，职务上的权限，具体是指管理职位所固有的发布命令和希望命令得到执行的一种权力。职权是古典学者的一大信条：它被视为把组织紧密结合起来的黏结剂。职权可以向下委让给下属管理人员，授予他们一定的权力，同时规定他们在限定的范围内行使这种权力。

国家工作人员滥用职权犯罪，是一种具有特定身份的人员实施的与自身职务有关的犯罪行为。它作为国家工作人员职务犯罪的典型表现形式之一，在本质上是一种滥用权力、亵渎权力的行为，是权力运行过程中发生的权力异化和失控现象。① 从语义上看，滥用职权是广义的理解，国家工作人员任何违纪、违法、犯罪行为，都属于滥用职权。任何存在国家权力、公权力的领域，国家权力、公权力行使的时候，没有严格依照法定条件和法定程序的，都可以视为滥用职权的表现。

不过，在监察调查领域，"滥用职权"主要是指超越职权，违法决定、处理其无权决定、处理的事项，或者违反规定处理公务，致使公共财产、国家和人民利益遭受损失的行为。② 具体地说，根据《国家监察委员会管辖规定（试行）》的规定，滥用职权类犯罪共涉及刑法条文 15 条，包括 15 个罪名：滥用职权罪（第 397 条），国有公司、企业、事业单位人员滥用职权罪（第 168 条），滥用管理公司、证券职权罪（第 403 条），食品、药品监管渎职罪（第 408 条之一），故意泄露国家秘密罪（第 398 条），报复陷害罪（第 254 条），阻碍解救被拐卖、绑架妇女、儿童罪（第 416 条第 2 款），帮助犯罪分子逃避处罚罪（第 417 条），违法发放林木采伐许可证罪（第 407 条），办理偷越国（边）境人员出入境证件罪（第 415 条），放行偷越国（边）境人员

---

① 王晓亮. 国家工作人员滥用职权犯罪界限与定罪量刑研究［M］. 北京：中国方正出版社，2010：1.
② 中共中央纪律检查委员会中华人民共和国国家监察委员会法规室.《中华人民共和国监察法》释义［M］. 北京：中国方正出版社，2018：92.

罪（第 415 条），挪用特定款物罪（第 273 条），非法剥夺公民宗教信仰自由罪（第 251 条），侵犯少数民族风俗习惯罪（第 251 条），打击报复会计、统计人员罪（第 255 条），此外，非法拘禁罪（第 238 条）、非法搜查罪（第 245 条）、刑讯逼供罪（第 247 条）、取证罪（第 247 条）、虐待被监管人罪（第 248 条）和执行判决、裁定滥用职权罪（第 399 条第 3 款），监察委必要时也可管辖。

（二）滥用职权违法与犯罪的界限

区分滥用职权罪与一般滥用职权违法行为的界限：关键是看滥用职权行为是否给公共财产、国家和人民利益造成了重大损失。如果行为人虽然有滥用职权的行为，但其行为并没有导致公共财产、国家和人民利益遭受重大损失，则属于一般的滥用职权行为，应给予相应的行政处分，不应按犯罪论处。[①] 如何认定"致使公共财产、国家和人民利益遭受重大损失"？根据司法解释规定，包括下列情形：第一，造成死亡 1 人以上，或者重伤 3 人以上，或者轻伤 9 人以上，或者重伤 2 人、轻伤 3 人以上，或者重伤 1 人、轻伤 6 人以上的；第二，造成经济损失 30 万元以上的；第三，造成恶劣社会影响的；第四，其他致使公共财产、国家和人民利益遭受重大损失的情形。此外，国家机关工作人员滥用职权，有下列情形之一，致使盗窃、抢劫、诈骗、抢夺的机动车被办理登记手续，数量达到 3 辆以上或者价值总额达到 30 万元以上的，以滥用职权罪定罪：其一，明知是登记手续不全或者不符合规定的机动车而办理登记手续的；其二，指使他人为明知是登记手续不全或者不符合规定的机动车办理登记手续的；其三，违规或者指使他人违规更改、调换车辆档案的；其四，其他滥用职权的行为。作为一个独立的罪名，滥用职权罪是 1997 年我国《刑法》从玩忽职守罪中独立出来的新罪名，体现了国家职务犯罪打击的精细化、类别化。有滥用职权行为，但未达到"重大损失"标准的，应当为一般的滥用职权违法行为。

区分故意泄露国家秘密罪与一般泄漏国家秘密违法行为的界限：关键是看泄漏国家秘密的行为是否情节严重。根据我国《刑法》第 398 条的规定，并不是一切泄漏国家秘密的行为都构成犯罪，而是只有"情节严重"的才构成犯罪。根据相关司法解释的规定，国家机关工作人员涉嫌故意泄露国家秘

---

① 《最新执法办案实务丛书》编写组. 图解立案证据定罪量刑标准与法律适用. 第 5 分册 [M]. 北京：中国法制出版社，2018：141.

密行为,具有下列情形之一的,应予立案:第一,泄露绝密级国家秘密1项(件)以上的;第二,泄露机密级国家秘密2项(件)以上的;第三,泄露秘密级国家秘密3项(件)以上的;第四,向非境外机构、组织、人员泄露国家秘密,造成或者可能造成危害社会稳定、经济发展、国防安全或者其他严重危害后果的;第五,通过口头、书面或者网络等方式向公众散布、传播国家秘密的;第六,利用职权指使或者强迫他人违反国家保守秘密法的规定泄露国家秘密的;第七,以牟取私利为目的泄露国家秘密的;第八,其他情节严重的情形。故意泄漏国家秘密,但尚未达到以上立案条件的,视为一般故意泄漏国家秘密违法行为。

三、玩忽职守的职务违法和职务犯罪

(一)玩忽职守的概念与范畴

根据《现代汉语词典》(第7版)的解释:作为动词的玩忽,是指不严肃认真地对待、忽视。玩忽职守,是指由于工作疏忽而对他人或公众造成损害的行为,经常指代担任公职的官员的胡作非为或管理不善。作为一个汉语词汇,玩忽职守基本含义是不认真、不负责地对待本职工作。钱锺书《围城》写道:"高松年身为校长,出去吃晚饭,这时候还不回来,影子也找不见,这种玩忽职守,就该死。"

玩忽职守作为一种罪名,是我国1979年《刑法》最先予以规定。从1982年开始,全国人大常委会近10个《补充规定》《决定》都对玩忽职守罪进行了修改和补充,还有90多个非刑事法律、法规中有依照或比照刑法第187条追究玩忽职守罪的法律责任的规定。由于犯罪构成庞杂,牵涉领域广泛,玩忽职守罪成为我国刑法经济犯罪领域的口袋罪,似乎成为一个放之四海而皆准的适用。从字面意义上理解,玩忽职守和滥用职权一样,几乎可以涵盖所有的职务违法和职务犯罪行为。

具体到监察调查领域,"玩忽职守"主要是指公职人员严重不负责任,不履行或者不认真、不正确履行职责,致使公共财产、国家和人民利益遭受损失的行为。① 根据相关规定,玩忽职守类犯罪共涉及刑法条文13条,包括13

---

① 中共中央纪律检查委员会中华人民共和国国家监察委员会法规室.《中华人民共和国监察法》释义[M]. 北京:中国方正出版社,2018:92.

个罪名：玩忽职守罪（第 397 条），国有公司、企业、事业单位人员失职罪（第 168 条），签订、履行合同失职被骗罪（第 167 条），国家机关工作人员签订、履行合同失职被骗罪（第 406 条），环境监管失职罪（第 408 条），传染病防治失职罪（第 409 条），商检失职罪（第 412 条第 2 款），动植物检疫失职罪（第 413 条第 2 款），不解救被拐卖、绑架妇女、儿童罪（第 416 条第 1 款），失职造成珍贵文物损毁、流失罪（第 419 条），过失泄露国家秘密罪（第 398 条）、执行判决、裁定失职罪（第 399 条第 3 款），失职致使在押人员脱逃罪（第 400 条第 2 款）。

严格意义上说，《国家监察委员会管辖规定（试行）》中列入"重大责任事故犯罪"中的 12 类犯罪，其实也应当属于玩忽职守犯罪的范畴，涉及的刑法条文 12 条，包括 12 个罪名：重大责任事故罪（第 134 条），教育设施重大安全事故罪（第 138 条），消防责任事故罪（第 139 条），重大劳动安全事故罪（第 135 条），强令、组织他人违章冒险作业罪（第 134 条），危险作业罪（第 134 条之一），不报、谎报安全事故罪（第 139 条之一），铁路运营安全事故罪（第 132 条），重大飞行事故罪（第 131 条），大型群众性活动重大安全事故罪（第 135 条之一），危险物品肇事罪（第 136 条），工程重大安全事故罪（第 137 条），故意延误投递邮件罪（第 304 条），泄露不应公开的案件信息罪（第 308 条之一第 1 款），披露、报道不应公开的案件信息罪（第 308 条之一第 3 款），接送不合格兵员罪（第 374 条），破坏选举罪（第 256 条），非法转让、倒卖土地使用权罪（第 228 条），私自开拆、隐匿、毁弃邮件、电报罪（第 253 条第 1 款）。

（二）玩忽职守违法与犯罪的界限

区分玩忽职守罪与工作失误、一般玩忽职守行为的界限。工作失误，是指因为行为人的业务水平、工作能力不足，从而决策失当并导致损失。区别玩忽职守罪与工作失误主要看两点：是否存在严重不负责任；是否引发了严重后果。① 严重不负责任，客观上表现为不履行职责或不认真履行职责。引发严重后果一般是指重大损失的发生，这是玩忽职守罪的必要组成要件。区分玩忽职守罪与一般玩忽职守行为，主要是依据"重大损失"的认定，司法解释规定了与滥用职权罪相同的"重大损失"四种情形。如果行为人虽然有玩

---

① 《最新执法办案实务丛书》编写组. 图解立案证据定罪量刑标准与法律适用. 第 5 分册 [M]. 北京：中国法制出版社，2018：156.

忽职守的行为，但其行为并没有导致公共财产、国家和人民利益遭受重大损失，则属于一般的玩忽职守行为，应给予相应的党纪政纪处分，不应按犯罪论处。1997 年修订刑法中，对玩忽职守罪进行了分节，将 7 种特殊的玩忽职守行为分离出来，单独规定了罪名和法定刑，将法律没有特别规定的玩忽职守犯罪行为，规定为概括的玩忽职守罪。① 因此，现在的玩忽职守罪相对单一，但仍然必须坚持相应的犯罪构成，在其他职务犯罪形态无法囊括的时候，可以适用本罪名。

区分国有公司、企业、事业单位人员失职罪与非罪的界限，关键在三点：其一，须有失职的行为；其二，导致国有公司、企业、事业单位破产或者严重损失；其三，须使国家利益遭受重大损失。根据相关司法解释的规定，国有公司、企业、事业单位的工作人员，严重不负责任，涉嫌下列情形之一的，应予追诉：第一，造成国家直接经济损失数额在 50 万元以上的；第二，造成有关单位破产，停业、停产 1 年以上，或者被吊销许可证和营业执照、责令关闭、撤销、解散的；第三，其他致使国家利益遭受重大损失的情形。这里的"直接经济损失 50 万""破产，停业、停产 1 年"等条件和情形，正是国有公司、企业、事业单位人员失职罪与一般国有公司、企业、事业单位人员失职违法行为的界限。

当然，需要注意的是，要结合具体案情和特定历史时期背景综合分析。2010 年 11 月，最高人民法院、最高人民检察院印发《关于办理国家出资企业中职务犯罪案件具体应用法律若干问题的意见》规定，办理国家出资企业中的职务犯罪案件时，要综合考虑历史条件、企业发展、职工就业、社会稳定等因素，注意具体情况具体分析，严格把握犯罪与一般违规行为的区分界限。对于主观恶意明显、社会危害严重、群众反映强烈的严重犯罪，要坚决依法从严惩处；对于特定历史条件下，为了顺利完成企业改制而实施的违反国家政策法律规定的行为，行为人无主观恶意或者主观恶意不明显，情节较轻，危害不大的，可以不作为犯罪处理。

---

① 周其华，巩献田. 玩忽职守罪的立法与适用 [M]. 北京：中国检察出版社，2000：19.

四、权力寻租的职务违法和职务犯罪

（一）权力寻租的概念与范畴

权力寻租概念源于经济学中一个解释特定腐败现象的重要理论，即寻租理论。寻租理论中，包含一系列相关的概念，如租金、寻租、权力寻租、腐败等。广义的寻租指一切寻求利益的活动。"寻租"一词中的"租"，或称"经济租""租金"，在经济学中的原意是某种生产要素所有者获得的超过该要素机会成本的剩余。权力寻租是指握有公权者，以权力为筹码谋求获取自身经济利益的一种非生产性活动的经济学术语。权力寻租是把权力商品化，或以权力为资本，去参与商品交换和市场竞争，谋取金钱和物质利益。如同物质形态的土地、产业、资本那样，权力寻租将国家赋予的权力物化，将其转化为商品货币，进入消费和财富增值环节。权力寻租所带来的利益，成为权力腐败的原动力或污染源。

狭义的寻租主要将"租"定义在政治领域，与政治特权相联系。[①] 寻租或权力寻租是一种腐败行为，但腐败并不只限于权力寻租。准确地说，权力寻租是发生在政府和私人之间以及经济活动领域的，旨在获取权力租的腐败行为。通常，这种腐败行为属于贿赂。如果行贿方是利益集团或企业，就是商业贿赂；如果只是一些特殊的个人，就是一般的贿赂。2007年4月，中共中央纪委、监察部集中时间组织了一次纠正不正之风活动。按照中央的要求，该次活动重点纠正三个方面的不正之风：一是权力寻租，二是霸王条款，三是各种潜规则。权力寻租，是指政府各级官员或企业领导人利用手中的权力，避开各种监控、法规、审核，寻求并获取自身经济利益的一种非生产性活动。[②] 可见，当时中央还只是简单地将权力寻租视为不正之风之一，没有正式列入法律惩治的对象。

当时中共中央纪委、监察部开展的纠正不正之风专项行动所针对的权力寻租行为，范围可能限定在经济领域，部分也可能超出经济领域。由于这些经济领域的权力寻租都和公权力发生关联，都是国家权力、行政权力在经济领域的延伸和体现，因此应当成为反腐败的重要内容。显然，不能过于局限

---

① 刘汉霞. 我国权力寻租影响因素的实证研究 [M]. 北京：法律出版社，2012：26.
② 杨琳. "纠风"锁定三大重点 [J]. 瞭望，2007（15）：36-37.

具体违法行为或者犯罪罪名的规定，毕竟法律的规定总是落后于社会现实。从惩治腐败的效果来看，任何学究式、书生式的限定，客观上都会起到某些负面效果，专职反腐败机构的行动应当针对所有的腐败形式。权力寻租者将国家赋予其行使的公权化为私权，以谋取金钱和物质利益，不论表现为权物交易、权钱交易、权权交易还是权色交易等，都属于权力寻租的范畴。

（二）权力寻租的违法与犯罪

与贪污贿赂、滥用职权、玩忽职守、徇私舞弊显示为具体的类罪名或者个罪名不同的是，权力寻租以及后面将要提及的利益输送、浪费国家资财等不属于国家法律直接规定的罪名和犯罪形态，而是腐败行为的直接根源或者具体表现。权力寻租行为，与刑法规定的罪名、法律法规规定的违法行为，很难一一对应，但其实质是一致的。按照中共中央纪委、国家监察委员会法规室的理解，"权力寻租"，主要是指公职人员利用手中的公权力，违反或者规避法律法规，谋取或者维护私利的行为。① 如果仅仅从此定义来界定，似乎所有的职务违法、职务犯罪都是一种权力寻租行为，贪污、受贿、徇私舞弊莫不如此。

不过，从近年来国内报道和处理的权力寻租典型案例来看，主要表现为贪污行为和贿赂行为，且主要停留在非常规的贪污贿赂行为。比如，"雅贿"，又称"文贿"，可以理解为腐败分子以手中的权力获取或者出售带有文化品位的物品，进而获取各种经济上的非法超额利益的行为。② 这些"雅贿"或者"文贿"的表现形式很多，包括：其一，为官员送硕士、博士学位，帮忙找枪手考外语，花大钱捉刀代笔写硕士博士论文，送上教授或研究员等高级职称；其二，送文章及著述；其三，请领导题字题词，送上丰厚的"润笔费"；其四，满足领导字画、古玩、奇石、纪念币、珍贵邮票等兴趣爱好；其五，给予评委的头衔与荣誉，再送上高额"评审费"；其六，请领导演讲或做学术报告，之后付其高额费用。③ 这些表现形式，其实应当是早期贪污贿赂立法和司法解释不完善的背景下，一些腐败分子希望通过各种名目逃避法律的认定和

---

① 中共中央纪律检查委员会中华人民共和国国家监察委员会法规室.《中华人民共和国监察法》释义［M］.北京：中国方正出版社，2018：92-93.
② 叶琦.权力寻租犯罪的"新变种"——雅贿犯罪的现状、成因与防治对策研究［J］.犯罪研究，2011（1）：12-15.
③ 马新力.论寻租腐败及其变异形式［J］.天津市财贸管理干部学院学报，2007（4）：12-13.

刑罚的追究，但其本质仍然是一种职务违法或者职务犯罪行为。

权力寻租为传统的贪污贿赂找到了一座桥梁。首任国家药品监督管理局、国家食品药品监督管理局的某领导，直接或通过其妻、子间接多次收受贿赂，款物合计600多万元。一些药商、药企高价聘请其妻为单位顾问，给其子贵重款物，主要就是因为他们是该领导的亲属，公司希望在业务上得到他的关照和帮助。就此，该领导玩忽职守，擅自同意降低药品审批标准，滥发药品文号，致千余种违规药获批。作为共和国的原最高药监官，其以权力作为"寻租"的本钱。法院最后以受贿罪判处其死刑，剥夺政治权利终身，没收个人全部财产；以玩忽职守罪判处其有期徒刑7年，两罪并罚，决定执行死刑，剥夺政治权利终身，没收个人全部财产。可见，作为一种权力腐败的根源，权力寻租是大多数具体腐败违法犯罪的表现形态。

五、利益输送的职务违法和职务犯罪

（一）利益输送的概念与特征

利益输送（tunneling），是西方学者在2000年提出的一个概念，其本义是挖空、隧道挖掘。约翰逊（Johnson）等（2000）认为，大股东的利益输送方式主要是通过关联交易事项从上市公司中转移资源，包括支付高额报酬、资产销售、转移定价、借款担保、剥夺公司机会（expropriation of corporate opportunities），甚至是直接的盗取和侵占（outright theft or fraud）等。[①] 利益输送是一种通过地下通道转移资产的行为，企业实际控制者从企业转移资产和利润到自己或者同伙手中的各种合法和非法行为，这种行为通常构成对中小股东利益的侵犯。目前，我国法律对利益输送并没有明确的界定，理论界对利益输送的认识也不尽相同，而且大多是从经济、金融领域对其进行研究。

法学领域的利益输送，通常指上市公司与公司股票的庄家配合或与其他上市公司配合，利用内幕消息或经营手段达到上市公司的股价波动，或经营业绩变化，从而使得庄家或其他公司盈利的行为。利益输送是证券市场上的一种不公平现象，上市公司向大股东进行利益输送、基金公司旗下基金相互之间的利益输送、上市公司假重组之名帮助限售解禁股高位套现等，不一而

---

① 贺建刚. 大股东控制、利益输送与投资者保护 [M]. 大连：东北财经大学出版社，2009：1.

足。这些不公平与利益输送的行为,无疑损害了投资者的利益,也阻碍着市场的正常发展,应该坚决杜绝。

监察调查领域中,利益输送主要是指公职人员利用职权或者职务影响,以违反或者规避法律法规的手段,将公共财产等利益不正当授受给有关组织、个人的行为。① 司法实务中,所谓"利益输送"型职务犯罪,是指国家工作人员利用职权采取有别于传统方式的手段,将公共财产转移至本人或特定关系人控制以及利用掌握的公共资源为特定关系人或他人谋利,使自己或特定关系人受益的严重危害社会的应受刑事制裁的行为。"利益输送"型职务犯罪的行为模型包括:国家工作人员将公共财产输送给本人;国家工作人员将公共财产输送给特定关系人;国家工作人员利用职权为特定关系人谋利;国家工作人员利用职权为请托人谋利,请托人向国家工作人员输送利益;国家工作人员利用职权为请托人谋利,请托人向国家工作人员的特定关系人输送利益;国家工作人员之间利用职权互相为对方本人或对方的特定关系人输送利益。② 可见,利益输送不是一种具体的罪名,而是一系列罪名的表现形态或者最终结果,是一种非正常的权力与财产的交换和转移。

(二)利益输送的违法与犯罪

利益输送涉及的违法犯罪事实很多,比如,贪污贿赂、徇私舞弊、私分国有资产、私分罚没财物过程中,都可能存在利益输送。具体到监察委员会管理的88类职务犯罪中,以下12类犯罪但不局限于这12个罪名,其实都存在利益输送的可能,具体包括:背信损害上市公司利益罪(第169条之一)、金融工作人员购买假币、以假币换取货币罪(第171条第2款),利用未公开信息交易罪(第180条第4款),诱骗投资者买卖证券、期货合约罪(第181条第2款),背信运用受托财产罪(第185条之一第1款),违法运用资金罪(第185条之一第2款),违法发放贷款罪(第186条第1款),吸收客户资金不入账罪(第187条),违规出具金融票证罪(第188条),对违法票据承兑、付款、保证罪(第189条),职务侵占罪(第271条第1款),挪用资金罪(第272条第1款)。以下列举两个具体罪名,了解利益输送的违法与犯罪的界限。

区分利用未公开信息交易罪与非罪的关键,在于情节是否严重。我国

---

① 中共中央纪律检查委员会中华人民共和国国家监察委员会法规室.《中华人民共和国监察法》释义[M].北京:中国方正出版社,2018:93.
② 薛建颖,李勇."利益输送"型职务犯罪模式及其认定[J].人民检察,2014(18):51-53.

《刑法》第 180 条第 4 款和最高人民检察院、公安部《关于公安机关管辖的刑事案件立案追诉标准的规定（二）》的规定，证券交易所、期货交易所、证券公司、期货公司、基金管理公司、商业银行、保险公司等金融机构的从业人员以及有关监管部门或者行业协会的工作人员，利用因职务便利获取的内幕信息以外的其他未公开的信息，违反规定，从事与该信息相关的证券、期货交易活动，或者明示、暗示他人从事相关交易活动，涉嫌下列情形之一的，应予立案追诉：第一，证券交易成交额累计在 50 万元以上的；第二，期货交易占用保证金数额累计在 30 万元以上的；第三，获利或者避免损失数额累计在 15 万元以上的；第四，多次利用内幕信息以外的其他未公开信息进行交易活动的；第五，其他情节严重的情形。① 尚未构成以上情节，但也存在利用未公开信息交易行为的，视为一般违法行为。

区分诱骗投资者买卖证券、期货合约罪与非罪的界限，关键是诱骗投资者买卖证券、期货合约，必须造成严重后果。如果由于种种原因，行为人发布消息虽然不实，但并未导致投资者合法权益的重大损失，不能以本罪处罚。② 我国《刑法》第 181 条第 2 款和最高人民检察院、公安部《关于公安机关管辖的刑事案件立案追诉标准的规定（二）》的规定，证券交易所、期货交易所、证券公司、期货公司的从业人员，证券业协会、期货业协会或者证券期货监督管理部门的工作人员，故意提供虚假信息或者伪造、变造、销毁交易记录，诱骗投资者买卖证券、期货合约，涉嫌下列情形之一的，应予立案追诉：第一，获利或者避免损失数额累计在 5 万元以上的；第二，造成投资者直接经济损失数额在 5 万元以上的；第三，致使交易价格和交易量异常波动的；第四，其他造成严重后果的情形。尚未构成以上情节，但也存在诱骗投资者买卖证券、期货合约的，视为一般违法行为。

六、徇私舞弊的职务违法和职务犯罪

（一）徇私舞弊的概念与范畴

徇私舞弊，亦作徇私作弊，本意指为了私情而弄虚作假。徇：曲从；舞：

---

① 《88 种职务犯罪追诉标准》编写组. 88 种职务犯罪追诉标准 [M]. 北京：中国方正出版社，2018：134-135.

② 《最新执法办案实务丛书》编写组. 图解立案证据定罪量刑标准与法律适用. 第二分册 [M]. 北京：中国法制出版社，2018：407.

舞弄、耍花样。徇私舞弊，就是指为了私人关系（或自身利益）而用欺骗（他人）的方法做违法乱纪事情的行为。明朝施耐庵《水浒全传》第八十三回写道："谁想这伙官员，贪滥无厌，徇私作弊，克减酒肉。"徇私舞弊是一个被广泛适用的法律用语，在我国很多法律中均已出现，各类单行法如《专利法》《海关法》《水法》《野生动物保护法》《标准化法》《进出口商品检验法》《环境保护法》《城市规划法》《烟草专卖法》等，均规定了相关工作人员徇私舞弊的，可以给予行政处分；情节严重构成犯罪的，依法追究刑事责任。相当比例的行政法规和办法中，也规定了对实施徇私舞弊行为的，可以给予纪律处分、行政处分、经济处罚。

徇私舞弊，既是一种违法行为，也可能构成犯罪。根据中央纪委、国家监委法规室的理解，"徇私舞弊"，主要是指为了私利而用欺骗、包庇等方式从事违法活动的行为。①违法行为的界定，意味着国家法律体系对其的否定。当然，根据不同标准，违法可能包括普通违法和犯罪。徇私舞弊在我国刑法罪名体系中，经历了最初的单一罪名，到适用广泛的普适性罪名。1979年《刑法》第188条，规定了司法工作人员徇私舞弊罪，这是当时唯一与徇私舞弊有关的罪名。1982年通过《关于严惩严重破坏经济的犯罪的决定》，将徇私舞弊罪的主体，从司法人员扩充到国家工作人员。而到1997年《刑法》以后，徇私舞弊成了系列罪名。

根据《国家监察委员会管辖规定（试行）》的规定，徇私舞弊类犯罪共涉及刑法条文15条，包括15个罪名：徇私舞弊低价折股、出售国有资产罪（第169条），非法批准征收、征用、占用土地罪（第410条），非法低价出让国有土地使用权罪（第410条），非法经营同类营业罪（第165条），为亲友非法牟利罪（第166条），枉法仲裁罪（第399条之一），徇私舞弊发售发票、抵扣税款、出口退税罪（第405条第1款），商检徇私舞弊罪（第412条第1款），动植物检疫徇私舞弊罪（第413条第1款），放纵走私罪（第411条），放纵制售伪劣商品犯罪行为罪（第414条），招收公务员、学生徇私舞弊罪（第418条），徇私舞弊不移交刑事案件罪（第402条），违法提供出口退税凭证罪（第405条第2款），徇私舞弊不征、少征税款罪（第404条）。不过，被《国家监察委员会管辖规定（试行）》放在"六、公职人员其他犯罪"中的接送不合格兵员罪（第374条），其实是一种在征兵工作中的徇私舞弊，应

---

① 中共中央纪律检查委员会中华人民共和国国家监察委员会法规室．《中华人民共和国监察法》释义［M］．北京：中国方正出版社，2018：92.

当被列入这个范畴。也就是说，监察机关调查权覆盖的徇私舞弊类犯罪，共涉及刑法条文 16 条，包括 16 个罪名。此外，徇私枉法罪（第 399 条第 1 款）、民事、行政枉法裁判罪（第 399 条第 2 款），私放在押人员罪（第 400 条第 1 款），徇私舞弊减刑、假释、暂予监外执行罪（第 401 条），监察机关必要时也可管辖。

（二）徇私舞弊违法与犯罪的界限

区分徇私舞弊低价折股、出售国有资产罪与非罪，主要看是否使国家利益遭受重大损失。根据我国《刑法》第 169 条的规定，徇私舞弊低价折股、出售国有资产罪，是指国有公司、企业或者其上级主管部门直接负责的主管人员，徇私舞弊，将国有资产低价折股或者低价出售，致使国家利益遭受重大损失的行为。国有公司、企业或者其上级主管部门直接负责的主管人员，徇私舞弊，将国有资产低价折股或者低价出售，涉嫌下列情形之一的，应予立案追诉，处 3 年以下有期徒刑或者拘役：第一，造成国家直接经济损失数额在 30 万元以上的；第二，造成有关单位破产、停业、停产 6 个月以上，或者被吊销许可证和营业执照、责令关闭、撤销、解散的；第三，其他致使国家利益遭受重大损失的情形。以上三个标准是徇私舞弊低价折股、出售国有资产罪与非罪的界限，不符合以上三个标准之一的行为，构成徇私舞弊低价折股、出售国有资产违法行为。

区分非法批准征收、征用、占用土地罪与非罪，主要看其中的行为情节是否严重。根据我国《刑法》第 410 条的规定，非法批准征用、占用土地罪是指国家机关工作人员徇私舞弊，违反土地管理法、森林法、草原法等法律以及有关行政法规中关于土地管理的规定，滥用职权，非法批准征用、占用耕地、林地等农用地以及其他土地，情节严重的行为。涉嫌下列情形之一的，属于"情节严重"，应予立案：第一，非法批准征用、占用基本农田 10 亩以上的；第二，非法批准征用、占用基本农田以外的耕地 30 亩以上的；第三，非法批准征用、占用其他土地 50 亩以上的；第四，虽未达到上述数量标准，但造成有关单位、个人直接经济损失 30 万元以上，或者造成耕地大量毁坏或者植被遭到严重破坏的；第五，非法批准征用、占用土地，影响群众生产、生活，引起纠纷，造成恶劣影响或者其他严重后果的；第六，非法批准征用、占用防护林地、特种用途林地分别或者合计 10 亩以上的；第七，非法批准征用、占用其他林地 20 亩以上的；第八，非法批准征用、占用林地造成直接经济损失 30 万元以上，或者造成防护林地、特种用途林地分别或者合计 5 亩以上或者其他林地 10 亩以上毁坏的；第九，非法批准征收、征用、占用草原 40 亩以上的；第十，非法批准征收、征用、占用草原，造成 20 亩以上草原被毁坏的；第十一，其他情节严重的情形。尚未构成情节严重的十一种情形的，可以认定为非法批准征收、征用、占用土地违法行为。

七、浪费国家资财等职务违法和职务犯罪

（一）浪费国家资财的概念与沿革

按照《现代汉语词典》（第 7 版）的解释，资财，是指资金和物资、财物。国家资财是指所有权属于国家和人民的各类资金、物资、财物的总称。浪费，根据 2013 年《党政机关厉行节约反对浪费条例》第 3 条的解释，是指党政机关及其工作人员违反规定进行不必要的公务活动，或者在履行公务中超出规定范围、标准和要求，不当使用公共资金、资产和资源，给国家和社会造成损失的行为。浪费国家资财是党和政府对各级公职人员，以及掌握公权力、行使公共管理职能的人员的道德要求和政治纪律，更是在特定历史时期将其上升为法律的要求和做法。

严禁浪费国家资财是我党对公职人员一贯的要求。1956 年 11 月 15 日，毛泽东同志在《在中国共产党第八届中央委员会第二次全体会议上讲话》中就提出要勤俭建国，反对铺张浪费，提倡艰苦朴素，同甘共苦。1997 年 5 月，中共中央、国务院在《关于党政机关厉行节约制止奢侈浪费行为的若干规定》（已被《党政机关厉行节约反对浪费条例》取代）中，提出为了树立艰苦奋斗、勤俭节约的良好风气，进一步制止奢侈浪费行为，中共中央、国务院决定重申和制定如下规定：严格控制新建和装修办公楼；严格控制各种会议；严格控制各种庆典活动；严禁用公款大吃大喝、挥霍浪费；严格控制用公款安装住宅电话或购买移动电话；严格控制各种检查，禁止形式主义的评比和达标活动；严格按规定配备和更换小汽车；严格管理公费出国（境）。

2008 年 6 月，中共中央印发《建立健全惩治和预防腐败体系 2008—2012 年工作规划》，其中提到，要切实改进国有企业领导人员作风，纠正一些国有企业领导人员在国内外公务活动中奢侈浪费、违规公款消费、重大问题个人说了算以及对职工困难漠不关心等群众反映强烈的问题。2008 年 12 月 24 日，中央组织部在《关于进一步加强和改进领导班子思想政治建设的意见》中，要求发扬求真务实、艰苦奋斗精神，坚决反对形式主义、官僚主义和奢侈浪

费。坚持勤俭节约、勤俭办一切事业，简化公务接待工作，下基层轻车简从，减少陪同和迎来送往活动。2009年7月1日，中共中央办公厅、国务院办公厅印发《国有企业领导人员廉洁从业若干规定》的通知，规定国有企业领导人员应当勤俭节约，依据有关规定进行职务消费，不得有超出报履行国有资产出资人职责的机构备案的预算进行职务消费、将履行工作职责以外的费用列入职务消费等八类违反规定的职务消费以及奢侈浪费行为。

（二）浪费国家资财的违法与犯罪

中共中央纪委、国家监委法规室对"浪费国家资财"的界定，是指公职人员违反规定，挥霍公款，铺张浪费的行为。① 从浪费国家资财的历史发展沿革和中央有关机关、最高监察机关的解读看，浪费国家资财是一种违纪、违法的行为。挥霍，是指任意花钱；挥霍公款，是指任意花费国家的、集体的款物。铺张，是指追求形式上好看，过分讲究排场；铺张浪费，是指为了讲究排场，而过多地浪费国家的、集体的人力、物力、财力。

对挥霍公款、铺张浪费的这些浪费国家资财的行为，党和国家规定了各类处罚措施和方法。2003年《中国共产党纪律处分条例》（现已更新）规定，挥霍浪费公共财产，情节较轻的，给予警告或者严重警告处分；情节较重的，给予撤销党内职务或者留党察看处分；情节严重的，给予开除党籍处分。2005年12月19日，中共中央办公厅印发中央纪委、中央组织部《关于对党员领导干部进行诫勉谈话和函询的暂行办法》中，要求对搞华而不实和脱离实际的"形象工程""政绩工程"，铺张浪费，造成不良影响的党员领导干部，应当对其进行诫勉谈话。2010年2月颁布的《中国共产党党员领导干部廉洁从政若干准则》（现已更新）中，对有讲排场、比阔气、挥霍公款、铺张浪费行为的，依照有关规定给予批评教育、组织处理或者纪律处分，涉嫌违法犯罪的，依法追究其法律责任。2018年更新后的《行政机关公务员处分条例》规定，对违反财经纪律，挥霍浪费国家资财的给予警告处分；情节较重的，给予记过或者记大过处分；情节严重的，给予降级或者撤职处分。2018年修订后的《中国共产党纪律处分条例》第27条规定，党组织在纪律审查中发现党员有贪污贿赂、滥用职权、玩忽职守、权力寻租、利益输送、徇私舞弊、浪费国家资财等违反法律涉嫌犯罪行为的，应当给予撤销党内职务、留

---

① 中共中央纪律检查委员会中华人民共和国国家监察委员会法规室《中华人民共和国监察法》释义 [M]. 北京：中国方正出版社，2018：93.

党察看或者开除党籍处分。

浪费国家资财行为构成违纪、违法,这点毋庸置疑。但浪费国家资财行为是否构成犯罪,则有待斟酌。如果仅仅从挥霍公款、铺张浪费的行为界定来看,贪污贿赂、滥用职权、徇私舞弊、玩忽职守等大多数犯罪中,均可能存在这些行为。因此,如果是既有实施贪污国家公款、徇私舞弊等行为,同时又有挥霍公款、铺张浪费等行为的,一般会将这些违纪、违法行为吸收,比如,挪用公款罪中被告人挪用公款后的挥霍公款行为,直接作为挪用公款的吸收情节。对于没有其他各类职务犯罪规定的,单独的浪费国家资财是否构成犯罪?从我国现行刑法的规定来看,显然不构成。不过,有学者提出,当前一些国家工作人员肆意挥霍浪费国家集体资财的行为,已经具备了我国刑法规定的决定某一行为构成犯罪所必需的严重的社会危害性这一根本特征;为了有效地同这类腐败行为做斗争,在《中华人民共和国刑法》"分则"中的"渎职罪"一章,应当增设挥霍浪费国家集体资财的犯罪。① 当然,这只是一种学术观点,是否有必要如此,尚未获得广泛的认可,毕竟刑法应当具有谦抑性,立法万能主义和刑法万能主义,都是一种将犯罪扩大化、普及化的非上乘做法。在有其他领域各类惩戒措施的情况下,在其他罪名能够涵括主要危害行为的时候,刑法的扩充应当慎之又慎。

---

① 胡国宝. 试论我国刑法应设挥霍浪费国家集体资财罪[J]. 社会科学家, 2001(2): 39-41.

第四章 监察调查权的发展完善

第一节 监察调查权的应用基础

一、监察调查权的主体资格研究

(一) 监察调查权的主体现状调查

根据 2018 年中共中央印发的《深化党和国家机构改革方案》的规定,国家监察委员会是将监察部、国家预防腐败局的职责与最高人民检察院查处贪污贿赂、失职渎职以及预防职务犯罪等反腐败相关职责进行整合,重新组建而成的。同时,国家监察委员会同中央纪律检查委员会合署办公,履行纪检、监察两项职责。实行一套工作机构、两个机关名称。也就是说,现在的监察机关调查权的主体,包括了原来行政监察机关的调查人员、人民检察院的反贪反渎侦查人员和党的纪律检查人员。

由于我国从 1993 年开始就实行党的纪律检查委员会和政府的监察部门合署办公的做法,行政监察机关的调查人员和党的纪律检查人员是同一的、一致的。不过也有例外,1993 年全国纪检监察合署办公的唯一例外,是经济特区深圳市的纪委和监察局。深圳市纪委、深圳市监察局分别成立于 1979 年、1987 年。1993 年,党中央、国务院决定全国纪检监察机关合署办公,深圳市根据中央纪委意见和特区实际,继续探索在分设体制条件下分别履行党的纪律检查和政府行政监察职能。此后,该市纪委、市监察局各自发挥职能优势,服务和促进深圳特区的改革发展事业。直到 2016 年 12 月 2 日,深圳市才召开市纪委机关、市监察局合署工作会议,宣布市纪委机关、市监察局合署办公,实行"一套工作机构、两个机关名称"的运作体制。① 因此除了极个别的地方外，全国绝大部分地区的行政监察调查人员和党纪检查人员，没有明显的分别。

从人民检察院转隶到监察委员会的反贪反渎人员，则是原来的专职侦查人员，他们承担原检察机关自侦案件侦查职能多年，反贪反渎工作经验丰富。按照中央纪委提出的"思想不乱、工作不断、队伍不散"的要求和"整体转隶"的工作部署，人民检察院反贪反渎的侦查人员是整体成建制的转移。根据相关统计，最高人民检察院反贪总局转隶到中央纪委国家监委机关的干部有102名，被充实到26个部门，与原有干部混合编成，其中到业务部门的占87%。② 北京市各级检察机关，实际转隶到纪委监委的有538人；广州市全市转隶有400多人。2018年3月9日下午，最高人民检察院在第十三届全国人大第一次会议的工作报告中谈到国家监察体制改革时指出，目前四级检察院反贪、反渎和预防部门职能、机构及44151名检察干警已经全部按时完成转隶。

（二）监察调查权的执法资格条件

从监察委员会原有的行政监察人员和党的纪律检查人员的任职资格来看，历次相关立法、规定中，均没有提及具体的执法资格。如已被废止的《行政监察条例》（1990年颁布）仅在第13条规定，监察人员必须熟悉监察业务。已被废止的《行政监察法》（1997年颁布）则在第10条规定，监察人员必须熟悉监察业务，具备相应的文化水平和专业知识。2010年《行政监察法》修订中维持了该条的规定，但并没有任何法条或者实施条例中说明"相应的文化水平和专业知识"如何界定。由于行政监察机关招录人员必须符合《公务员法》的规定，而《公务员法》对公务员的条件，仅规定了具有中华人民共和国国籍、年满十八周岁、拥护中华人民共和国宪法等宏观条件，对具体的执法资格不可能做详细规定。

对监察机关执法人员特别是监察调查权主体执法资格的关注，主要源于人民检察院反贪反渎侦查人员的转隶。我国对检察官执法资格的条件，也是经历了一个从无到有、从低到高的过程。早期的检察官，只需要通过检察系

---

① 深纪萱. 深圳市纪委机关、市监察局合署办公 [N]. 中国纪检监察报, 2016-12-6 (2).

② 王卓, 毛翔, 程威, 等. 进一家门成一家人 说一家话干一家事 [N]. 中国纪检监察报, 2018-4-17 (1).

统内部任职资格考试即可,1995年《检察官法》仅规定了法学专业毕业(不要求本科)或者接受培训达到条件,2001年《检察官法》修订中提升其条件为本科且"通过国家统一司法考试"。修订后的《人民检察院组织法》第42条也规定,检察官从取得法律职业资格并且具备法律规定的其他条件的人员中选任。因此,在人民检察院从事反贪、反渎侦查的检察人员,都是具有法律职业资格的主体身份。而同时,原来隶属于行政监察部门或者党的纪律检查部门的工作人员,没有这种法律职业资格的要求。当通过转隶使得这两类人员在一起,打乱重编后,就产生了监察权的执法主体或者监察调查权的执行主体,是否应当具有法律职业资格要求的争议。

(三) 监察调查权的执法资格争议

根据2008年《国家司法考试实施办法》的规定,国家司法考试是国家统一组织的从事特定法律职业的资格考试。初任法官、初任检察官,申请律师执业和担任公证员必须通过国家司法考试,取得法律职业资格。法律、行政法规另有规定的除外。而《监察法》第14条仅规定了国家实行监察官制度,依法确定监察官的等级设置、任免、考评和晋升等制度,但对监察官的条件和要求并未做进一步的补充说明。有学者认为,应借鉴《法官法》《检察官法》的立法技术和司法体制改革的经验,制定统一的《国家监察官法》,推进监察官监察规范化、专业化、职业化建设。建立完善的监察人员分类管理体系,建立监察官员额管理制度,提高监察官准入条件。① 虽然没有明确说明要求监察官的任职资格,但借鉴法官、检察官的分类管理和员额管理制度,其实就是表明了这种准入上的资格要求。

有学者提出:"可以借鉴司法人员分类管理的经验,将监察人员区分为监察官、监察行政人员和监察辅助人员等类别,建立监察人员分类管理制度。"② 不过,也有学者表达不同观点,认为与司法机关相比,监察机关具有自己的特点:一是监察机关具有鲜明的政治属性和政治功能;二是监察机关履行职责具有主动性、倾向性和命令性;三是监察机关与司法机关的案件决策机制不同。既然监察权不同于司法权,监察机关不同于司法机关,监察官也就没

---

① 徐汉明. 国家监察权的属性探究 [J]. 法学评论, 2018 (1): 9-25.
② 秦前红. 制定《监察官法》应当注意的五个问题 [J]. 行政改革内参, 2019 (10): 13-15.

有必要比照法官、检察官实行员额制。① 关于监察官是否必须通过国家统一法律职业资格考试，学界和监察机关内部争议都比较大。对于这个问题，要具体情况具体分析，根据监察机关内部不同岗位的特点来确定，不能简单地搞"一刀切"。不能要求所有的监察官都必须通过法律职业资格考试，这既没有必要，也不现实。②

争议的核心点其实可以凝聚为两点：第一，监察官要不要实行员额制？第二，监察官该不该通过法律职业资格考试？反对员额制在监察机关推行的声音，主要是考虑到员额制更多是司法机关独立司法的需要，而监察官的监察行为更多的是一种集体领导、集体合作的执法行为，与司法独立性的要求不同，不宜简单引入员额制。对是否需要通过法律职业资格考试，反对的声音主要是觉得监察机关的调查行为更类似于公安机关的侦查行为，公安机关、国家安全机关、中国海警局等部门对其执法人员有这种要求吗？答案显然是都没有，法律职业资格考试的难度较大、通过率较低，如果对这些执法部门均做了这种要求，实际上是限制了这些部门的进入渠道。且侦查人员和调查人员的执法活动大多并不是终局性的，后续还需要检察机关、审判机关的审查判断。国外的法曹制度、司法官制度中涉及的司法考试，均只对法官、检察官和律师有要求，盲目地扩大法律职业资格的范围，就现阶段来看，不仅不符合我国国情也不具有现实性。2022年1月1日起施行的《中华人民共和国监察官法》第12条对担任监察官的七点条件中，也仅谈及"具备高等学校本科及以上学历"的条件，并未要求法律职业资格条件。

二、监察调查权的权力界限研究

（一）监察调查权的具体适用案件范围

监察调查权的适用案件范围。《监察法》并没有明确规定案件具体类别，只是在第11条第2款中明确了七大范围：涉嫌贪污贿赂、滥用职权、玩忽职守、权力寻租、利益输送、徇私舞弊以及浪费国家资财。对该法条的理解，

---

① 宋振策. 我国监察官制度设计初探——以监察官法的制定为视角 [J]. 廉政文化研究，2020（3）：44-45.

② 宋振策. 我国监察官制度设计初探——以监察官法的制定为视角 [J]. 廉政文化研究，2020（3）：46.

需要注意以下三点：第一，该法条的规定，并不是完整的、明确的案件范围，而是采取了"列举"加"等外"的规定方式。也就是说，除了这里列举的七大类以外，不排除还有其他的案件范围。第二，该法条规定的七大范围，不属于同一话语体系。七大范围中，贪污贿赂、滥用职权、玩忽职守、徇私舞弊是刑法典规定的具体的个罪名或者类罪名；而权力寻租、利益输送则是一种权力腐败的根源，浪费国家资财更是一种具体行为，后三者其实并没有直接对应的、明确的职务违法或者犯罪行为。第三，该法条规定的监察调查权的范围，既包括职务违法案件，也包括职务犯罪案件。

但《监察法》和监察法规之间的不一致，导致监察调查权在适用范围上，存在一定理解的冲突。2018年4月，中央纪委国家监委印发了关于《国家监察委员会管辖规定（试行）》，在第四章"职务犯罪案件管辖范围"第11条，重复了《监察法》第11条规定的七大案件范围。不过在第12条至第17条中，分别规定了贪污贿赂犯罪案件（17个罪名）、滥用职权犯罪案件（15个罪名）、玩忽职守犯罪案件（11个罪名）、徇私舞弊犯罪案件（15个罪名）、公职人员在行使公权力过程中发生的重大责任事故犯罪案件（11个罪名）和公职人员在行使公权力过程中发生的其他犯罪案件（19个罪名），构成了国家监委管辖的六大类88个职务犯罪案件罪名。这里的六大类和《监察法》规定的七大范围，显然还存在一个交错关系，没有完全一一对应。《监察法》第11条规定的既包括职务犯罪，也包括职务违法，如果将这种错位理解为存在部分违法非犯罪案件，亦不属不可。但《国家监察委员会管辖规定（试行）》第11条又确定七大范围都存在职务犯罪案件，这就使得监察调查权在适用案件范围上，确实存在一定的冲突。

此外，七大范围或六大类88个职务犯罪案件罪名，是否囊括所有的职务犯罪案件，也存在质疑。在学术界的研究成果中，某些在基层纪委监察委工作多年的纪检监察人员在其所撰写的实务应用书籍中，也认为国家监察体制改革之后，监委管辖的涉及公职人员犯罪的罪名有100个，一些全国检察业务专家也做了相类似的表示或者推荐。① 但是，仔细研究这里提及的100个职务犯罪的罪名，就会发现其实是将检察机关管辖的司法工作人员的12个职务犯罪罪名也罗列其中，这种做法显然不符合2018年修订的《刑事诉讼法》的精神和规定，是一种理解上的偏差。还有的研究成果中，将私分罚没财物罪（第396条第2款）、非国家工作人员受贿罪（第163条）、对非国家工作人员

---

① 李高明，戴奎. 职务犯罪办案手册［M］. 北京：法律出版社，2019：5.

行贿罪（第164条）、滥用职权罪（第397条）等35个罪名，列为监察委员会与公安机关共同管辖的犯罪案件。① 不过这种观点值得商榷，经济、商业领域的贪腐类犯罪，原来确实是由公安机关经侦部门管辖，但监察体制改革以后，这些案件由于属于广义的公职人员实施的犯罪，已经被纳入监察管辖范围，不再是公安机关的管辖范围。2021年9月20日起施行的《中华人民共和国监察法实施条例》第52条，对监察机关原有88类条件管辖权进行了扩充解读，使其实际上对101类案件实际行使管辖权。

（二）监察管辖与检察管辖的竞合冲突

从监察管辖与检察管辖的关系来看，两者有先后的承继与扩充关系。监察管辖的大多数职务犯罪均来源于原来的检察管辖，且监察管辖对原有的检察管辖进行了大幅的扩充，所有行使公职权的人员都被纳入管辖范围。检察管辖在经历了职权、机构和人员的转隶后，于2018年《刑事诉讼法》修订中保留了部分内容。2018年《刑事诉讼法》第19条第2款规定，人民检察院在对诉讼活动实行法律监督中发现的司法工作人员利用职权实施的非法拘禁、刑讯逼供、非法搜查等侵犯公民权利、损害司法公正的犯罪，可以由人民检察院立案侦查。对于公安机关管辖的国家机关工作人员利用职权实施的重大犯罪案件，需要由人民检察院直接受理的时候，经省级以上人民检察院决定，可以由人民检察院立案侦查。

需要注意的是，以上规定的检察管辖中，相关案件只是"可以"由人民检察院立案侦查，并非"应当"。《刑事诉讼法》规定的检察机关自行侦查权相较于《监察法》第3条关于监察机关对职务违法和职务犯罪的全面调查之定位，其在职务犯罪侦查（调查）中所扮演的只是补充的角色。而当监察机关与检察机关在管辖问题上存在竞合时，检察机关所占据的也是配合、协助而非主导的位置。被调查人既涉嫌严重职务违法或者职务犯罪，又涉嫌其他违法犯罪的，一般应当由监察机关为主调查，其他机关予以协助。这一规定确立了所谓"监察优先原则"，一方面，涉案线索优先移送监察机关，另一方面，管辖竞合时由监察机关优先主导调查。② 《监察法》第34条规定，人民法院、人民检察院、公安机关、审计机关等国家机关在工作中发现公职人员

---

① 《职务犯罪办案手册》编辑小组. 职务犯罪办案手册[M]. 北京：人民法院出版社，2019.

② 卞建林. 检察机关侦查权的部分保留及其规范运行——以国家监察体制改革与《刑事诉讼法》修改为背景[J]. 现代法学，2020（2）：171-180.

涉嫌贪污贿赂、失职渎职等职务违法或者职务犯罪的问题线索，应当移送监察机关，由监察机关依法调查处置。被调查人既涉嫌严重职务违法或者职务犯罪，又涉嫌其他违法犯罪的，一般应当由监察机关为主调查，其他机关予以协助。

2019年《人民检察院刑事诉讼规则》中，将这种竞合冲突方法归结为沟通后的"适宜"处置。根据《人民检察院刑事诉讼规则》第17条规定。人民检察院办理直接受理侦查的案件，发现犯罪嫌疑人同时涉嫌监察机关管辖的职务犯罪线索的，应当及时与同级监察机关沟通。经沟通，认为全案由监察机关管辖更为适宜的，人民检察院应当将案件和相应职务犯罪线索一并移送监察机关；认为由监察机关和人民检察院分别管辖更为适宜的，人民检察院应当将监察机关管辖的相应职务犯罪线索移送监察机关，对依法由人民检察院管辖的犯罪案件继续侦查。这种沟通，体现了监察机关的主导性和决定性，体现了监察机关在职务犯罪、反腐败斗争中的专责性。从立法用语和立法精神来看，如果司法工作人员利用职权实施的犯罪，监察机关认为自己管辖确有必要，理论上完全可能由监察机关来进行管辖。

三、监察调查权的措施方法研究

（一）监察调查权15项措施的具体应用

根据《监察法》第四章《监察权限》的规定内容，一般认为从第18条到第30条，一共规定了15项监察调查措施。当然，有的研究中，将查询、冻结作为一类，将调取、查封、扣押也作为一类①，这样的话最终还是将其确定为12项监察调查措施。还有的研究中，将谈话与说明（《监察法》第19条）、讯问与陈述（《监察法》第20条）分为四种不同的措施，这样将使得全部的监察调查措施达到17项。② 当然，以上仅仅是就《监察法》相关条文做的不同理解或者解读，是将同一个法条中的不同内容是否分开理解的区别而已。本书依据中央纪委所属出版社——中国方正出版社组织编写的15项调查措施③为权威解读，15项调查措施中，12项是监察机关完全享有的，3项是监

---

① 马方，任惠华. 监察调查程序与方法[M]. 北京：中国方正出版社，2020：122.
② 高振虎. 纪律审查与监察调查教程[M]. 北京：中国政法大学出版社，2019：65-67.
③ 本书编写组. 监察机关15项调查措施学习指南[M]. 北京：中国方正出版社，2018：目录.

察机关享有决定权但需要提交其他机关执行。关于这 15 项监察调查措施中，具体的适用对象，其实存在细微的区别：

表 4-1 监察调查措施的具体适用条件或适用对象对照表

条文数	监察调查措施	适用条件（人员）	职务违法	职务犯罪
第 19 条	谈话或者要求说明情况	可能职务违法的监察对象	√	
第 20 条第 1 款	做出陈述	涉嫌职务违法的被调查人	√	
第 20 条第 2 款	讯问	涉嫌贪污贿赂、失职渎职等职务犯罪的被调查人		√
第 21 条	询问	证人等人员	√	√
第 22 条	留置	1. 涉嫌贪污贿赂、失职渎职等严重职务违法或者职务犯罪的被调查人 2. 涉嫌行贿犯罪或者共同职务犯罪的涉案人员	√	√
第 23 条	查询	涉嫌贪污贿赂、失职渎职等严重职务违法或者职务犯罪	√	√
第 23 条	冻结	涉嫌贪污贿赂、失职渎职等严重职务违法或者职务犯罪	√	√
第 24 条	搜查	涉嫌职务犯罪的被调查人以及身体、物品、住处和其他有关地方		√
第 25 条	调取	被调查人涉嫌违法犯罪的财物、文件和电子数据等信息	√	√
第 25 条	查封	被调查人涉嫌违法犯罪的财物、文件和电子数据等信息	√	√
第 25 条	扣押	被调查人涉嫌违法犯罪的财物、文件和电子数据等信息	√	√
第 26 条	勘验检查	与职务违法犯罪有关的场所、人身、痕迹、物品等	√	√

续表

条文数	监察调查措施	适用条件（人员）	职务违法	职务犯罪
第27条	鉴定	案件中专门性问题	√	√
第28条	技术调查	涉嫌重大贪污贿赂等职务犯罪		√
第29条	通缉	1. 涉嫌贪污贿赂、失职渎职等严重职务违法或者职务犯罪的被调查人 2. 涉嫌行贿犯罪或者共同职务犯罪的涉案人员	√	√
第30条	限制出境	可能逃匿境外的被调查人及相关人员	√	√

通过用以上表格对《监察法》第四章《监察权限》内容进行分析，则显得更加直观、清晰。需要注意的是，对监察机关监察调查15项措施的理解，还需要关注以下四点：

第一，虽然中央纪委界定的是15项措施，但相关条款确实还隐含了两个措施没有单列，即《监察法》第19条与谈话同步规定的要求说明情况、《监察法》第20条第1款规定在讯问之前做出陈述。要求说明情况和谈话处于相同层次，对象条件完全相同，不过要求说明情况应当是谈话中的特殊情况，即目标明确的谈话。而做出陈述的层次要求则低于讯问，是未达到、不需要讯问时所采取的一种类似于讯问的措施；做出陈述针对的是涉嫌职务违法的被调查人，讯问针对的是涉嫌贪污贿赂、失职渎职等职务犯罪的被调查人。

第二，大多数监察调查措施广泛地适用于职务违法和职务犯罪，但有例外。从以上表格罗列内容可见，绝大多数监察调查措施既可以适用于职务违法行为，也可以适用于职务犯罪行为。但讯问、搜查和技术调查，仅能适用于职务犯罪，技术调查措施还规定仅适用于涉嫌重大贪污贿赂等职务犯罪；而谈话和做出陈述，仅适用于职务违法行为，不适用于职务犯罪行为。

第三，监察调查措施不仅仅适用于被调查人，也可能适用于其他人员。大多数监察调查措施，主要针对的对象是涉嫌职务违法或者职务犯罪的被调查人，但有几类监察调查措施有特殊性规定。询问当然可以理解，其针对对象是证人等人员，与案件无直接利害关系。而留置和通缉，除了可以适用于涉嫌贪污贿赂、失职渎职等严重职务违法或者职务犯罪的被调查人外，还可能适用于涉嫌行贿犯罪或者共同职务犯罪的涉案人员。对有关涉案人员采取留置措施，仍然属于监察机关对公权力加强监督的范畴，其目的是为了尽可能争取涉案人员的配合调查，尽快查明事实、查清问题、收集证据，明确责任，以便于客观公正地对公职人员的违纪违法犯罪行为作出认定和惩处。① 当然，如果涉案人员属于共同职务犯罪，采取留置当然没有问题；但如果涉案人员是非公职人员且仅仅是违法没有构成犯罪，对其采取留置是否合适，值得探讨。

第四，各类监察调查措施在职务违法或者职务犯罪之间的选择适用，是立法的本意，还是执法中没有必要特别区分职务违法或者职务犯罪，尚需要进一步推敲和分析。毕竟，2018年3月13日第十三届全国人民代表大会第一次会议上所作的《关于〈中华人民共和国监察法（草案）〉的说明》中，只是宏观谈及为保证监察机关有效履行监察职能，草案赋予监察机关必要的权限，规定监察机关在调查职务违法和职务犯罪时可以行使这些措施，但并没有对职务违法和职务犯罪在适用上作清晰区别。对监察机关而言，大多数案件在开始阶段并不能轻易判断是职务违法还是职务犯罪，因此监察机关可能也很难清晰说明某一个具体措施是针对职务违法还是职务犯罪，两者在监察实务中特别是早期完全可能混用。

（二）被误读的双规两指的局限与变革

《现代汉语词典》（第7版）对双规的解释是：纪检部门要求已被立案审查的干部，在规定的时间、规定的地点就案件所涉及的问题作出说明。双规，也常常被称为两规；两指，也常常被称为双指，双规和两指常常被混同或者混用。作为纪检监察领域常常适用的措施，双规、两指的威力巨大，令腐败分子胆战心惊，但同时也是学术研究和法学理论中争议较大的措施。

传统对双规、两指缺乏合法性的指责，是不正确的，双规、两指均具有法律上的依据。通常认为，双规源自1994年施行的《中国共产党纪律检查机关案件检查工作条例》，其中第28条第3款规定：调查组有权按照规定程序，"要求有关人员在规定的时间、地点就案件所涉及的问题作出说明。"这是纪检监察机关查办案件的一种特殊组织措施和调查手段。② 但严格意义上说，以上说法有争议。其一，党的工作条例中规定的措施和方法，不宜视为国家法律上的依据；其二，1994年这个党的条例，绝对不是双规的最早出处。早在

---

① 马方，任惠华. 监察调查程序与方法 [M]. 北京：中国方正出版社，2020：105-106.
② 戴声瑾. "双规"为哪般 [J]. 咬文嚼字，2010（10）：23-24.

1990年11月通过的《行政监察条例》（已废止）第21条（五）中有规定，监察机关在检查、调查中有权采取下列措施：责令有关人员在规定的时间、地点就监察事项涉及的问题做出解释和说明。1994年党的工作条例关于双规的规定，只是对1990年《行政监察条例》中相关规定的简单重复而已。为了和党的工作条例规定的双规有所区别，1997年通过的《行政监察法》（已被《监察法》取代）第20条（三）规定，监察机关在调查违反行政纪律行为时，可以责令有违反行政纪律嫌疑的人员在指定的时间、地点就调查事项涉及的问题做出解释和说明，但是不得对其实行拘禁或者变相拘禁。可见，双规是行政法规最早规定后适用于党的条例，两指（指定的时间、地点）则是国家法律明确规定的与双规基本相同的措施。在2018年《监察法》通过以前，双规是以纪委的名义做出，是一种党内调查手段，适用对象是党员；两指则是以监察机关的名义做出，是一种行政调查手段，适用于所有违反行政纪律嫌疑的人员（不论党员还是非党员）。不过在实践中，一般只对非党员进行两指，党员特别是党员干部一般都适用双规。

　　从调查手段到限制人身自由的强制措施，双规、两指在适用中常被误读。不论是早期的《行政监察条例》和《中国共产党纪律检查机关案件检查工作条例》中规定的双规，还是后期《行政监察法》中规定的两指，其规定的措施本身其实并不是一个限制甚至剥夺人身自由的强制措施。维基百科中，将双规的定义确定为：中国反腐败审查者对有腐败嫌疑的中共党员和政府官员所采取的特殊审查方式，并没有强调"规定的时间和地点"。① 从双规、两指的法律规定条款来看，该措施的着重点本来不应当停留在"规定的时间、规定的地点""指定的时间、指定的地点"，而应当是相应条款后半部分的"做出说明""做出解释和说明"，且在1997年的《行政监察法》中明确要求"不得对其实行拘禁或者变相拘禁"。从普通党纪、政纪调查手段到限制人身自由的强制措施，双规、两指其实是被实务部门误读。正如有评论指出的那样，行政监察法、党内法规的立法语言，字面上并未界定清楚双规的行为属性，实践中则采取了限制人身自由的做法。这种形式上游离于法治体系边缘的双规，实质上却扮演着刑事强制措施的执法角色。② 2017年10月18日，习近平同志在党的十九大报告中指出，深化国家监察体制改革……依法赋予监

---

① 张健，冷冰冰. 新、热词英译漫谈（26）：双规［J］. 东方翻译，2017（3）：78-81，93.
② 达林. "双规"需关进制度的笼子［N］. 民主与法制时报，2013-4-15（B02）.

察委员会职责权限和调查手段，用留置取代"两规"措施。基于这种现实要求，我国 2018 年《监察法》立法中，将需要对被调查人人身自由进行限制的措施规定为留置，设定了严格的审批权限和程序，彻底取代了我国监察实务中实行多年的双规、两指措施。

（三）警惕要求说明情况、做出陈述的误用

虽然 2018 年《监察法》已经规定了留置措施，彻底取代了双规、两指，但《监察法》仍然规定了与原来双规、两指条款中"做出说明""做出解释和说明"非常类似的要求说明情况、做出陈述的规定，纪检监察实务中一定要警惕这两类措施的被滥用、被误读。

必须严格限定要求说明情况、做出陈述的行使方式和审批程序。《监察法》第 19 条规定，对可能发生职务违法的监察对象，监察机关按照管理权限，可以直接或者委托有关机关、人员进行谈话或者要求说明情况。《监察法》第 20 条规定，在调查过程中，对涉嫌职务违法的被调查人，监察机关可以要求其就涉嫌违法行为做出陈述，必要时向被调查人出具书面通知。何谓说明情况和做出陈述？有学者对其做了术语上的解读，认为在法律事务或纪律审查与监察调查中，说明情况是指通过要求涉案的有关人员如实叙述自己掌握或了解的案件事实，发现和收集证据的做法；做出陈述是通过要求被调查人或有关人员就有关问题做出合理的、清楚的、真实的叙述，发现和收集证据的方式。[①] 这两个条款，虽然涉及的调查措施类别简单、适用轻微，除了谈话以外，其他内容甚至都没有列入监察机关具体调查措施的项目类别中。但这两个条款的规定，在实务中被滥用的可能性较大。《监察法》第 19 条规定的要求说明情况、第 20 条规定的要求做出陈述，都没有提及决定主体、适用时间、审批程序等内容，特别是适用时间。一旦监察机关调查人员无限期地要求被调查人说明情况、做出陈述，或者对被调查人说明的情况或者陈述内容不满意的，就会出现调查措施的误用。

必须依法制定要求说明情况、做出陈述的相关规则和滥用后的救济措施。由于《监察法》没有做具体的细化规定，下一步国家监察委员会在制定监察法规时，应当严格规定要求说明情况和做出陈述的适用条件和审批程序。除了履行严格的审批程序外，还应当对具体的适用方式和适用期限做出规定。根据《监察法》的规定，谈话或者要求说明情况可以由监察机关直接进行或

[①] 高振虎. 纪律审查与监察调查教程 [M]. 北京：中国政法大学出版社，2019：65-66.

者委托有关机关人员进行；做出陈述可以由监察机关口头要求或者书面通知。这些监察对象或者被调查人一般应当没有被采取留置措施，因此监察机关在采取要求说明情况或者做出陈述时，可以参照《刑事诉讼法》规定的传唤、拘传的做法，到监察对象或者被调查人所在单位、指定地点或者其住处进行，也可以要求监察对象或者被调查人到监察机关说明情况或者做出陈述，必要时可以采取电话方式或者网络方式（如电子邮箱、微信等）。如果要求监察对象或被调查人到指定地点或到监察机关来说明情况或者做出陈述的，应当确保持续时间不得超过6小时；案情特别重大、复杂，可能需要留置的，持续的时间不得超过12小时，应当保证监察对象或者被调查人的饮食和必要的休息时间。超过此时限的，应当立即让监察对象或者被调查人离开，避免对其实行拘禁或者变相拘禁。未获得法定渠道审批，对监察对象或者被调查人采取要求说明情况或者做出陈述，或者超出法定时间的，监察对象或者被调查人有权向该监察机关或者上级监察机关申诉。对不符合法定方式或者超期方式获得的书证、物证，不能作为后期定案的根据。

第二节 监察调查权的制衡合作

一、监察调查权的内部制衡研究

（一）监察检查、审查调查、处置机构的分离

根据《监察法》的规定，各级监察委员会的职责包括监督、调查和处置三项，监督职责的方式包括教育和检查，调查职责的方式是15项调查措施，处置职责主要包括政务处分决定、问责、移送审查起诉、监察建议。而党的纪律检查的三项职责：监督、执纪、问责，基本上与监察三项职责同步。在监察委员会内部机构分工中，这三项职责是分别由不同内设机构来行使的，体现了一种内部的权力分设与权力制衡关系。

以国家监察委员会为例，在内部职能机构设置上分为两大类：11个监督检查室和5个审查调查室。监督检查机构和审查调查机构的分设，是2018年国家监察体制改革后的做法，也是延续中国共产党纪律检查机关的一贯做法。早在1977年党的纪检机关恢复重建之初，就曾分别设立纪律检查室和案件审

理室，通过监督执纪权的分设，不断加强内控机制建设，构建起案件审理室对纪律检查室的调查结果进行独立审核的制约机制。2017年1月通过的《中国共产党纪律检查机关监督执纪工作规则（试行）》第11条规定，纪检监察机关应当建立监督检查、审查调查、案件监督管理、案件审理的相互协调、相互制约的工作机制。市地级以上纪委监委实行监督检查和审查调查部门分设，监督检查部门主要负责联系地区和部门、单位的日常监督检查和对涉嫌一般违纪问题线索处置，审查调查部门主要负责对涉嫌严重违纪或者职务违法、职务犯罪问题线索进行初步核实和立案审查调查。

纪检监察机关在党和国家权力体系中的特殊地位，迫切要求加强本机关内控机制建设。监督检查和审查调查部门分设是内控机制建设中的重要环节。监督检查和审查调查部门分设也是切实履行监督第一职责的现实需要。[①] 从基层纪委监委分设应用情况来看，内部分工协作上优化职能分工、规范线索移送、加强审批监管；对外协作配合上，畅通信息渠道、建立协查机制、完善法法衔接，履行纪法职能情况良好。然而，部门分设后监督合力、监督效能有待提升；横向联动配合不足；线索处置仍需规范。[②] 有的地方调研结果显示，协同配合中存在线索反映的问题类型多样，容易出现两部门交叉履职；工作协调机制不完善，容易发生两部门协作配合不畅；执纪执法业务"偏科"，两部门干部综合业务能力有待提升等现象和问题。[③] 当然，监督检查机构和审查调查机构的分设，本身就体现了监察机关内部加强监督制约的目标，在具体执行过程中，可能存在各种各样的问题，这也是制度发展完善所必经的过程。

在监督检查部门和审查调查部门以外，国家监察委员会还设置有案件审理室，负责审理中央纪委国家监委直接审查调查和省（部）级党的组织、纪检监察机关报批或者备案的违反党纪和职务违法、职务犯罪案件；承办党员对中央纪委做出的党纪处分或者其他处理不服的申诉案件、监察对象对国家监委做出的涉及本人的处理决定不服的申请复审案件等。因此，监察调查权并不是一项最后的决定权，而只是收集证据、确认事实的过程，最终应当做

[①] 张思峰. 如何理解《规则》关于监督检查和审查调查部门分设的要求？完善控制机制 加强权力制约 [J]. 中国纪检监察，2019（8）：57-58.

[②] 福建省福州市纪委监委办公厅. 协同联动构建监督合力——关于监督检查和审查调查分设的调研 [N]. 中国纪检监察报，2019-6-6（8）.

[③] 湖北省孝感市纪委监委课题组. 关于监督检查与审查调查部门协同配合的调研 [N]. 中国纪检监察报，2019-12-19（8）.

什么样的决定,还应当由案件审理室来负责,这样就充分体现了权力的监督与制约关系,避免权力过分集中造成的内部腐败、权力滥用。

(二)监察机关内部专门的监督机构的设立

相对独立的监察机关的设置,是特定历史形势决定的特别历史任务。1993年,依据当时国内反腐败形势,中共中央做出决策,决定中央纪委和监察部合署办公,把分散的反腐败力量集合起来,由中央纪委行使党的纪律检查和行政监察两项职能,对中共中央全面负责。20年过去后,国内反腐败实践、国际反腐败历史经验都充分证明,中共中央要求合署办公的决策是英明的、正确的,反腐败工作九龙治水不行,必须把拳头攥起来。2016年开始,中共中央基于对当前形势的判断,习近平总书记在报告中要求国家监察委员会与中央纪委合署办公,根本目的就是要加强党对反腐败斗争的集中统一领导,把党的执纪与国家执法有机贯通起来,把过去分散的行政监察、预防腐败以及检察机关的反贪、反渎力量整合起来,攥成拳头形成合力。

"谁来监督监督者"的问题,是监察体制改革中必须面对的重要课题。随着国家监察体制的改革,特别是党的执纪检查与国家执法合署办公,国家监察全覆盖的逐步形成,监察的广度和效果得到了大幅度的提升。但在这个过程中,"谁来监督监督者"的问题,一直是学术研究和实务热点的核心问题。在反腐败这场不见硝烟的战争中,当人们还在为纪检监察机关的无限责任与有限权力的矛盾大声疾呼时,连续多个纪委书记的落马,一下子又将纪检机关推到了反腐败的风口浪尖。虽然纪委书记的腐败,为纪检系统的极少数,但其所产生的影响力和破坏力甚至比其他领导干部更大、更恶劣,也更令人痛心。[1]纪律检查、监察监督无特区,如何在制度设计中避免党和国家的监督权本身成为另一腐败源头,如何进一步加强监督者自身建设,无疑已成为反腐事业中绕不开的重要课题。

通过制度完善和机构建设,监察体制改革提供了"谁来监督监督者"的答案。2018年《监察法》第七章规定的"对监察机关和监察人员的监督"中,主要包括人大监督、外部监督和内部监督,其中的内部监督就是通过监察制度的完善和内部机构的建设实现监督监督者的目标。监察机关内部监督的方式和途径不是唯一的而是多样化的,如《监察法》第36条规定的监察机关内部各部门建立的相互协调、相互制约的工作机制,第55条规定的内部专

---

[1] 徐扬. 谁来监督监督者[J]. 廉政瞭望, 2007 (3): 14-16.

门监督机构等。①《监察法》第55条规定，监察机关通过设立内部专门的监督机构等方式，加强对监察人员执行职务和遵守法律情况的监督，建设忠诚、干净、担当的监察队伍。在国家监察委员会内设机构中，除了设有专职负责对监督检查、审查调查工作全过程进行监督管理的案件监督管理室以外，还设置有专门负责监督检查纪检监察系统干部依法依规执法的纪检监察干部监督室，专司对纪检监察内部人员的监督职责。相比较《监察法》的宏观规定，《中国共产党纪律检查机关监督执纪工作规则》则主要在内部监督层面进行了制度建设。②《中国共产党纪律检查机关监督执纪工作规则》第60条规定，纪检监察机关应当严格依照党内法规和国家法律，在行使权力上慎之又慎，在自我约束上严之又严，强化自我监督，健全内控机制，自觉接受党内监督、社会监督、群众监督，确保权力受到严格约束，坚决防止"灯下黑"。

（三）监察机关内部的干预留痕和登记备案

干预留痕是指执法（司法）机关在办理案件时，对于内部了解、过问案件的行为以书面形式记录在案，对外部人员对案件的事实和程序的干预也全面如实地记录在案的做法。从历史渊源来看，司法机关干预留痕制可追溯到十几年前，由最高人民法院确立并推广的过问登记制。③ 最高人民法院在2009年1月8日《关于违反"五个严禁"规定的处理办法》中规定，"插手过问他人办理的案件"是指违反规定插手、干预、过问、打听他人办理的案件，或者向案件承办单位（部门）的领导、合议庭成员、独任审判人员或者其他辅助办案人员打招呼、说情等行为。2009年年底，《关于司法公开的六项规定》的"审务公开"中也规定，"建立健全过问案件登记、说情干扰警示、监督情况通报等制度，向社会和当事人公开违反规定程序过问案件的情况和人民法院接受监督的情况。"人民法院《"三五"改革纲要》中规定要"研究建立违反法定程序过问案件的备案登记制度。"2011年《关于在审判工作中防止法院内部工作人员干扰办案的若干规定》直接规定了过问登记制度的具体程序操作。

为了贯彻《中共中央关于全面推进依法治国若干重大问题的决定》的有关要求，2015年3月中共中央办公厅、国务院办公厅联合印发《领导干部干

---

① 姜明安. 监察工作理论与实务［M］. 北京：中国法制出版社，2018：102.
② 张翔. 对"谁来监督监督者"的制度回应［J］. 中国纪检监察，2019（3）：38.
③ 孙光宁. 干预追责：司法独立保障的扩展与提升［J］. 理论探索，2015（1）：104-108.

预司法活动、插手具体案件处理的记录、通报和责任追究规定》，中央政法委也同步印发了《司法机关内部人员过问案件的记录和责任追究规定》。干预留痕制开始上升到国家治理体系和治理能力现代化的高度，分别从司法内外双向出发，进行了内容上的配套衔接，从而共同构建规制不法的干预司法的制度体系，保障司法人员依法独立公正行使职权。干预留痕制从干预司法行为的发现、处置和查处三个环节相互衔接、层层递进，从程序、范围、责任及惩戒措施可以看出规定的高度和深度。监察体制改革和《监察法》立法过程中，特别注意借鉴和学习中共中央和国务院各类相关规定的内容精神，仿效司法机关干预留痕和登记备案的具体做法，形成了具有监察特色的监察机关内部的干预留痕和登记备案制度。《监察法》第57条规定，对于监察人员打听案情、过问案件、说情干预的，办理监察事项的监察人员应当及时报告。有关情况应当登记备案。发现办理监察事项的监察人员未经批准接触被调查人、涉案人员及其特定关系人，或者存在交往情形的，知情人应当及时报告。有关情况应当登记备案。

干预留痕和登记备案不仅仅体现在《监察法》中，也体现在《中国共产党纪律检查机关监督执纪工作规则》中。《中国共产党纪律检查机关监督执纪工作规则》第64条规定，对纪检监察干部打听案情、过问案件、说情干预的，受请托人应当向审查调查组组长和监督检查、审查调查部门主要负责人报告并登记备案。发现审查调查组成员未经批准接触被审查调查人、涉案人员及其特定关系人，或者存在交往情形的，应当及时向审查调查组组长和监督检查、审查调查部门主要负责人直至纪检监察机关主要负责人报告并登记备案。对上述两款规定的情况，监察机关应当全面、如实记录，做到全程留痕，有据可查。[①] 干预留痕和登记备案是一对辩证的统一体，干预留痕是对干预监察调查活动的总称，登记备案是干预留痕的表现形式和必然结果，两者是一个相辅相成、前后呼应的关系。《监察法》和《中国共产党纪律检查机关监督执纪工作规则》中确立的纪检监察工作中的干预留痕和登记备案，与传统司法活动中的干预留痕和登记备案相比较而言，前者主要是指监察机关内部监察人员对监察案件的打听、过问、说情，而后者既包括司法机关内部人员的打听、过问、说情，也包括司法机关外部人员对具体案件的打听、过问、说情，显然前者是一个纯粹的内部监督制衡，后者则更多地体现为对审判权

---

① 中共中央纪律检查委员会中华人民共和国国家监察委员会法规室.《中华人民共和国监察法》释义［M］.北京：中国方正出版社，2018：253.

独立行使的尊重和要求。

二、监察调查权的外部制约研究

(一)本级人大及其常委会的监督和执法检查

监察机关是我国的专责反腐败机关,根据我国《宪法》第126条的规定,国家监察委员会对全国人民代表大会和全国人民代表大会常务委员会负责。地方各级监察委员会对产生它的国家权力机关和上一级监察委员会负责。监察体制改革所构建的立法机关(人大)领导下的一府两院一委制度,说明了立法机关对监察机关的领导,当然也对包括监察调查权在内的所有监察权的监督与制约。2018年《监察法》第七章规定的"对监察机关和监察人员的监督"中,首先就在第53条规定了人大对监察机关的监督,这是最主要的、最权威的外部制约形式。人大及其常委会对监察机关监察调查权的监督制约,主要通过以下方式实现:

第一,各级人大常委会听取和审议本级监察委员会的专项工作报告。我国《宪法》第3条规定,国家行政机关、监察机关、审判机关、检察机关都由人大产生,对它负责,受它监督,这是人民代表大会制度的基本内容和民主集中制原则的基本要求。解决"谁来监督监督者"的问题,不能脱离我国根本的政治制度和组织原则。近期,已有一些地方监委向本级人大常委会做专项工作报告,这是落实《监察法》的举措,也是落实我国宪法规定的根本政治制度——人民代表大会制度的举措。[①] 2019年12月28日,第十三届全国人大常委会第十五次会议在北京人民大会堂闭幕,全国人大常委会副委员长王晨做了题为《深入学习贯彻党的十九届四中全会精神,坚持和完善人民代表大会制度这一根本政治制度》的讲座,提出人大对监察委员会工作的监督,虽然宪法和监察法有明确规定,但这项工作是全新的内容。2020年开始,全国人大常委会计划听取审议国家监察委员会有关专项工作报告,加强沟通协调,做好准备工作。最终目标,应当实现在每年的全国人大会议上,国家监察委员会与国务院、最高人民法院、最高人民检察院一起做工作报告,提交全国人大审议。

第二,各级人大常委会对本级监察委员会组织执法检查。开展对法律实

---

① 张翔.对"谁来监督监督者"的制度回应[J].中国纪检监察,2019(3):38.

施情况的检查监督，简称执法检查，是全国人大常委会近年来实行的一种重要的法律监督的形式。执法检查的主体是全国人大常委会和全国人大专门委员会；对象是国务院及其部门、最高人民法院和最高人民检察院、国家监察委员会；内容是法律实施主管机关的执法工作；方式是组织执法检查组，到各地去检查法律实施的情况，作为评价有关部门执法情况的依据；目的是为了督促法律实施主管机关改进执法工作，促进法律的有效实施。具体做法是：每年年初，对常委会组织的执法检查都要事先做出安排，确定执法检查的指导思想、内容、时间、组织等。各专门委员会也可以就相关法律的实施情况组织检查。由常委会组织的执法检查，一般由一位副委员长牵头，依托一个相关的专门委员会具体组织实施。地方各级人民代表大会常务委员会，有权对地方政府及其组成部门、地方各级法院和检察院、监察委员会开展执法检查。

第三，县级以上人大代表及人大常委会组成人员，就监察工作中的有关问题提出询问或者质询。询问和质询是人大对一府两院一委实施监督的法定形式。询问是各级人大代表或人大常委会组成人员在人代会或人大常委会会议上审议工作报告或议案时，向有关国家机关打听了解有关情况。质询是各级人大代表或人大常委会组成人员按照法律规定的程序，对本级国家行政机关、司法机关、监察机关提出质问的议事原案，是国家权力机关行使的一种带有法律强制性的监督措施，被质询的机关必须在法定的时间内，以法定的形式做出答复。对违法行为带有批评性质的质询，有很好的警示和预防腐败效果；通过对有关议案或报告存疑不懂的问题的讯问，弄清楚、问明白每个问题，便于审议。两者相比，只是前者"问""答"的程序比后者复杂一些，质询权和询问权两者之间的不同体现在：性质、目的不同，主体、对象不同，问题、指向不同，范围、形式不同。① 当然，相比较而言，询问比较简单，代表和常委会组成人员可以个人单独提出，也可以几个人联名提出；质询案必须要一定数量的人大常委会组成人员联名才能提出，由委员长会议或者主任会议决定交由受质询的监察委员会答复。

（二）审判、检察、执法部门的互相配合、制约

根据我国《宪法》第127条第2款规定，监察机关办理职务违法和职务犯罪案件，应当与审判机关、检察机关、执法部门互相配合，互相制约，《监

---

① 王世智．质询权和询问权闲置的成因与行使［J］．人大研究，2010（6）：15-16.

察法》第4条第2款也做了相同的规定。监察机关与审判机关、检察机关、执法部门之间的互相配合、互相制约，正是体现了监察调查权的外部制约形式和要求。

监察调查权与审判权的互相配合、互相制约。互相配合，主要是指监察机关与司法机关、执法部门在办理职务违法犯罪案件方面，要按照法律规定，在正确履行各自职责的基础上，互相支持，不能违反法律规定，各行其是，互不通气，甚至互相扯皮。互相制约，主要是指监察机关与司法机关、执法部门在追究职务违法犯罪过程中，通过程序上的制约，防止和及时纠正错误，以保证案件质量，正确应用法律惩罚违法犯罪。① 具体到监察机关与审判机关、监察调查权与审判权，外表看来似乎没有任何直接的联系，其实不然。根据《监察法》和《刑事诉讼法》的规定，职务犯罪案件最终还是要移送审查起诉、审理宣判，因此监察机关调查取证应当与刑事审判证据标准相一致。监察机关调查取证工作不仅要注重实体要件，还要注重程序要件。监察机关工作人员要切实增强法律意识、程序意识，以法治思维和法治方式反对腐败。② 推进以审判为中心的诉讼制度改革和增强监察体制改革，两者并不矛盾，反而应当是相辅相成的关系。监察调查权按照刑事诉讼和刑事判决的标准进行，刑事审判最终确定监察调查的结果，这是个互动的关系。《监察法》第34条还规定，人民法院、人民检察院、公安机关、审计机关等国家机关在工作中发现公职人员涉嫌贪污贿赂、失职渎职等职务违法或者职务犯罪的问题线索，应当移送监察机关，由监察机关依法调查处置，体现了人民法院、人民检察院、公安机关、审计机关等国家机关与监察机关的互相配合。监察调查权与审判权的制约，既体现在审判权对监察调查结果的全部否定或者部分否定，也体现在监察调查权对审判权违法行使的追究潜在可能性（审判人员职务犯罪一般由检察机关立案侦查）。

监察调查权与检察权的互相配合、互相制约。在具体的个案办理中，职务犯罪案件监察调查结束后，应当移送人民检察院审查起诉、提起公诉。《监察法》第45条（四）规定，监察机关根据监督、调查结果，对涉嫌职务犯罪的，监察机关经调查认为犯罪事实清楚，证据确实、充分的，制作起诉意见书，连同案卷材料、证据一并移送人民检察院依法审查、提起公诉。监察机

---

① 中共中央纪律检查委员会中华人民共和国国家监察委员会法规室.《中华人民共和国监察法》释义［M］.北京：中国方正出版社，2018：66.
② 《法法衔接20讲》编写组.法法衔接20讲［M］.北京：中国方正出版社，2019：38-42.

关经调查，对违法取得的财物，依法予以没收、追缴或者责令退赔；对涉嫌犯罪取得的财物，应当随案移送人民检察院。对监察机关移送的案件，人民检察院依照《刑事诉讼法》对被调查人采取强制措施。这些规定的内容，体现了人民检察院对监察调查权的配合与协助。根据《刑事诉讼法》第170条的规定，人民检察院对于监察机关移送起诉的案件，依照本法和监察法的有关规定进行审查。人民检察院经审查，认为需要补充核实的，应当退回监察机关补充调查，必要时可以自行补充侦查。对于经过二次补充侦查（调查）的案件，人民检察院仍然认为证据不足，不符合起诉条件的，应当做出不起诉的决定。补充侦查（调查）、不起诉决定，体现了检察权对监察调查权的制约。

监察调查权与其他执法权的互相配合、互相制约。《监察法》第4条第2款规定的执法部门，是指公安机关、国家安全机关、审计机关以及质检部门、安全监管部门等行政执法部门，这里执法部门的表述与宪法的相关表述一致。① 监察调查权与其他执法权之间，也是互相配合、互相制约，也体现了监察机关与公安机关、国家安全机关、审计机关以及质检部门、安全监管部门等行政执法部门之间的互相配合、互相制约。以公安机关为例，在监察调查活动中，监察委员会要求公安机关配合的活动比较多，主要的是《监察法》中规定监察机关对被调查人采取留置、搜查等调查措施时可以提请公安机关配合。监察机关调查涉嫌重大贪污贿赂等职务犯罪时，可以采取技术调查措施，按照规定交由公安机关执行；需要对被调查人通缉的或者限制出境的，也应当交由公安机关依法执行。② 在遇到超出监察机关职权范围或者其他紧急、特殊情况，需要公安、司法行政、审计、税务、海关、财政、工业信息化、价格等机关以及金融监督管理等机构予以协助的时候，有权要求其予以协助。③ 这些地方都体现了互相配合的内容，但对于这些行政执法部门的执法人员的职务违法或者职务犯罪行为，监察机关有权进行调查，此时又体现了互相制约的内容。

---

① 中共中央纪律检查委员会中华人民共和国国家监察委员会法规室．《中华人民共和国监察法》释义［M］．北京：中国方正出版社，2018：65．
② 杨宇冠．监察法与刑事诉讼法衔接问题研究［M］．北京：中国政法大学出版社，2018：113-115．
③ 本书编写组．《中华人民共和国监察法》图解［M］．北京：中国方正出版社，2018：18．

(三) 公开接受民主监督、社会监督、舆论监督

我国《监察法》第54条规定，监察机关应当依法公开监察工作信息，接受民主监督、社会监督、舆论监督。民主监督一般是指人民政协或者各民主党派等主体对监察机关及其工作人员的工作进行的监督。党的十九大报告指出，加强人民政协民主监督，重点监督党和国家重大方针政策和重要决策部署的贯彻落实。社会监督一般是指公民、法人或其他组织对监察机关及其工作人员的工作进行的监督。舆论监督一般是指社会各界通过广播、影视、报纸、杂志、网络等传播媒介，发表自己的意见和看法，形成舆论，对监察机关及其工作人员的工作进行的监督。① 民主监督、社会监督、舆论监督，是我国广泛的监督渠道中最为重要的三个，也是对监察调查权进行监督的重要的外部制约途径。

人民政协的主要职能包括政治协商、民主监督和参政议政，民主监督是人民政协三大主要职能之一。民主监督作为"自下而上"的非权力性监督，主要是通过提出建议和批评协助党和国家机关改进工作、提高工作效率、克服官僚主义。民主监督不具有直接的法律约束力和纪律强制性，其意义和作用往往不容易被人们理解，但在法治逐步健全和文明逐步推广的时代，缺乏民主监督的权力，必然遭到人民的否定。各民主党派与中国共产党的关系，是长期共存、互相监督、肝胆相照、荣辱与共。民主党派民主监督作为党和国家监督体系的重要方面，应与其他监督形式有机贯通、相互协调，确保形成监督有力的权力运行机制。② 人民政协和各民主党派对中国共产党纪律检查工作、国家监察工作开展监督，不仅有法可依，而且符合互相监督的最初本性特征。

社会监督，是指社会依据宪法和法律赋予的权利，以法律和社会及职业道德规范为准绳，对执政党和政府的一切行为进行的广泛的监督。国内对社会监督的定义，至少有三种，一种可称为"狭义说"，认为社会监督包括社会团体、社会组织（包括政协、民主党派、工会、共青团、妇联）、舆论机关等对国家机关及其工作人员的监督，以区别于个人监督；一种可称为"广义说"，认为社会监督主要包括人民群众监督、社会组织监督和舆论监督等，社

---

① 中共中央纪律检查委员会中华人民共和国国家监察委员会法规室.《中华人民共和国监察法》释义 [M]. 北京：中国方正出版社，2018：242-243.

② 肖建平. 民主党派民主监督的历史演进及内在逻辑 [J]. 山东省社会主义学院学报，2019（6）：55-60.

会组织监督是指各级人大、政协、民主党派、工会、共青团、妇联等社团组织对党的监督，以区别于党内监督（也称执政党监督）；第三种说法认为，社会监督指政协监督、团体监督、公民监督、舆论监督，以区别于证券监督（包括人大监督和司法监督）、执政党监督和行政监察监督。① 但从《监察法》的规定来看，这里的社会监督显然范畴更加狭窄，不包括政协等的民主监督和舆论监督，而专指人民群众的监督、社会组织的监督，不宜将政协、民主党派、工会、共青团、妇联等参公单位列为社会监督的范畴。

舆论监督是新闻媒介的固有属性，是指人民群众通过新闻传播工具对党和国家各级机关及其工作人员的监督（批评、赞扬或提出建议），包括对决策和行为的监督。我国舆论监督理论的依据可追溯到马克思、列宁等国际共产主义运动的领导人。马克思认为，报刊按其使命来说，是公众的捍卫者，是当权者的不倦的揭露者，是无所不在的眼睛，是警觉地守卫人民精神的自由的无所不在的喉舌。列宁在十月革命胜利的第二天就宣布，我们愿意让政府时时受到本国舆论的监督。② 1974年，美国联邦最高法院大法官斯图瓦特认为，宪法保障新闻自由的目的就是保障一个有组织的新闻媒体，使其能够成为政府三权之外的第四权力，以监督政府，防止政府滥用权力，发挥制度性功能。③ 1987年党的十三大报告、1992年党的十四大报告、1996年党的《关于加强社会主义精神文明建设若干问题的决议》、1997年党的十五大报告中，均出现舆论监督的内容和要求。1990年以后，舆论监督被写入法律、法规。舆论监督对于贯彻党的监察政策，落实国家监察法规，巩固和发展反腐败的有效局面，促进监察权和监察调查权的依法进行有重大的意义，是社会主义新时期监察体制改革的重要组成部分，体现了社会主义民主政治的制度优越性。

2018年8月24日，中央纪委国家监委印发《国家监察委员会特约监察员工作办法》，第一条制定依据就明确了国家监察委员会接受监督的决心，其目的就是为了深化国家监察体制改革，充分发挥中央纪律检查委员会和国家监察委员会合署办公优势，推动监察机关依法接受民主监督、社会监督、舆论监督。根据该办法，特约监察员主要从全国人大代表中优选聘请，也可以从全国政协委员，中央和国家机关有关部门工作人员，各民主党派成员、无党

---

① 李树军. 社会监督 [M]. 北京：当代世界出版社，1999：2.
② 陈力丹. 新闻学小词典 [M]. 北京：中国新闻出版社，1988：94-95.
③ 刘迪. 现代西方新闻法治概述 [M]. 北京：中国法制出版社，1998：12.

派人士，企业、事业单位和社会团体代表，专家学者，媒体和文艺工作者，以及一线代表和基层群众中优选聘请。2018年12月，国家监察委员会聘请了第一届特约监察员，体现了纪检监察机关自觉接受外部监督的诚意，是加强外部监督和制约的重要举措。

三、监察调查权的国际合作研究

（一）《监察法》中规定的反腐败国际合作

腐败是世界各国普遍存在的问题，构建反腐败国际合作机制有利于深入开展反腐败国际合作和追逃追赃工作，遏制腐败分子外逃。为此，我国《监察法》第六章《反腐败国际合作》和《国际刑事司法协助法》第6条，均规定了国家监察委员会是开展国际刑事司法协助的主管机关之一，按照职责分工承担相应的工作。反腐败国际合作中，国家监察委员会行使的大量职责，主要是监察调查权在国际领域的自然延伸和表现形式，具体表现为六大领域和三项职责。

六大领域主要是指国家监察委员会在反腐败国际合作中行使职权的六方面的内容和形式。根据《监察法》第51条的规定，国家监察委员会组织协调有关方面加强与有关国家、地区、国际组织在反腐败执法、引渡、司法协助、被判刑人的移管、资产追回和信息交流等领域的合作。可见，国家监察委员会反腐败国际合作中职权的六方面分别是：第一，反腐败执法，主要指各国、各地区、各国际组织的反腐败机构执自己所在国家、所在地区、所在组织之法；同时也指他们共同执反腐败国际条约之法。第二，引渡，是指一国应他国的请求，把他国逃到本国的犯罪嫌疑人拘捕、押解交回他国，反之亦然。第三，司法协助，是指不同国家之间，根据自己国家缔结或者参加的国际条约或互惠原则，彼此之间相互协作，为对方代为一定的诉讼行为，或接受外国法院的委托，代为执行外国法院的判决或者外国仲裁机构的裁决。第四，被判刑人的移管，是指犯罪人在一国法院判处刑罚，移送他国（通常为被判刑人的国籍国）服刑。第五，资产追回，是指把犯罪嫌疑人非法转移到境外的违法所得及收益追回，即追回赃款赃物，资产追回与境外追逃是反腐败国际司法合作的两大主题。第六，信息交流，既包括与各国、各地区、各国际组织之间有关反腐败法治、制度及运作经验方面的信息交流，也包括相互追逃、追赃方面的信息交流。① 虽然以上工作主要由国家监察委员会的国际合作局来负责完成，但其内容很多均与调查权的行使密切相关。

三项职责主要是指国家监察委员会在反腐败国际追逃追赃、防逃工作中的组织协调。根据《监察法》第52条的规定，国家监察委员会加强对反腐败国际追逃追赃和防逃工作的组织协调，督促有关单位做好以下三项工作：第一，追逃，是指对于逃匿到国（境）外的重大贪污贿赂、失职渎职等职务犯罪案件的被调查人，在掌握证据比较确凿的情况下，通过开展境外追逃工作将其追捕归案。开展反腐败国际追逃，引渡是利用国际刑事司法协助开展境外追逃的正式渠道和理想方式，遣返、劝返、异地起诉等是引渡之外的替代措施。第二，追赃，是指对贪污贿赂等犯罪嫌疑人携款外逃的，通过提请赃款赃物所在国查询、冻结、扣押、没收、追缴、返还涉案资产，追回犯罪资产。具体而言，开展追赃国际合作的手段主要有：开展引渡、遣返等追逃合作同时请求移交赃款赃物，协助赃款赃物所在地国根据其国内法启动追缴程序然后予以没收或者返还，受害人或受害单位在赃款赃物所在地国提起民事诉讼，在我国国内启动违法所得没收程序然后请求赃款赃物所在地国予以承认与执行。第三，防逃，是指通过加强组织管理和干部监督，查询、监控涉嫌职务犯罪的公职人员及其相关人员进出国（境）和跨境资金流动情况，完善防逃措施，防止涉嫌职务犯罪的公职人员外逃。② 三项职责与六大领域，共同构成了国家监察委员会国际反腐败合作的天网，形成了监察调查权在国际合作领域的特殊化和合作化之路。

(二)《联合国反腐败公约》中的调查措施

近年来，腐败逐渐成为全球性的犯罪形态。为了更好地打击这种犯罪，2003年10月31日，第58届联合国大会审议通过了《联合国反腐败公约》（Anti-Corruption Convention）。12月10日，中国政府正式签署了该公约。公约对于腐败犯罪从预防和惩处两方面规定了各国政府应当采取的应对措施，其中特别值得一提的是：《联合国反腐败公约》第50条"特殊侦查手段"规定，是公约唯一的对腐败犯罪规定具体侦查手段的条文，其较为明确规定了允许（各缔约国）主管机关酌情使用控制下交付和其他的特殊侦查手段，如电子监

---

① 姜明安. 监察工作理论与实务［M］. 北京：中国法制出版社，2018：84-87.
② 本书编写组.《中华人民共和国监察法》图解［M］. 北京：中国方正出版社，2018：185-186.

视和特工行动等。

借鉴国际打击毒品犯罪经验，《联合国反腐败公约》规定了反腐败中的控制下交付。控制下交付，是国际社会在打击国际毒品犯罪斗争中创设和发展的一种侦查协作手段，其概念的提出，肇始于1982年联合国经济及社会理事会的麻醉药品委员会第七次特别会议，1988年联合国维也纳大会正式予以规定。根据《联合国禁止非法贩运麻醉药品和精神药品公约》的规定，控制下交付系指一种技术，即在一国或多国的主管当局知情或监督下，允许货物中非法或可疑的毒品或它们的替代物质运出、通过或运入其领土，以期查明涉及毒品犯罪的人。为了有效对付跨国有组织犯罪和腐败犯罪，联合国相继在2000年《联合国打击跨国有组织犯罪公约》和2003年《联合国反腐败公约》中明确规定，可以将控制下交付手段运用于打击跨国有组织犯罪和腐败犯罪，从而拓展了这一手段的适用范围。① 反腐败案件中控制下交付的控制对象，应当不仅仅局限于金钱（人民币和各种外币），还应当扩充到其他的各种利益，如高档金银首饰、古董、名人字画、房屋汽车等，要特别注意对犯罪嫌疑人利用金融活动进行腐败资产的转移或洗钱活动的监控。为此，我国金融机构应当加强研究和建立验证客户身份、保持交易记录和报告可疑交易的制度和措施，加强金融情报机构的建设，以收集、分析和传递关于腐败活动或者潜在洗钱活动的信息，遏制和监测可疑资金的跨境转移。② 当然，跨国反腐败斗争中的控制下交付，还需要各国反腐败机构相互之间建立互信、互助、互帮的经济和技术合作机制。

为更好打击腐败犯罪，《联合国反腐败公约》规定了包括电子监视和特工行动等在内的其他特殊侦查手段。电子监视是指为了侦查犯罪，利用窃听视听装置技术、红外线望远镜、红外线摄像、电子计算机技术设备等监控或听取他人的办公、住所等场所的谈话，或对特定人、物或场所进行监视或进行秘密拍照或录像等侦查方法。③ 何谓特工行动？有学者指出，特工行动是指侦查机关根据国际公约、双边或多边协议以及国内法律赋予的特殊侦查权，运用秘密的侦查力量，控制犯罪赃物或资金流向，收集证据，查明案情，抓获

---

① 王国民. 控制下交付研究 [M]. 北京：中国检察出版社，2011：2.
② 陈晓辉. 论"控制下交付"在反腐败案件中的应用 [M] // 陈光中. 《联合国反腐败公约》与我国刑事诉讼法再修改. 北京：中国人民公安大学出版社，2006：137-145.
③ 杨宇冠，吴高庆.《联合国反腐败公约》解读 [M]. 北京：中国人民公安大学出版社，2004：427.

犯罪嫌疑人的特殊侦查方法。特工行动一般包括特情耳目、卧底、侦查圈套等。① 其中，特情耳目（也称为刑事特情）是侦查机关领导和指挥的、用于侦查刑事案件、收集犯罪情报、发现和控制犯罪活动的隐蔽力量。② 卧底是指国家侦查人员或者受国家追诉机关委派的其他人员，虚构或以某种特殊身份为掩护，获取侦查对象的信任，打入其内部以查明犯罪事实、收集相关证据的一种秘密侦查手段。侦查圈套，也被称为诱惑侦查或者警察圈套，是指为了侦破某些极具隐蔽性的特殊案件，侦查人员或其协助者，特意设计某种诱发犯罪的情境，或者根据犯罪活动的倾向提供其实施的条件和机会，待犯罪嫌疑人进行犯罪或自我暴露时当场将其拘捕的一种特殊侦查手段。

第三节 监察调查权的党法互动

一、"三不腐"长效机制与监察调查权

"三不腐"长效机制是中国共产党新时期反腐败斗争的新目标、新要求。反腐败是一个系统工程，在与腐败进行坚决斗争过程中，必须一体推进不敢腐、不能腐、不想腐的斗争方略。2013年1月，习近平总书记在十八届中央纪委二次全会上指出，要加强对权力运行的制约和监督，把权力关进制度的笼子里，"形成不敢腐的惩戒机制、不能腐的防范机制、不易腐的保障机制"。一年后，习近平同志在《在庆祝全国人民代表大会成立六十周年大会上的讲话》（2014年9月5日）中提到，要坚持用制度管权管事管人，抓紧形成不想腐、不能腐、不敢腐的有效机制。十八届四中全会通过的《中共中央关于全面推进依法治国若干重大问题的决定》，明确要求"形成不敢腐、不能腐、不想腐的有效机制"。2017年10月，党的十九大报告在总结过去五年成绩时指出，"不敢腐的目标初步实现，不能腐的笼子越扎越牢，不想腐的堤坝正在构筑"。报告进一步强调，必须"强化不敢腐的震慑，扎牢不能腐的笼子，增强不想腐的自觉"。

---

① 杨宇冠，吴高庆.《联合国反腐败公约》解读[M]. 北京：中国人民公安大学出版社，2004：425.
② 郭晓彬. 侦察策略与措施[M]. 北京：法律出版社，2000：245.

"三不腐"长效机制不仅是党的反腐政策,也成为我国法律的重要组成。不想腐、不能腐、不敢腐的反腐败有效机制的形成,不仅仅体现为党的反腐败政策,也上升为国家意志和国家法律。《监察法》第6条明确规定,国家监察工作坚持标本兼治、综合治理……构建不敢腐、不能腐、不想腐的长效机制。从原来的"有效机制"到现在的"长效机制""一体推进",对"三不腐"的准确界定和适用期限有了全新认识,反腐败是一个长期性的、持续性的系统工程,必须做长期的、艰难的"打大战"准备。2019年1月,在十九届中央纪委三次全会上,习近平总书记强调,不敢腐、不能腐、不想腐是一个有机整体,不是三个阶段的划分,也不是三个环节的割裂。要"一体推进不敢腐、不能腐、不想腐"。2019年10月,党的十九届四中全会通过决定,强调必须健全党统一领导、全面覆盖、权威高效的监督体系,构建一体推进不敢腐、不能腐、不想腐体制机制,确保党和人民赋予的权力始终用来为人民谋幸福。"一体推进",是四中全会做出的最新表述,从制度建设层面对反腐败做出顶层设计和部署要求,对于坚持和完善党和国家监督体系、强化对权力运行的制约和监督、巩固发展反腐败斗争压倒性胜利具有十分重要的意义。

(一)不敢腐:监察调查权的运作震慑作用

"三不腐"长效机制,需要通过监察调查权来强化不敢腐的震慑。腐败同我们党的性质宗旨水火不容,对腐败分子的放任就是对党和人民的犯罪。如何反腐败、如何推进反腐败斗争?需要监察机关充分运用好法律赋予的武器,用好监察调查权的每一种措施和方法。在具体执行过程中,坚持无禁区、全覆盖、零容忍,坚持重遏制、强高压、长震慑,坚持受贿、行贿一起查,违法、犯罪一起打。坚持通过有力手段削减存量,从而最终有效遏制增量,确保底线常在、"后墙"不松。监察调查权就是监察机关的工具、手段,要实现反腐败斗争的目标,必须充分利用这些手段、方法,确保对腐败潜在分子的震慑作用。坚决查处各种风险背后的腐败问题,深化金融领域反腐败工作,坚决查处资源、土地、规划、建设、工程等领域的腐败,严肃查处国有企业存在的靠企吃企、设租寻租、关联交易、内外勾结侵吞国有资产等问题,督促严格执行领导干部配偶、子女及其配偶经商办企业有关规定。① 腐败行为蔓延到哪里，监察调查权就要出现在哪里；腐败行为在哪里露头，监察调查权就要在哪里的空中覆盖。不敢腐不是一个空洞的口号，而是全国纪检监察人员一系列监察调查行为的结果，是不间断实施监察调查权的必然震慑。

（二）不能腐：监察调查权的扎牢笼子效应

"三不腐"长效机制中，"不能腐"是关键，是制度建设和机制保障。习近平总书记在十九届中央纪委三次全会上强调，不敢腐、不能腐、不想腐是一个有机整体，不是三个阶段的划分，也不是三个环节的割裂。"不敢"是纪律、法治、震慑，侧重于保持高压、持续震慑，是不能、不想的前提；"不能"是制度、监督、约束，侧重于扎紧笼子、堵塞漏洞，是不敢、不想的保障；"不想"是认知、觉悟、文化，侧重于提高思想觉悟、坚定理想信念，是不敢、不能的防线。一体推进"三不腐"，在逻辑本质上是一个层层递进、互为补充完善的系统，是腐败治理内外部因素协同配合的过程，体现了反腐败工作从治标为主向标本兼治的有序推进。"不敢"是一个惩治手段，通过零容忍态度惩治腐败，有腐必反、有贪必肃，强化"不敢"；"不能"是一个制度建设，通过开展以案促改，扎牢制度笼子，完善监管措施，强化"不能"。

监察调查权的有效及时运用，为"不能腐"提供了制度范本。腐败行为之所以存在，是有其制度背景和社会背景的。在改革初期，长期的物资紧缺以及定额配置制度为"街头官僚"及基层干部创造了很多腐败的机会；改革早期的普遍性物资紧缺也加剧了利用价格双轨制进行套利的腐败行为；不间断的反腐斗争与结构变革助长了腐败水平的提高，弱化了腐败态势的混乱性，进而形成了"腐败的产业组织"。② 物质紧缺导致出现了物质缺位，物质缺位必然导致权力寻租。防止出现权力寻租，必须通过坚持权责法定，科学配置党政机关及内设机构权力和职能职责，健全权责清单制度，推进权力运行公开透明，完善发现问题、纠正偏差、精准问责有效机制，压减权力设租寻租空间。这些工作不是很容易推进，而必须通过立法修订和司法完善来完成，这就需要监察调查权在运作过程中的不断探索与发现。加强监察机关对权力

---

① 赵乐际. 坚持和完善党和国家监督体系为全面建成小康社会提供坚强保障——在中国共产党第十九届中央纪律检查委员会第四次全体会议上的工作报告［N］. 人民日报，2020-2-25（3）.

② 魏德安. 双重悖论：腐败如何影响中国的经济增长［M］. 蒋宗强，译. 北京：中信出版社，2014：15-17.

集中、资金密集、资源富集部门和行业的监督,推动审批监管、执法司法、工程建设、资源开发、金融信贷、公共资源交易、公共财政支出等重点领域监督机制的监督和控制,铲除腐败滋生的土壤。

监察调查权的积极主动运用,为"不能腐"堵塞住制度漏洞。腐败的本质是权力滥用,反腐败必须强化对权力运行的制约和监督。立足"不能腐",落实好习近平总书记强调的"推动形成不断完备的制度体系、严格有效的监督体系"。该要求明确了"不能腐"的两个关键——制度与监督。就制度而言,要进一步完善制度体系,解决"牛栏关猫"等问题;就监督而言,要完善党和国家监督体系,以高质量党内监督、国家监察促进国家制度和治理体系提质增效。[①] 制度如何健全与完善?需要通过扎牢国家法律和制度的笼子,但这是一个逐步发展和完善的过程,不可能一蹴而就,需要通过广泛地立法比较和全面地执法收集,需要监察机关通过监察调查权的不断运用,逐步发现和堵住各个制度漏洞。要坚持和完善党和国家监督体系,以党内监督为主导,推动各类监督有机贯通、相互协调,实现对所有党员、干部和行使公权力的公职人员监督全覆盖,确保党的路线方针政策和党中央重大决策部署贯彻落实到位,确保党和人民赋予的权力规范正确行使。监察调查权在监督过程中,必须及时归纳和总结工作中发现的制度问题和监督漏洞,及时反馈立法更新和司法完善,做好制度建设和机制完善的保障基础。

(三)不想腐:监察调查权的增强自觉保障

"三不腐"长效机制中,"不想腐"是理想结果,是严厉惩治和良好制度的后续。要通过严厉的惩处措施和完善的制度建设,不断增强广大党员干部不想腐的自觉。古人云:"正气存内,邪不可干。"列宁指出:"政治上有教养的人是不会贪污受贿的。""贪污受贿行为"正是"靠文盲这块土壤滋养的"。[②] 作为一种理想结果状态,"不想腐"不会自然生成,也不会水到渠成。根据人性本恶、缺乏监督的权力必然导致腐败的理论,人的本性存在着趋利避害、追求利益最大化的可能。"不想腐"是治理腐败追求的最高境界。客观上"不能腐"能为主观上"不想腐"的养成创造有利条件。外在严密的制度约束,不断挤压权力腐败的空间,理性的权力主体会考量腐败成功的概率,

---

[①] 邓联繁. 一体推进不敢腐不能腐不想腐的深刻内涵[J]. 人民论坛,2020,(Z2):58-59.

[②] 中共中央马克思恩格斯列宁斯大林著作编译局. 列宁选集(第4卷)[M]. 北京:人民出版社,1995:588-591.

权衡风险与收益,如若风险过大,得不偿失,就从被动"不能腐"转换为主动"不想腐"。① 实现"不想腐"的目标结果,监察调查权大有作为、大可作为,主要体现在两方面:

通过具体案件监察调查权的行使,实现思想道德、党纪国法的正面宣传教育。要加强对全体党员干部和全体公职人员的思想道德和党纪国法教育,引导全体党员、全国干部和行使公权力的人员坚守初心牢记使命、坚持理想信念宗旨、坚定"四个自信",严守纪律规矩、严明公私界限、严格家风家教,树立正确的世界观、人生观、价值观,筑牢拒腐防变的思想堤坝。要加强思想道德和党纪国法教育,推进廉洁文化建设,注重家风建设,引导党员、干部修身律己、廉洁齐家,培养现代文明人格。② 通过监察调查权的行使,严肃党内政治生活和政治纪律,严肃认真地开展批评和自我批评,弘扬忠诚老实、公道正派、实事求是、清正廉洁等价值观,营造风清气正的政治生态。通过监察调查权的行使,深入发掘中华优秀传统文化、革命文化、社会主义先进文化中的廉洁因素,培育党员、干部的政治气节和政治风骨。

通过具体案件监察调查权的行使,实现思想道德、党纪国法等方面的警示教育。很多时候,"徒法不足以自行",需要通过典型案例、典型事件、典型人物开展宣传教育。要做深查办案件的"后半篇文章",做实同级、同类干部的警示教育,以案释德、以案释纪、以案释法。《监察法》规定的谈话、要求说明情况等很多调查措施,既是针对涉嫌职务违法或者职务犯罪的个人,也有很多是针对与案件有关联的其他人员,这种通过办案行为"以点带面"的教育,其效果远远高于简单的正面宣传教育。研究进一步发现,纪检监察干部认为最为有效的宣传教育类措施,主要是高压反腐的舆论宣传和警示教育。③ 同时,印发案例通报和违纪违法干部忏悔录,推进党性教育、法治教育和道德教育,通过这些措施促进"不想腐"的自我意识的提升。在这一点上,纪委监委和研究部门做了很多基础性工作,编辑了很多文字性材料、视频类材料,起到了较好的警示教育效果。这些典型案例中体现出来的监察调查权,

---

① 《从不敢腐不能腐到不想腐》编写组. 从不敢腐不能腐到不想腐 [M]. 北京:新华出版社,2015:43-44.

② 赵乐际. 坚持和完善党和国家监督体系为全面建成小康社会提供坚强保障——在中国共产党第十九届中央纪律检查委员会第四次全体会议上的工作报告 [N]. 人民日报,2020-2-25(3).

③ 刘诗林. "不敢腐、不能腐、不想腐"视角下的腐败治理成效与对策建议 [J]. 学校党建与思想教育,2020(9):44-46.

就像一把"达摩克利斯之剑",时刻警示全体党员干部提升自我"不想腐"的意识。

二、监察调查权与党纪检查措施互动

(一)中国共产党纪律检查机构的历史沿革

中国共产党自成立以来,始终重视党风党纪建设,注重党内专门监督和执纪机关的建设。建党之初,中国共产党没有设立纪律检查机关。随着自身发展壮大,适应形势和任务的需要,党的纪律检查机关应运而生。1927年,中国共产党第五次全国代表大会在武汉召开,选举产生首届中央监察委员会。但由于复杂的历史条件,首届中央监察委员会没能真正开展工作,但其成立具有开创性和奠基性意义。大革命失败后,中共中央在汉口召开八七会议,做出一项重要决定——组织党内审查委员会。1928年,中国共产党第六次全国代表大会在莫斯科召开,没有选举产生中央监察委员会,而是产生了一个替代机构——中央审查委员会,主要负责监督检查党内财务,并没有全面履行纪律检查的职能。1934年,党的六届五中全会召开,成立了中央党务委员会,这是党内纪律检查的职能机关。1945年,在延安召开了中国共产党第七次全国代表大会,在党章中重新恢复了"党的监察机关"一章,但没有选举产生党的监察机关。

新中国成立后,党的纪律检查机构开始逐步健全,机构建立后的功能和作用逐步增强。1949年11月9日,中国共产党成立了由11位委员组成的中央纪律检查委员会,初步奠定了中国共产党执政后纪检体制和纪检工作的基本格局。1949年12月,中央纪委召开全体委员会议,讨论通过了10条的《中共中央纪律检查委员会工作细则》。1950年1月,中央政治局批准了这份工作细则;2月3日,中共中央批转《中共中央纪律检查委员会工作细则》,并就各级纪委在进行工作时应注意的问题提出了若干意见;2月6日,中共中央发出《关于各级党的纪律检查委员会与党委关系的指示》,指出各级党的纪律检查委员会是各级党委的一个工作部门,犹如各级党的宣传部和组织部一样。[①] 1955年3月31日,党的全国代表会议通过了《中国共产党全国代表会

---

① 李雪勤. 中国共产党纪律检查工作60年:1949-2008[M]. 北京:中国方正出版社,2009:7-9.

议关于成立党的中央和地方监察委员会的决议》，并选举产生了由 21 人组成的中央监察委员会。1969 年 4 月，党的各级监察委员会被撤销，党的九大和党的十大党章都取消了关于党的监察机关和党的纪律的条款，党的纪检工作遭到全面破坏。

改革开放以后，党的纪律检查机关逐步恢复和重建，机构和职能得到进一步的完善。1977 年 8 月，中央决定恢复党的纪律检查机关的设置。1978 年 12 月，党的十一届三中全会选举产生了由 100 人组成的中央纪律检查委员会，党的纪检工作重新焕发出生机活力。1982 年 9 月，中国共产党第十二次全国代表大会选举产生了由 132 人组成的中央纪律检查委员会，通过的新党章专门列了"党的纪律"和"党的纪律检查机关"两章。中国共产党第十三次全国代表大会选举产生了由 69 人组成的中央纪律检查委员会，此后中纪委人数逐渐增加，到中国共产党第十七次全国代表大会时增至 127 人。党的十八大以来，全面从严治党向纵深发展，从 2016 年 11 月中共中央办公厅印发《关于在北京市、山西省、浙江省开展国家监察体制改革试点方案》，部署在 3 省市设立各级监察委员会的先行试点，到 2017 年 1 月中国共产党第十八届中央纪律检查委员会第七次全体会议提出筹备组建国家监察委员会，再到 2018 年的正式组建，党的纪律检查与国家监察机构体制二合一模式，最终形成。

（二）中国共产党纪律检查措施的具体内容

所谓纪律检查，是指政党为维护集体利益，而对所有党员和各级组织遵守党章、党纪和党的决议情况进行监督和检查的活动。[①] 作为一个纪律严明的党，中国共产党一直非常重视自身的纪律建设，通过各种措施与手段，强化与提升自身的纪律建设。不过，对于党的纪律检查的具体措施包括哪些内容，虽然中国共产党在多次党章修订中，均规定有党的纪律章节或者条款，比如，党的二大通过的党章的第四章《党的纪律》、1927 年党章第三次修正案中的第九章《纪律》、六大通过的党章的第十二章《党的纪律》，但都没有专门规定具体检查措施的条款。十二大以后通过的历次党章中，既有宏观的第七章《党的纪律》，也有规定具体执行党的纪律的机关的第八章《党的纪律检查机关》，其中就提及党的纪律检查机关根据工作需要，具体可以开展派驻、列席、教育、检查和处理、决定或取消处分、受理控告和申诉、报告、检举等

[①] 陈世润, 胡喜如. 中国共产党纪律检查的历史沿革、特点与经验 [J]. 南昌大学学报（人文社会科学版），2017 (4): 38-44.

内容。

党的纪律检查措施，更多地出现在各类具体的党内条例、办法中。1994年3月25日通过的《中国共产党纪律检查机关案件检查工作条例》第3条规定，纪检机关依照党章和本条例行使案件检查权，不受国家机关、社会组织和个人的干涉。这个条例，将党的纪检机关的执纪权，明确界定为案件检查权。其中第28条清晰规定了纪律检查机关有权按照规定程序采取八种措施调查取证，具体包括：第一，查阅、复制与案件有关的文件、资料、账册、单据、会议记录、工作笔记等书面材料；第二，要求有关组织提供与案件有关的文件、资料等书面材料以及其他必要的情况；第三，要求有关人员在规定的时间、地点就案件所涉及的问题做出说明；第四，必要时可以对与案件有关的人员和事项，进行录音、拍照、摄像；第五，对案件所涉及的专门性问题，提请有关的专门机构或人员做出鉴定结论；第六，经批准暂予扣留、封存可以证明违纪行为的文件、资料、账册、单据、物品和非法所得；第七，经批准对被调查对象在银行或其他金融机构的存款进行查核，并可以通知银行或其他金融机构暂停支付；第八，收集其他能够证明案件真实情况的一切证据。

党内法规总体呈现较零散、更新变化快的特点，与监察机关监察立法结合较为紧密。传统研究中，对党的纪检措施的全面性、综合性研究不多。当然，也有个别研究进行了一定的尝试，如将纪律检查机关的职权归纳为监督检查权、立案权、调查权、建议权、处分权、党内"条规"制定权六大类。[1] 也有学者提出，按照党章和其他党内法规规定，纪律检查的职权可以概括为监督权、检查权、调查权、建议权、处分权五项。[2] 在党的纪律检查措施中，检查权与调查权是不同的，检查权的主要措施包括参加、列席和召集有关会议，询问、了解、巡视等；调查权则包括查询、复制，要求提供文件等资料，说明问题，录音、拍照、摄像，鉴定，暂扣、封存，查核，建议或者决定停职检查等。2017年1月8日发布的《中国共产党纪律检查机关监督执纪工作规则（试行）》（已废止）中，提及核查组经批准可采取必要措施收集证据，包括谈话了解情况、调取报告、查阅资料、查核情况信息、鉴定勘验和技术调查或者限制出境等。

---

[1] 曾繁茂. 中国共产党纪律检查概论[M]. 北京：中国方正出版社，1995：227-233.
[2] 王希鹏. 中国共产党纪律检查工作概论[M]. 北京：中国社会科学出版社，2016：47.

(三) 党纪检查措施与监察调查权的互动性

党纪检查措施与监察调查权具有同一性、融合性。2018年宪法修正案和《监察法》通过后,党纪检查措施与监察调查权的同一性、融合性得到增强。2018年12月28日发布《中国共产党纪律检查机关监督执纪工作规则》,取代了2017年《中国共产党纪律检查机关监督执纪工作规则（试行）》,第40条规定审查调查组可以依照党章党规和监察法,经审批进行谈话、讯问、询问、留置、查询、冻结、搜查、调取、查封、扣押（暂扣、封存）、勘验检查、鉴定,提请有关机关采取技术调查、通缉、限制出境等措施。新版的监督执纪工作规则的内容,已经完全吸收了《监察法》的规定,使党纪检查措施与监察调查措施完全一致。2018年7月,中央纪委国家监委颁布《中央纪委国家监委监督检查审查调查措施使用规定（试行）》,该规定以监督执纪工作规则和监察法为主要依据,参考刑事诉讼法相关规定,并充分借鉴监察体制改革先行试点地区经验,在深入调研并反复征求意见的基础上形成,明确了中央纪委国家监委采取措施的依据、权限以及原则性、共性要求;分别对各项措施的审批权限、办理程序、工作要求以及文书格式等做出明确、细化规定;对各项措施使用情况的监督管理做出具体规定。

相对于监察调查权的国家法定性,党纪检查措施有一定的开放性。相比较而言,《监察法》作为国家基本法律,规定的监察调查权的权限和范围相对固定、局限;而党内的规定条例比较灵活,可以根据具体情况随时进行调整和完善。国家监察委员会的正式成立,意味着我国人民代表大会领导下的"一府两院一委"体制开始形成,奠定国家监察委员会地位的核心法律为《监察法》。作为全国人大制定的基本法律,《监察法》的制定和修改必须履行严格的法律程序,按照《立法法》的第7条规定,全国人民代表大会制定和修改刑事、民事、国家机构的和其他的基本法律。在全国人民代表大会闭会期间,全国人民代表大会常务委员会对全国人民代表大会制定的法律进行部分补充和修改,但是不得同该法律的基本原则相抵触。可见《监察法》的制定和修改程序是比较严格的,必须保持法律的相对稳定性和权威性。相比较而言,党内法规的制定,虽然也有一定的程序和要求,但与国家基本法律的程序相比,开放性和灵活性就大了很多。党的十八届四中全会明确将"完善的党内法规体系"作为中国特色社会主义法治体系的组成部分。2019年,中共中央印发修订后的《中国共产党党内法规制定条例》《中国共产党党内法规和规范性文件备案审查规定》和新制定的《中国共产党党内法规执行责任制规定（试行）》，对于在新时期规范党组织的工作、活动和党员行为、活动，具有很好的制约和监督作用。同时，对监察调查权的完善，党纪检查措施的补充更新，均具有较好的奠基性、发展性功能。

相对于党纪检查措施的内部性，限制剥夺人身自由的措施应当由监察调查权体现。国家监察体制改革的两个措施，一项是由原来的行政监察上升为国家监察，另一项则是继续维持了1993年1月开始的国家监察与党的纪律检查合署办公机制。合署办公不是简单合并，而是在思想观念、方式方法上深度融合、磨合。在具体工作中，要凸显分工不分家，实际工作中，不论是原来的纪检干部还是转隶的原检察干警，都应当尽快熟悉工作、熟悉监督执纪工作规则、熟悉纪检监察工作应当把握的原则和方式方法。根据履行纪检、监察两项职能的需要，纪检监察必须紧紧围绕习近平新时代中国特色社会主义思想和党章党规、法律法规、纪检监察业务等重点内容开展工作，有效提升全体工作人员的综合素质和履职能力。在具体党纪检查措施和监察调查权的应用中，一方面既要肯定两者的同一性、一致性，另一方面也应当注意区分两者在使用对象和条件要求上的差异性。虽然《中国共产党纪律检查机关监督执纪工作规则》肯定了在执法办案中，依照党章党规和监察法可以运用15项监察措施，但一定要注意其对象应当是国家公职人员，对于不具有公职身份也没有承担公共管理职能的个人，不宜直接使用这些监察措施；对仅具有党员身份不具有公职身份的个人，也不宜直接使用《监察法》规定的监察调查措施。特别是对于留置、查封、扣押、技术调查等措施，必须针对的是职务违法或者职务犯罪，而不宜应用于普通党员违纪行为，从而避免监察调查权的扩大适用，避免监察调查权在党纪检查领域的无限制适用。

三、"四种形态"视野下的监察调查权

（一）监督执纪"四种形态"的发展渊源

党的十八大以来，习近平总书记对于加强纪律建设，推进全面从严治党高度重视。他在十八届中央纪委第二次全会上强调了政治纪律，指出政治纪律是最重要、最根本、最关键的纪律。在十八届中央纪委第三次全会上强调

了组织纪律，指出党要管党、从严治党，靠什么管，靠什么治？就要靠严明纪律。①《中国共产党章程》第七章对党的纪律进行了专门的规定，提出党的纪律是党的各级组织和全体党员必须遵守的行为规则，是维护党的团结统一、完成党的任务的保证。党组织必须严格执行和维护党的纪律，共产党员必须自觉接受党的纪律约束。党组织对违反党的纪律的党员，应当本着惩前毖后、治病救人的精神，按照错误性质和情节轻重，给以批评教育直至纪律处分，严重触犯刑律的党员必须开除党籍。区别不同情况，采取不同措施，一直是我党执行党的纪律的重要原则。

"四种形态"正是在这种大背景下，由党的高层为了加强纪律建设和从严治党目标而提出来的政策。2015 年 3 月 5 日，全国两会期间，时任中共中央政治局常委、中央纪委书记王岐山同志在参加北京代表团审议时强调，纪律是管党治党的尺子，纪律建设就是治本之策。2015 年 9 月 24 日，王岐山在福建调研并主持召开座谈会，听取党员和群众代表对修订廉政准则和党纪处分条例的意见建议，首次提出"四种形态"，要求在思想认识、责任担当、方法措施上跟上中央要求，把纪律和规矩挺在前面，把握运用监督执纪"四种形态"，以严明的纪律推进全面从严治党。②作为执纪的宣传用语，简化提法的"四种形态"，主要包括以下内容：

第一种：党内关系要正常化，批评和自我批评要经常开展，让咬耳扯袖、红脸出汗成为常态。

第二种：党纪轻处分和组织处理要成为大多数。

第三种：对严重违纪的重处分、做出重大职务调整的应当是少数。

第四种：严重违纪涉嫌违法立案审查的只能是极少数。

2016 年 10 月 27 日，中国共产党第十八届中央委员会第六次全体会议通过《中国共产党党内监督条例》，其中第 7 条明确规定，党内监督必须把纪律挺在前面，运用监督执纪"四种形态"，经常开展批评和自我批评、约谈函询，让"红红脸、出出汗"成为常态；党纪轻处分、组织调整成为违纪处理的大多数；党纪重处分、重大职务调整的成为少数；严重违纪涉嫌违法立案审查的成为极少数。"四种形态"是对党的十八大以来党风廉政建设实践经验的科学总结，是把纪律和规矩挺在前面的具体体现，反映了以习近平同志为

---

① 《监督执纪"四种形态"40 问》编写组. 监督执纪"四种形态"40 问 [M]. 北京：中国方正出版社，2016：1.

② 王岐山. 全面从严治党 严明党的纪律 把握运用监督执纪"四种形态" [N]. 人民日报，2015-9-27（4）.

核心的党中央对管党治党规律的深刻把握。面对正风反腐肃贪新形势，运用监督执纪"四种形态"无论是在方式方法上，还是在实现路径上，都需要进一步探索完善。

（二）监督执纪"四种形态"与监察调查权

"四种形态"既是党监督执纪的新提法，也是我国重要的监察执法依据。"四种形态"接续了十八大以来监督执纪"抓早抓小"的方法论，又符合我国当前反腐败斗争的形势，是新形势下对全面从严治党认识的进一步深化，是落实"两个责任"（落实党风廉政建设责任制中，党委负主体责任，纪委负监督责任）的具体化，全面从严治党要靠纪律管全党，把纪律挺在前面，要靠坚强的党性和责任担当。党的纪律与国家法律并不矛盾，党纪与法律都是贯彻实施宪法的基本规范，是依法治国的基本依据。因此，不能只强调一方，而否定另一方，两者是相辅相成、互相促进的。党纪推动法治，法律促进治党。纪在法前、纪严于法体现了党纪与法律的互补性；纪法分开、纪法衔接体现了党纪与法律的协调性。① 具体到监督执纪与监察调查，"四种形态"不违反《宪法》《监察法》的相关规定，推动监察行为的依法进行。

"四种形态"提供了监督执纪的新目标，也是对监察一体性审查的要求。"四种形态"实现一体性运行，要求纪检监察机关对所有涉嫌违纪、职务违法、职务犯罪的问题开展一体性审查调查，但这并不意味着纪与法之间就没有了区分。纪检监察机关要始终贯彻纪在法前、纪严于法的要求，坚持把纪律挺在前面，违纪了就坚决执纪，绝不能以法代纪，或者等到违法了才去执纪。高度重视做好职务违法调查工作，切实解决一些公职人员"犯罪有人管，违法无人问"的问题，有效管住公职人员从"好同志"到"阶下囚"的广阔真空地带，填补对违法行为监督的空白。② 对监察机关而言，不仅要针对职务违法或者职务犯罪，还应当具有一定的前瞻性和预测性，对于苗头性问题、基础性问题、隐藏性问题，监察机关要积极开展前期调查、监督运作，消灭"好同志"到"阶下囚"之间的广阔真空地带。

"四种形态"展示了党监督执纪的新思路，也是对监察调查重点的转变。"四种形态"的提出，凸显了国家和组织对党员干部的关心和爱护。从预期效

---

① 廖永安，赵晓薇．党纪与法律关系的科学逻辑［N］．光明日报，2017-2-6（11）．
② 江苏省纪委监委课题组．准确把握并运用好"四种形态"［N］．中国纪检监察报，2019-10-17（7）．

果来看,"四种形态"中第一种形态通过批评教育,意在"治未病";第二种形态通过党纪轻处分和组织处理,意在"正歪树";第三种形态通过纪律重处分,意在"治病树";第四种形态通过移至司法机关,意在"拔烂树",从而清晰划出了"治未病""正歪树""治病树""拔烂树"四道防线。① 仔细分析前三种形态,其实是在给广大党员干部走向违法犯罪设置了三重"带电的高压线",只有冲破了这三条高压线,才会导致最后违法犯罪的不归路。"四种形态"展示了党监督执纪的新思路,既可以依此有效阻断违纪恶化进程,也可以通过常态化方式严管干部,做到"防患于未然"。"四种形态"指引下的监察调查工作,不能仅仅将工作视为事后的重典治腐和贪腐问题的"终端处理",而要把监督执纪的关口前移,在惩防并举的同时更加注重预防,尽最大努力保护和挽救更多干部,如经常性地"红红脸、出出汗"、开展批评和自我批评、约谈函询、敲警钟,使踏上不归路的党员干部成为极少数。

表 4-2 2015—2021 年全国"四种形态"数据比较②③④⑤   单位:人次

年度	形态 人数/占比	第一种形态	第二种形态	第三种形态	第四种形态	总数
2015—2017 年	人次	95.5 万	81.8 万	15.6 万	11.9 万	204.8 万
	占比	46.7%	39.9%	7.6%	5.8%	100%
2018 年	人次	110.4 万	49.5 万	8.2 万	5.5 万	173.7 万
	占比	63.6%	28.5%	4.7%	3.2%	100%

---

① 樊非,刘江. 正确认识监督执纪"四种形态"的整体性 [M] //杨小平. "四种形态"理论与应用:党员领导干部学习读本. 北京:中共中央党校出版社,2017:175.
② 王少伟. 监督执纪"四种形态"的结构变化 [J]. 支部建设,2019 (36):42-43.
③ 赵乐际. 坚持和完善党和国家监督体系为全面建成小康社会提供坚强保障——在中国共产党第十九届中央纪律检查委员会第四次全体会议上的工作报告 [N]. 人民日报,2020-2-25 (3).
④ 赵乐际. 推动新时代纪检监察工作高质量发展 以优异成绩庆祝中国共产党成立 100 周年——在中国共产党第十九届中央纪律检查委员会第五次全体会议上的工作报告 [N]. 人民日报,2021-3-16 (2).
⑤ 赵乐际. 运用党的百年奋斗历史经验 推动纪检监察工作高质量发展 迎接党的二十大胜利召开——在中国共产党第十九届中央纪律检查委员会第六次全体会议上的工作报告 [N]. 人民日报,2022-2-25 (2).

续表

年度 \ 人数/占比 \ 形态		第一种形态	第二种形态	第三种形态	第四种形态	总数
2019年	人次	124.6万	46.3万	7.2万	6.8万	184.9万
	占比	67.4%	25.0%	3.9%	3.7%	100%
2020年	人次	133万	48.5万	7.1万	5.1万	195.4万
	占比	68.10%	24.80%	3.60%	3.50%	100%
2021年	人次	148.7万	49.4万	7万	7.4万	212.5万
	占比	70%	23.20%	3.30%	3.50%	100%

（三）"四种形态"视野下完善监察调查权

从内容上看，"四种形态"是我党高层提出并经党内法规条例认可的一种打击腐败的宏观策略。"四种形态"并不直接决定监察制度或者监察调查权的行使，但其极有可能对包括监察调查权的监察制度形成重大影响。从上面2018年和2019年全国数据比较可以看出，"四种形态"对监察调查权的影响，可能集中在具体适用范围和启动程序要求两个大的方面。

从具体适用比例看，"四种形态"决定了监察调查权的适用相对局限。必须从全局着眼辩证地分析国内反腐败的斗争形势和任务，准确把握监督执纪"四种形态"提出和运用的大背景，既要对全党这片"森林"进行整体认识和评价，又要对个体"树木"进行深入了解和准确分析，不能大而化之，更不能一叶障目。从2018年、2019年全国"四种形态"的适用数据来看，第一种形态占比最多，超过六成；将第一种形态与第二种形态相加，则比例超过九成。这种高比例的适用，决定了监察调查权在适用上相对局限。15项监察调查措施中，绝大多数措施适用的是职务违法与职务犯罪，个别措施甚至只能适用于职务犯罪（如技术调查），而第一种形态的批评和自我批评、约谈函询、"红红脸、出出汗"和第二种形态的党纪轻处分、组织调整，大多是不需要采取监察调查措施的，或者更多地使用谈话、要求说明情况、做出陈述等强制性不高、约束性不显著的措施。之所以出现这种情况，是我党贯通规、纪、法的定位，融合教育警醒、惩戒挽救和惩治震慑的功能，一体化推进不敢腐、不能腐、不想腐的重要创新，在这种环环相扣、严密完整的反腐逻辑体系下，监察调查权的适用必须相对局限、适度调整。

从启动程序要求看，"四种形态"决定了监察调查权的打防重点转换。近年来，各级纪检监察机关对"四种形态"的认识不断深化，工作思路、方式方法发生了重大转变，严惩极少数、管住大多数的"倒三角"结构性特征充分显现，监督执纪执法由"惩治极少数"向"管住大多数"有效拓展。[①] 在监察权的监督、调查和处置三大职责体系中，调查本来是一个纯实务性、纯操作性的活动，没有监督的教育检查功能和处置的结果反馈功能。但在监察实务中，监察调查权的行使必须考虑监督执纪"四种形态"，这是一种系统的预防与治理工程，既要强调立案审查严重违纪涉嫌违法犯罪的极少数，又要强调用纪律和规矩管住大多数，及时教育、挽救游走在违纪、违法边缘的少数，这种思路凸显我党惩前毖后、治病救人的一贯方针，体现惩治与预防、治标与治本的辩证统一关系。从这个意义上说，监察调查确实不同于侦查，侦查行为直接为了获取证据，调查既为了获取证据，也为了震慑教育，调查必须为监督、处置的终极目标服务。一方面，要相信和依靠"森林"的自我净化、自我完善、自我革新、自我提高的能力和水平；另一方面，要对歪者有之、病者有之、烂者也有之的"树木"坚决零容忍、猛药去疴、刮骨疗毒。

第四节 监察调查权的程序制度

一、缺席审判程序对监察调查权的冲击[②]

2018年刑诉法典第五编《特别程序》中，增加了第三章《缺席审判程序》，共有7个条文（从第291条到第297条）。从案件范围上，2018年刑诉法规定了案件类别上的缺席审判和程序类别上的缺席审判共六类案件，分别是第291条规定的贪污贿赂犯罪（第一类）、严重危害国家安全犯罪（第二类）、恐怖活动犯罪（第三类）；以及第296条规定的中止审理超过6个月的案件（第四类）、第297条规定的终止审理但被告人无罪的案件（第五类）和

---

① 黄文胜.实事求是运用四种形态 [N].中国纪检监察报，2020-4-16（8）.
② 本部分主要参考黄豹.刑事缺席审判程序对侦查的冲击与影响研究 [J].法学杂志，2019（8）.

按照审判监督程序重新审判的案件（第六类）。六大类案件中，第一类贪污贿赂犯罪，既是缺席审判程序的主流，也是 2018 年刑诉法修订的主要原因。缺席审判程序不仅仅适用于人民法院的审判阶段。由于犯罪嫌疑人、被告人在立案侦查、审查起诉和法庭审理阶段都可能缺席，仅仅把刑事缺席限定在审判阶段不利于对实质上有罪的犯罪分子进行定罪判决，还可能造成司法资源的浪费。① 此外，从该章在我国刑诉法典中所处位置分析，其效果显然也不局限于审判阶段。缺席审判程序名义上是被告人未到庭的审判程序，但实质应为缺席诉讼程序，当然也覆盖审前的侦查（调查）程序。

（一）缺席审判程序对审前的侦查（调查）工作的宏观冲击

侦查（调查）中心主义在缺席审判程序中被进一步强化。侦查（调查）中心主义是与审判中心主义对应的一种观察视野，是对刑事诉讼流程发展的直观体验，是从不同阶段在整个刑事诉讼体系中的地位所做的归纳和总结。要实现从侦查（调查）中心主义向审判中心主义的过渡和转变，关键是审判阶段必须能够实行对证据的独立审查判断、对案件事实的独立规范认定、对诉讼程序的合法或非法甄别，且以上活动应当尽可能当庭完成。同时，审判中心主义要求法庭审理过程中，必须实现对席原则、直接言词原则、辩论原则的贯彻落实。而缺席审判程序显然无法实现审判中心主义的目标和要求，由于被告人的缺席，审判机关无法听取被告人的意见，相关各类审判原则无法实现。虽然 2018 年刑诉法规定缺席的被告人可以聘请辩护人，但由于被告人已潜逃至国外（指前三类案件），辩护人是否能够联系上被告人从而真正了解对方的意见和诉求，值得怀疑。面对缺乏被告人真正授权的辩护人和被告席空缺的公诉人，庭审唯一能做的只能是对审前阶段侦查机关提交的各类证据材料进行审查判断，法庭将不得不沦为侦查结论的审查者和判断者。如果是审前曾经到案但庭审缺席的情况，法庭还可以结合犯罪嫌疑人到案后的供述和辩解进行审查；但如果是既未到案也未到庭的，则法庭只能通过其他证据来审查判断。不论是哪一种情况，由于被告人未到庭，法庭能够依赖和审查的只有侦查（调查）机关的侦查（调查）结果，侦查（调查）中心主义趋势无形中被强化。

绝对化的案人分离侦查模式改变传统侦查方向。"由案到人"与"由人到

---

① 卞建林. 腐败犯罪诉讼程序专题研究 [M]. 北京：中国人民公安大学出版社，2014：166.

案"这两种侦查模式,表明了侦查机关对侦查活动两大对象——案件事实和犯罪行为人的认识和重视程度。当然,案件事实和犯罪行为人两者本身并不矛盾,广义的案件事实当然包括犯罪行为人是谁、行为人如何实施犯罪行为的。传统侦查实践一般认为,公安机关和检察机关(现为监察机关,下同)的案件管辖范围不同,前者大多数情况下是有犯罪事实需要找行为人,后者多是嫌疑人明确但需要足够证据认定,所以公安机关更多地适用"由案到人"模式而检察机关更多地适用"由人到案"模式。不过在缺席审判程序中,这种侦查模式上的分类或者侦查方式上的侧重,已没有太大意义。"由案到人"与"由人到案"都属于"案人结合"的侦查模式,刑事缺席审判程序将其变异为"案人分离"的侦查模式,即犯罪事实与嫌疑人的供述无法实现相互印证,只能通过犯罪事实来确定犯罪嫌疑人,但无法实现从嫌疑人的口供到案件犯罪事实的突破。以2018年刑诉法规定的前三类缺席审判案件为例,由于犯罪嫌疑人、被告人已经潜逃至境外,这意味着这三类案件的犯罪嫌疑人、被告人的身份都已经确定,不需要根据案件的犯罪事实再继续找人。当然,根据犯罪嫌疑人、被告人的口供来获取其他证据,亦不再存在可能性。"案人分离"的侦查模式使传统侦查取证重点和侦查推进方式发生变化,司法实践中的"零口供"及无法通过口供获得其他证据成为现实。

(二)缺席审判程序对审前的侦查(调查)工作的微观影响

认定"犯罪嫌疑人、被告人在境外"成为侦查(调查)重点难点。侦查(调查)机关不仅仅要对与案件事实有关的实体性内容进行收集、调取,也需要对相关的程序性内容进行收集、整理。我国刑诉法典中虽然没有直接提及侦查机关侦查程序性的内容,但公诉机关对侦查机关、监察机关移送审查起诉的案件的审查内容中,包含了大量的程序性内容。刑事缺席审判程序对侦查程序性内容有了大的突破,它需要侦查(调查)机关查明两个重要的程序性事实:犯罪嫌疑人、被告人在境外或者被告人已经死亡。在缺席审判程序的六类案件中,对于前三类案件中如何证明"犯罪嫌疑人、被告人在境外",颇属不易。众所周知,2018年刑诉法增加缺席审判程序,主要是针对外逃贪官的追逃追赃。判断一个犯罪嫌疑人、被告人在境外,主要有以下情形:第一,犯罪嫌疑人、被告人的正常出境记录;第二,犯罪嫌疑人、被告人用化名、假名或者假证件办理的出境记录;第三,犯罪嫌疑人、被告人的偷渡出境记录;第四,虽然无法查实犯罪嫌疑人、被告人的出境方式,但案发后确实能够证明其在境外出现。对于以上第一、第二种情形,通过海关和边检的记录以及录像可比较容易地证明,第二种情形当然还需要证明该化名、假名或者假证件与犯罪嫌疑人、被告人的同一;对第三种情况,则需要能够找到偷渡中间人、偷渡实施人等确凿的证言、辨认笔录和其他相关证据印证,方能认定;对第四种情况,更是需要有明确的目击证人或者相关相片、视频等资料能够证明,否则不能够认定其在境外。

一些犯罪嫌疑人犯罪后可能故布疑阵,如百名红通人员第97号的王某某在犯罪后潜逃,曾反复托人在北美放出假消息,并从北美给国内寄亲笔辞职信,转移办案人员的视线,让办案人员相信他已经不在国内。像这种情况,不能依靠个别信息(听说、传言)或者证据(国外寄回来的信件)判断,而要汇合多方面的线索综合判断。有学者指出,这里所说的"在境外"既包括藏匿境外,也包括在境外有着公开、合法居所的情况,但排除在境内逃匿的情况,因而,如果没有确切的证据证明犯罪嫌疑人、被告人实际处于我国领域之外,则不能对该人提起刑事缺席审判程序。① 笔者以为,对在境外有住所且排除在境内逃匿的情况,实践中同样也是极难以认定的,特别是如何排除"在境内逃匿",将成为侦查工作的重点和难点。犯罪嫌疑人、被告人案发后,通过秘密途径逃匿,如何能够证明其隐匿在境内还是境外呢?可以考虑进行一定的推定,即犯罪嫌疑人、被告人应当逮捕却在逃的,公安机关、监察机关决定通缉的,公安机关发布通缉令后,在一年内仍然无法抓获犯罪嫌疑人、被告人,通过其他途径又无法获得其藏匿信息的,视为已潜逃至境外,依法可以适用缺席审判程序,以避免诉讼的无限期拖延以及程序的虚置、闲置。

缺席审判程序对破案与侦查终结修改条件的固定强化。侦查终结是否要求犯罪嫌疑人、被告人必须归案,我国刑诉法典中没有明确规定,公安部相关解释曾经出现一定的变化,公安侦查实践对其的掌握也在不断发展演变。本次立法修订,对侦查终结条件的认定和发展,提出了强有力的挑战。刑诉法典中未提及的犯罪嫌疑人是否归案问题,在公安部的解释中相对较为明确。公安部1987年《关于公安机关办理刑事案件程序规定》第17条规定,犯罪分子和主要犯罪事实已经查明并取得确实证据应当破案的,要填写《破案报告表》或者提出破案报告。破案报告的内容虽然没有写明被告人是否归案,但在该条第3款要求"破案后,应即依照有关规定,将被告人连同案卷材料、证据一并交付预审。"可见此时被告人应当归案。在1998年修正后的《公安机关办理刑事案件程序规定》第166条中,公安部明确了破案应当具备三个

---

① 黄风. 刑事缺席审判与特别没收程序关系辨析[J]. 法律适用,2018(23).

条件，其中第三个条件就是"犯罪嫌疑人或者主要犯罪嫌疑人已经归案。"不过，该条件在2012年《公安机关办理刑事案件程序规定》中被删除。这种改变，并不意味着公安部不再将犯罪嫌疑人的归案视为破案的条件。

追逃工作从审前向审后过渡，"限期破案"则成为可能。2018年刑诉法增加的缺席审判程序适用的六类案件中，前面三类案件均要求犯罪嫌疑人、被告人在境外，这意味着这三类案件的犯罪嫌疑人、被告人在案发前后已经预感到监察机关或者侦查机关即将对自己采取强制措施，发觉形势不妙立即逃之夭夭。对这类犯罪嫌疑人、被告人，我国刑诉法典和监察法均规定可以决定对其拘留或者逮捕并予以通缉。由公安机关发布通缉令，追捕归案，这是公安机关内部一个重要的职能——追逃。传统对席审判模式下审前的高强度追逃工作，会因缺席审判程序的确立而进入审后程序，难度和强度均会有所下降。随着"天网"行动的逐步推进以及我国对公职人员出入境管理体制的日趋严格，实施贪污贿赂犯罪的机会大幅下降而犯罪的成本大幅上升，犯罪后能够及时外逃的可能性更加式微，追逃工作的强度和力度必然会有所减弱。此外，缺席审判程序的建构，使得将犯罪嫌疑人、被告人及时抓捕归案接受审判的紧急性和迫切性已趋弱化。犯罪嫌疑人、被告人外逃，并不妨碍我国法院对其犯罪行为进行审判和定罪量刑，也不妨碍我国法院依法追缴其违法所得及其他涉案财产。随着2018年10月26日我国《国际刑事司法协助法》的通过和施行，我国对外逃贪官的打击重点，将从传统的审前追赃追逃向审后的判决执行和被判刑人的移管过渡，从而实现从政府行政打击腐败向司法依法审判、依法惩贪的华丽转身。以缺席审判程序为核心的打击模式，决定了对外逃的贪污贿赂犯罪嫌疑人、被告人的惩处重点，审前高强度追逃以使犯罪嫌疑人、被告人归案接受审判的必要性已不复存在，审后依据我国判决和有关条约精神开展国际的刑事司法协助，更加切实可行。

二、认罪认罚从宽中监察调查权的定位

我国认罪认罚从宽制度，虽然到2018年刑诉法才得以正式确立，但在此之前已通过不同层次立法进行了多次试点。早期的试点办法，大量内容体现的都是审判程序方面的简化，几乎没有什么审前阶段特别是侦查阶段的内容。从认罪认罚从宽制度萌芽之初，对其是否能应用于侦查阶段，学术界一直存在着较大的争议。2018年刑诉法将认罪认罚从宽作为一项基本原则规定下来，特别是2019年10月24日最高人民法院、最高人民检察院、公安部、国家安

全部、司法部联合发布《关于适用认罪认罚从宽制度的指导意见》（以下简称"2019 两高三部指导意见"）第 5 条后，侦查阶段适用认罪认罚从宽制度的法律依据已经明确。此外，认罪认罚从宽不仅仅适用于刑事诉讼各个阶段，也适用于职务犯罪的监察调查中，被《监察法》第 31 条明确规定。

（一）认罪认罚从宽中监察机关的职责

根据 2018 刑诉法、监察法和"2019 两高三部指导意见"的规定，参照侦查机关在认罪认罚从宽制度运行中的具体任务，可以非常清晰地归纳出监察机关在开展调查活动时，应发挥以下职责：第一，权利告知、听取意见和认罪教育。调查人员在进行讯问被调查人等调查活动中，应当告知被调查人如实供述自己罪行可以从宽处理和认罪认罚的法律规定，听取被调查人的意见，记录在案并随案移送。同时，调查人员应当对被调查人开展认罪教育工作，这种教育主要局限于对相关法条的解释和对相关政策的分析，但不能因此强迫被调查人认罪。第二，强制措施的选择、社会危险性评估和委托社会调查。参考"2019 两高三部指导意见"和侦查实务做法，对认罪认罚的被调查人，监察机关根据罪行严重程度和社会危险性程度，决定是否对其进行留置。审前程序中被调查人的社会危险性评估，是监察机关决定是否对被调查人进行留置的重要考虑因素。对认罪认罚的被调查人可能判处管制、宣告缓刑的，监察机关可以委托被调查人居住地的社区矫正机构进行调查评估。第三，写明认罪认罚情况的起诉意见。对调查终结移送审查起诉的案件，监察机关应当在起诉意见书中写明被调查人自愿认罪认罚情况。对符合速裁程序的案件，可以在起诉意见书中提出建议并简要说明理由；对可能适用速裁程序的案件，监察机关应当快速办理。此外，"2019 两高三部指导意见"提及公安机关执法办案管理中心建设和我国《刑事诉讼法》第 182 条提及的犯罪嫌疑人自愿如实供述涉嫌犯罪的事实，有重大立功或者案件涉及国家重大利益的特定案件经特殊程序核准后可以撤销案件，但监察法对这两方面未做规定，显然监察机关没有这两方面的职能。

从目标上看，认罪认罚从宽制度不仅仅是为了提升审判效率，更是为了提升整体诉讼效率和监察调查效率。我国传统刑事司法领域一直比较重视公正而忽视效率，1979 年出台的第一部刑事诉讼法典，对第一审刑事案件的审判只规定了一种普通审判程序。刑事案件发案率逐步上升，对提高审判效率的要求则日益迫切：1996 年刑诉法第一次修订，特别增设了简易程序；2018 年刑诉法第三次修订增设速裁程序，这些修订内容体现了国家对刑事司法效率的追求和希冀。需要注意的是，由于2018年刑诉法修订前的刑事速裁和认罪认罚从宽的试点工作，都是由全国人大常委会授权最高人民法院、最高人民检察院进行的，极易让人产生这种试点改革目标仅仅是为了提升审判效率的错觉。有学者指出，在"认罪认罚从宽"理念指引下的刑事速裁试点工作，总体上带来轻微刑事案件审理周期的缩短，发挥了快速裁判的效果；但仅强调审判环节上的程序简化，存在致命的缺陷，即整个刑事诉讼过程中仍然存在着诉讼资源浪费、诉讼效率不高的问题。① 因此，在2018年刑诉法增设速裁程序的同时，总则第一章增加认罪认罚从宽的基本原则，将认罪认罚从宽这项传统理解为提升审判效率的制度，上升为覆盖诉讼全过程的基本原则，正是为了体现这种对整体诉讼效率的关照。"2019两高三部指导意见"则将这种整体诉讼效率的关照更加明确化，规定认罪认罚从宽制度的意义体现在：准确及时惩罚犯罪、强化人权司法保障、推动刑事案件繁简分流、节约司法资源、化解社会矛盾、推动国家治理体系和治理能力现代化。监察法将认罪认罚从宽纳入其中，当然也蕴含了提升监察效率的要求。

从主体上看，认罪认罚从宽制度不应是检、法的主导，而应是公（监察）、检、法及犯罪嫌疑人、律师的共同参与，且始于公安机关、监察机关与被调查人、犯罪嫌疑人、律师的沟通协调。从严格意义上说，我国认罪认罚从宽制度虽思路萌芽于美国辩诉交易制度，但在诉讼目标、协商内容、案件真实发现等方面，两者都存在较大的不同。此外，我国公（监察）、检、法之间的分工负责、互相配合、互相制约关系，也不同于美国检察领导警察的体制，这就决定了我国的认罪认罚从宽制度不是由检察官完全控制、随心所欲的，也不是检、法两家的简单主导，而是公（监察）、检、法以及被调查人、犯罪嫌疑人、律师的共同参与。虽然从诉讼阶段和诉讼职能上看，是否启动速裁程序完全由人民法院决定（人民检察院只能建议），是否签署认罪认罚具结书完全由人民检察院和被调查人、犯罪嫌疑人、律师协商确定，但这些工作的基础都建立在侦查（调查）阶段公安（监察）机关对案件事实的侦查（调查）取证工作之上，源于侦查（调查）阶段公安（监察）机关与被调查人、犯罪嫌疑人之间的有效协调沟通。台湾地区学者发现，在刑事诉讼各阶段，被告自首的比例皆极高，被告接受执法者包括法官、检察官、警察讯问时仅

---

① 陈瑞华. 论刑事诉讼的全流程简化——从刑事诉讼纵向构造角度的分析 [J]. 华东政法大学学报，2017（4）：12-31.

有1%不到的被告会保持缄默,有53%的被告,会坦承犯罪全部或部分事实。① 国内研究表明,在侦查机关对犯罪嫌疑人的初次讯问中,犯罪嫌疑人的认罪率可以达到70%,侦查终结时的认罪率达到90.4%。② 认罪认罚从宽制度贯穿刑事诉讼全过程,公(监察)、检、法等机关均应当在其中发挥积极的、能动的作用;处于刑事诉讼程序最前端的公安(监察)机关参与度的大小,很大程度上决定了后续认罪认罚程序的顺利运作。否定了监察机关在调查阶段对认罪认罚从宽制度的积极参与,也就否定了审查起诉阶段和审判阶段认罪认罚从宽的基础;缺乏监察机关调查阶段的积极参与,审判阶段的诉讼效率无从保障。

(二)认罪认罚从宽中监察机关的重心

要辩证地、分阶段地认识认罪认罚从宽制度,确认监察机关在"认罪"中的决定性地位。从2018年刑诉法和"2019两高三部指导意见"的相关规定看,我国法律设定的认罪认罚从宽制度贯穿于刑事诉讼全过程,适用于各个阶段的所有刑事案件。从诉讼程序先后顺序看,侦查(调查)阶段、审查起诉阶段和审判阶段均可以认罪认罚从宽,并没有制度上、阶段上的差异。但根据该制度"四个优于"刑罚评价中的"早认罪优于晚认罪",可知从诉讼阶段上看,立法和司法是鼓励认罪时间上尽可能地"早",这也有利于提升诉讼效率和节约司法资源,审判阶段才认罪认罚的效果显然远远低于调查阶段就开始认罪认罚的效果。在英国,如果被追诉人的有罪答辩是在审判过程中或者在最后一刻做出,或者是被追诉人在意识到定罪无可避免时进行有罪答辩,那么对于被追诉人这种"策略性"的答辩,法院可以不给予任何量刑优惠。③ 那么,对公(监察)、检、法三机关而言,其在认罪认罚从宽制度中的地位和任务都相同吗?显然并非如此。认罪认罚从宽制度包含了三项具体内容:认罪、认罚和从宽。三者关系如何呢?从法条表述上看,认罪、认罚、从宽是单向度的逻辑关系,先有被调查人、犯罪嫌疑人、被告人"认罪"后"认罚",再有司法机关的"从宽"处理。当然,在实践适用中,认罪认罚从宽制度必然不是单向度地运行,而是双向的因果关系。④ 所以,理想状态下的

---

① 转引自刘邦绪. 认罪与量刑[M]. 台湾:五南图书有限公司,2012:5.
② 闫召华. 口供中心主义评析[J]. 证据科学,2013(4):437-453.
③ 转引自李晓丽. 程序法视野下的认罪制度研究[M]. 北京:法律出版社,2019:70.
④ 揭萍,张凯. 价值与路径:认罪认罚从宽在侦查阶段的适用[J]. 中国人民公安大学学报(社会科学版),2019(2):37-46.

认罪认罚从宽制度应当是分阶段、分任务的，侦查（调查）阶段负责（确定）"认罪"、审查起诉阶段负责"认罚"（协商）、审判阶段负责"从宽"（处理）。

早期认罪认罚从宽试点中，有人认为在侦查阶段侦查机关无权决定对犯罪嫌疑人的定罪量刑，因此不能与犯罪嫌疑人进行沟通协商。这种理解虽然从法条字面规定上看没错，但其实没有深刻理解认罪认罚从宽制度阶段性分工的内涵，侦查机关并不需要承担"认罚"和"从宽"两项工作，其只需要正确确定犯罪嫌疑人"认罪"的事实，然后将这个事实及相关证据提交给后续的检察机关和审判机关，由后两者来具体负责后续的两个工作。侦查机关在做认罪教育工作时，不得做出具体的从宽承诺，以防止诱供行为的产生，这也是从宽的实体结果一般不在侦查阶段体现的原因。① 对比"2016两高三部试点办法"第8条和2018年刑诉法第160条第2款的规定，可以清晰地看到这种立法上的变化和分工上的趋势：前者规定的是侦查阶段"犯罪嫌疑人自愿认罪认罚的，记录在案并附卷"，后者规定的则是侦查阶段"犯罪嫌疑人自愿认罪的，应当记录在案，随案移送"；删除掉的"认罚"两字，正是告诉我们，"认罚"不是侦查（调查）阶段侦查机关的工作职责范围，侦查（调查）阶段是被调查人、犯罪嫌疑人"认罪"的主要环节，不是"认罚"与"从宽"的决定性环节。审查起诉阶段和审判阶段虽然也可以进行认罪认罚从宽制度的全面适用，但可以做这样的假设：如果侦查（调查）阶段被调查人、犯罪嫌疑人不认罪，相关案件事实的调查取证工作存在欠缺，被告人仅仅到审判阶段才认罪，法官会直接根据被告人的认罪判刑吗？显然不会，出现这种情况，检察人员会发现需要补充侦查而向法庭提出延期审理的建议，案件还是会回到侦查环节，因为最初的"认罪"工作不是在侦查阶段实现的。

作为诉讼最开始的侦查（调查）阶段，是最适宜对"认罪"进行认定和处理的阶段；作为负责调查取证工作的侦查（调查）机关，也是最适宜对"认罪"进行认定和处理的主体。侦查（监察）机关应当如何确认被调查人、犯罪嫌疑人的"认罪"？如果仅仅从字面上理解，"认罪"很简单，就是指承认自己的罪行。不过，在具体个案的侦查过程中，如何界定"认罪"，是一个非常具体的、细化的工作。2018年刑诉法第15条界定的是：自愿如实供述自己的罪行和承认指控的犯罪事实；"2019两高三部指导意见"第6条界定的

---

① 苗生明，周颖.《关于适用认罪认罚从宽制度的指导意见》的理解与适用[J]. 人民检察，2020（2）：49-60.

是：自愿如实供述自己的罪行和对指控的犯罪事实没有异议。以上两个法律或文件规定的"认罪"包含了两层含义：第一，自愿如实供述自己的罪行；第二，承认对自己的指控或者对指控没有异议。根据"2019 两院三部指导意见"第 6 条的规定，基于犯罪嫌疑人对自己罪行供述的全面与否、主次与否以及对指控是否异议、是否接受，将"认罪"分为多种不同的情况。相比较而言，针对指控的反应比较容易判断，只要不是对指控的完全否定或者主要否定，对指控的主要内容和意见没有反对或者拒绝，则基本上可以确认是"认罪"中的"承认"或者"没有异议"。但如何判断供述的具体情况，相对而言复杂得多，关键词"自愿"的判断，学术界的研究已经很多。对于如何判断"如实"和"自己的罪行"，认罪认罚从宽制度的研究中不多；但由于我国立法中早已规定犯罪嫌疑人对侦查人员的讯问应当"如实回答"，因而这方面的相关研究其实不少。

三、监察调查中讯问、留置的场所建设

（一）监察调查讯问的场所问题研究

通过监察调查措施获取各类言词证据的主要方式包括谈话、要求说明情况、要求做出陈述、询问和讯问等。其中，讯问是要求最严厉、最严格的言词类取证措施。从《监察法》第 19 条、第 20 条和第 21 条的规定来看，讯问的适用对象是对涉嫌贪污贿赂、失职渎职等职务犯罪的被调查人，而其他几类获取言词证据的调查措施，对象分别是可能发生职务违法的监察对象、涉嫌职务违法的被调查人或者调查过程中的证人等人员。因此，一旦确定需要使用讯问措施，则意味着被讯问对象已经涉嫌职务犯罪，而不仅仅是职务违法或者违反党纪政纪。

在职务犯罪案件调查中，讯问是一项基本的、十分有效的、运用较广泛的调查措施和手段。但是，由于监察调查不同于刑事侦查，监察机关的讯问也不同于公安司法机关采取的讯问措施，监察机关面对的被调查人不等于犯罪嫌疑人。[①] 不过，《监察法》并没有说明对被调查人的讯问，应当在什么地方进行。按照相关研究的解读，讯问应当在规定地点进行。被调查人、涉案人员被采取留置措施的，监察机关工作人员对其进行讯问，应当在留置场所

---

① 马方，任惠华. 监察调查程序与方法 [M]. 北京：中国方正出版社，2020：65.

进行。参考有关规定和实践做法，在留置场所的讯问应当在该场所内专门的讯问室进行。① 留置场所的设置，就显得非常关键和重要，当然对于留置场所的设置现状和建设思路，后面即将进行专题研究。

对于未被采取留置措施的被调查人，应当如何开展讯问，监察法也没有规定。参考《刑事诉讼法》第 119 条的规定，对不需要逮捕、拘留的犯罪嫌疑人，公安机关和人民检察院可以传唤犯罪嫌疑人到所在市、县内的指定地点或者到他的住处进行讯问。《监察法》没有规定指定地点或者住处，但根据我国多年来的监督执纪和监察调查实务，对未被留置的被调查人，一般应当到被调查人单位或者住处进行讯问，必要时也可以到指定地点进行讯问。这里的指定地点，既可能是监察委员会的办公场所，也可能是监察委员会特定的、专用的办案场所。不过，根据《中国共产党纪律检查机关监督执纪工作规则》第 49 条的规定，对涉嫌严重违纪或者职务违法、职务犯罪问题的审查调查，监督执纪人员未经批准并办理相关手续，不得将被审查调查人或者其他重要的谈话、询问对象带离规定的谈话场所，不得在未配置监控设备的场所进行审查调查谈话或者其他重要的谈话、询问。从该工作规则的规定来看，询问都应当在规定的谈话场所，且该场所必须配置有监控设备。讯问的要求远高于询问，因此讯问场所当然也必须是配置了监控设备的场所，从这个角度看，到被调查人单位或者住处进行讯问的可能性，几乎没有。

（二）监察留置的场所设置现状分析

作为 15 项监察调查权之一的留置，可以说是本次我国国家监察体制改革中最大的创举。通过设置留置措施，取代了原来党纪政纪领域中的双规、两指，实现了监察措施的法治化和规范化，实现了对剥夺公民人身自由的调查措施由基本法律来规定的目标，提升了监察机关调查权立法级别和立法层次上的飞跃。不过，由于《监察法》的规定较为简单，监察法规暂时没有出台新的内容，对于监察调查权中的留置措施，特别是留置场所，留下了一个实务中需要面对和亟待解决的问题。从监察体制改革试点和目前我国监察调查权实施现状来看，监察留置的场所，主要做法有以下几类：

第一，留置执行场所直接沿用原来纪委的双规场所。从 2016 年开始的三地试点情况来看，关于留置执行的场所，从浙江省省内大部分地区的实践来

---

① 本书编写组. 监察机关 15 项调查措施学习指南 [M]. 北京：中国方正出版社，2018：9-10.

看，主要是将原来纪委办理党员违纪案件审查使用的双规场所，现在直接改变设置为留置场所使用，管理主体是监委的案件管理室，并借助各方力量协助实施，如省一级留置场所借助武警力量，市县一级留置场所借助公安力量。由于监委的设置是国家、省、市、县四级，县级以下如乡、镇、街道没有设置监察委，县级以下被调查人及相关需要采取留置措施的，可以放到市县一级的留置场所留置。

第二，专门设置特定的留置场所执行留置措施。由于早期不少地方纪委其实并没有专门的双规场所，传统做法多是根据案情需要，临时将某个宾馆的某一层包下来承担双规的执行职能。这样做的优势在于，相对成本较低，不需要投入大量的人力、物力、财力，可以直接借用宾馆现存的硬件设置。此外，这种做法相对比较灵活与自由，可以"打一枪换一个地方"，避免让被调查人或者其同伙、亲属掌握，从而引发说情、打招呼等干扰。但是弊端也是明显的，毕竟这种场所保密性、隔离性要求较高，普通宾馆改造设置成本较高。在监察改革试点三地中，北京市监察委员会采取在自行设立的基地中执行监察留置措施，据央视网 2018 年 2 月 27 日的报道，北京市通州区纪委监委将被调查人留置在北京市纪委监察局蟠山管理中心这一北京市纪委监委设立的留置基地内；山西省监察委员会也采取在自行设立的基地内执行监察留置措施，不过基地名称为"党纪教育基地"。① 这种设置专门的留置基地，或者将某个教育基地兼作留置执行场所的做法，也是当前我国一些地区的选择。

第三，将公安机关管理的看守所部分设施进行改造，开辟出留置专区。《监察法》仅规定了留置需要在特定场所执行，但没有规定具体如何操作。作为我国三个试点地区之一的浙江省，在实践中采取的方法是：一是原来纪委办理党员纪律审查的双规场所，直接运用为留置场所；二是把公安机关管理的看守所里的部分设施进行改造，开辟成留置专区。留置开始后，被留置对象会被安置在一个相对舒适的地方，条件和看守所完全不一样，生活起居设施比较周全，饮食也有保障。② 这种做法其实是典型的"借力打力"，将留置措施分解为两方面的执行力量，主要目的是确保依法留置，同时利用公安机关的执法权和执法能力。毕竟，单独设立留置场所成本较高，但比硬件成本更难得的是，留置场所的环境要求和管理制度，单独设立留置场所几乎相当

---

① 王强. 论监察留置执行场所的完善［J］. 河南工业大学学报（社会科学版），2020（1）：63-70.
② 肖婷婷. 留置如何取代"双规"［J］. 党员文摘，2018（6）：12-13.

于重新建设一个看守所,地理、环境、人员、管理、保障、制度等方面,涉及面较广难度较大,但在看守所设置留置专区,其管理仍然依照相关规定进行,从性质上看是留置措施,不是司法强制措施。但从管理上,成熟的看守所管理人员和管理经验,为留置的安全和权益保障,提供了基础和依据。这实际上借用看守所的位置、人员和制度,但具体的进口、出口和见面、问话等,均由监委调查人员负责,监委的案件管理室也参与管理。

(三) 监察留置被调查人的权益保障

监察调查权在行使的过程中,存在发生侵犯被调查人及相关人员权益的可能,应当注意在依法行使监察权的同时,注意对被调查人及相关人员权益的保障。根据《监察法》第5条的规定,国家监察工作严格遵照宪法和法律,以事实为根据,以法律为准绳;在适用法律上一律平等,保障当事人的合法权益。在具体的监察调查权行使过程中,对被调查人权益的保障,一方面依赖于监察机关依法监察、依法调查;另一方面则应当完备被调查人权益保障的途径和方法。对被调查人权益的保障,重点应停留在两方面:一是辩护权的行使,一是申诉控告权的行使。

监察调查过程中,应当保障被调查人及相关人员辩护权的依法行使。《监察法》实施以前,纪委和监察局原则上只调查违纪案件,被调查者无权聘请律师,律师不可以会见被双规的对象,纪委和监察局在调查案件时查获的证据不能直接作为刑事诉讼的证据使用。《监察法》实施以后,纪委监委调查的职务犯罪案件,不需要再经过检察院重新固定证据,直接收集证据后将案件移送审查起诉,行使了原来检察院的职务犯罪侦查权。但相比原有体制下的检察职务犯罪侦查,监察委员会在调查职务犯罪时,被调查者无权聘请辩护人,被调查人的律师辩护工作从审查起诉阶段开始。其实,对于监察案件中被调查人是否有权聘请辩护人,早年就有监察机关工作人员提出,根据比照原则的需要、监察实践的需要、贯彻落实条例的需要和为何被查处者正当权益的需要四方面,说明建立监察辩护制度,设立监察辩护机构(列入司法机关系列或其他机关管辖),很有必要。[①] 近来,也有学者提出,随着刑事辩护全覆盖试点的展开和值班律师制度改革的如火如荼,值班律师经历了从"促进人"到"监督人"、从"见证人"到"协商人"、从法律帮助人到刑事辩护人的"三重角色"转换,职务犯罪追诉过程不应成为刑事辩护全覆盖的盲点,

---

① 肖宏军. 略论建立监察辩护制度之必要 [J]. 江汉论坛, 1994 (9): 53.

应将刑事辩护全覆盖及值班律师制度融入监察体制改革。① 现在没有律师的介入，不意味着监察调查过程中不需要律师的介入。只有允许律师依法介入，监察活动的人权保障功能才能够更好地实现。不要担心律师介入对监察调查工作的影响，这种担心原来在1996年刑诉法将律师介入时间提前到侦查阶段时也曾经出现，但10多年过去了，介入侦查的律师对侦查活动并没有形成很大的影响和冲击。

监察调查过程中，应当依法保障被调查人及相关人员救济权的依法行使。权利受到侵犯后是否能够及时得到救济，是权利保障是否完善的标志之一。监察调查过程中，应当重视申诉控告，保障被调查人的救济性权利。"无救济即无权利"，权利的重要特征在于可救济性。我国宪法基本权利体系由第33条至第51条共19条涉及基本权利的规范构成，其中第41条所规定的申诉、控告、取得赔偿的权利，就是救济性权利。被调查人的救济性权利，是指被调查人对监察机关做出或可能做出的对其不利的行为、决定或裁判，要求予以重新审查并做出改变的权利。② 我国《监察法》在一些法律条文中，也明确规定了被调查人的救济权，如第49条有关复审、复核的规定，第58条规定的回避制度，第60条规定的申诉制度，第67条规定的国家赔偿责任等，都属于被调查人的救济性权利，是被调查人权利的重要保障。《监察法》涉及职务犯罪案件中被调查人权利救济的条款有20余条，占据了整部《监察法》1/3左右的篇幅。应当说《监察法》对职务犯罪案件中被调查人的权利救济进行了较为全面的规定，但不少条款设计仅是对其权利内容的立法宣示，而对其权利救济途径的规定尚不明确具体。关于被调查人事后权利救济，因其是权利救济的不得已，所以仅涉及3个条款，占《监察法》条文的4.3%。③ 但不论是申请复审、申请复核还是申诉复查，都是监察机关内部的制约形式，缺乏外部的、中立第三方的救济，最终实现救济的目的相对较难。

---

① 胡铭. 刑事辩护全覆盖与值班律师制度的定位及其完善——兼论刑事辩护全覆盖融入监察体制改革 [J]. 法治研究, 2020 (3): 60-70.
② 王明星, 倪庆富. 如何保障被调查人的合法权益——20多个条文保障其人身权和财产权等 [J]. 中国纪检监察, 2018 (9): 57-58.
③ 房清侠. 职务犯罪案件中被调查人的权利救济 [J]. 河南财经政法大学学报, 2020 (1): 104-110.

参考文献

· 专著 ·

1. 中共中央纪律检查委员会中华人民共和国国家监察委员会法规室.《中华人民共和国监察法》释义[M]. 北京：中国方正出版社, 2018.

2. 中共中央纪律检查委员会中华人民共和国国家监察委员会案件审理室. 公职人员职务犯罪调查取证工作百问百答——以《中华人民共和国监察法》为视角[M]. 北京：中国方正出版社, 2019.

3. 本书编写组.《中华人民共和国监察法》图解[M]. 北京：中国方正出版社, 2018.

4. 本书编写组.《中华人民共和国监察法》案例解读[M]. 北京：中国方正出版社, 2018.

5. 本书编写组. 监察机关15项调查措施学习图解[M]. 北京：中国方正出版社, 2019.

6. 本书编写组. 监察机关15项调查措施学习指南[M]. 北京：中国方正出版社, 2018.

7. 本书编写组. 纪律审查与监察调查程序图解[M]. 北京：中国方正出版社, 2019.

8. 本书编写组. 监察机关办理职务犯罪案件处置标准[M]. 北京：中国方正出版社, 2019.

9. 本书编写组. 88种职务犯罪相关规定与问题解答[M]. 北京：中国方正出版社, 2019.

10. 本书编写组. 88种职务犯罪追诉标准[M]. 北京：中国方正出版社, 2018.

11. 钟晋. 监察法应用一本通[M]. 北京：中国检察出版社, 2018.

12. 姜明安. 监察工作理论与实务[M]. 北京：中国法制出版社, 2018.

13. 马怀德. 中华人民共和国监察法理解与适用[M]. 北京：中国法制

出版社，2018.

14. 韩玉胜，王达．监察机关职务犯罪调查法律实务［M］．北京：中国法制出版社，2019.

15. 马方，任惠华．监察调查程序与方法［M］．北京：中国方正出版社，2020.

16. 本书编写组．监察调查程序与措施［M］．北京：中国方正出版社，2020.

17. 本书编写组．监察权限与程序案例指导［M］．北京：中国方正出版社，2020.

18. 丁伟．纪检监察机关办案谈话方略［M］．北京：中国方正出版社，2020.

19. 丁伟．纪检监察办案谈话［M］．北京：中国方正出版社，2019.

20. 吴克利．吴克利讲讯问：10堂纪检监察攻略课［M］．北京：中国检察出版社，2018.

21. 吴克利．监察讯问实战宝典［M］．北京：中国法制出版社，2019.

22. 吴克利．问话的科学：从纪检监察"问话""谈话"到侦查讯问［M］．北京：中国法制出版社，2017.

23. 吴克利．调查"谈话"方略与技巧：纪检监察办案实务（第二版）［M］．北京：中国法制出版社，2017.

24. 李高明，戴奎．职务犯罪办案手册［M］．北京：法律出版社，2019.

25. 秦前红，叶海波．国家监察制度改革研究［M］．北京：法律出版社，2018.

26. 本书编写组．法法衔接20讲［M］．北京：中国方正出版社，2019.

27. 高振虎．纪律审查与监察调查教程［M］．北京：中国政法大学出版社，2019.

28. 杨宇冠．监察法与刑事诉讼法衔接问题研究［M］．北京：中国政法大学出版社，2018.

29. 陈国庆．职务犯罪监察调查与审查起诉衔接工作指引［M］．北京：中国检察出版社，2019.

30. 杨景祥．统计指标及调查方法解读［M］．石家庄：河北人民出版社，2016.

31. 唐旭．复杂性金融调查［M］．北京：中国检察出版社，2011.

32. 朱孔武．香港特别行政区立法会特权与调查权研究［M］．厦门：厦门大学出版社，2016.

33. 李晓丽．法院证据调查制度研究［M］．北京：中国政法大学出版社，2014.

34. 陈如超．刑事法官的证据调查权研究［M］．北京：中国人民公安大学出版社，2011.

35. 肖波．刑事庭审调查制度的正当性［M］．上海：上海人民出版社，2015.

36. 包雯．女性犯罪人被害化调查研究［M］．北京：中国检察出版社，2015.

37. 余凌云．行政调查的理论与实践［M］．北京：中国人民公安大学出版社，2014.

38. 康言，谢菁菁．法律尽职调查指要（修订版）［M］．北京：中国检察出版社，2017.

39. 占善刚．民事诉讼证据调查研究［M］．北京：中国政法大学出版社，2017.

40. 戴士剑，刘品新．电子证据调查指南［M］．北京：中国检察出版社，2014.

41. 何家弘．证据调查［M］．北京：法律出版社，1997.

42. 格罗夫斯，福勒，库珀，等．调查方法［M］．邱泽奇，译．重庆：重庆大学出版社，2017.

43. 加尔顿．抽样调查方法简介［M］．武玲蔚，译．上海：上海人民出版社，2014.

44. 韦斯特．犯罪现场调查官［M］．魏怡，译．北京：北京工业大学出版社，2014.

45. 杜特拉．犯罪现场调查［M］．张翠玲，等，译．北京：中国人民公安大学出版社，2015.

46. 戈尔登，斯卡拉克，克莱顿．法务会计调查指南［M］．张磊，译．大连：东北财经大学出版社，2009.

47. 英国皇家人类学会．田野调查技术手册［M］．何国强，等，译．上海：复旦大学出版社，2016.

48. 美国联邦调查局．FBI犯罪现场调查手册［M］．叶红婷，译．北京：外文出版社，2012.

49. 王利利．FBI犯罪现场调查［M］．北京：中国法制出版社，2017.

50. 诸葛明．FBI犯罪现场调查［M］．北京：台海出版社，2017．

51. 汤杰，郭秀颖，刘威娜．市场调查与预测（第三版）［M］．哈尔滨：哈尔滨工业大学出版社，2016．

52. 《审记调查技巧》组．审计调查技巧［M］．北京：中国时代经济出版社，2016．

53. 马超群，王建军．交通调查与分析［M］．北京：人民交通出版社，2016．

54. 李玉英．田野调查研究［M］．西宁：青海人民出版社，2016．

55. 聂平平，冯小林，汤舒俊．社会调查理论与实践［M］．南昌：江西人民出版社，2016．

56. 朱文敏，曹剑涛．商业调查与市场发现［M］．上海：立信会计出版社，2016．

57. 董海军．社会调查与统计［M］．武汉：武汉大学出版社，2015．

58. 万崇华，许传志．调查研究方法与分析（新编）［M］．北京：中国统计出版社，2016．

59. 张蓉．社会调查研究方法［M］．北京：知识产权出版社，2014．

60. 刘双跃．事故调查与分析技术［M］．北京：冶金工业出版社，2014．

61. 王晶舒．社会调查研究方法［M］．长春：吉林大学出版社，2014．

62. 汤秀丽．社会调查理论与方法［M］．北京：中国水利水电出版社，2014．

63. 谢俊贵．社会调查理论与实务［M］．北京：清华大学出版社，2014．

64. 公安部治安管理局，公安部第一研究所．国外私人调查和保安业管理［M］．北京：群众出版社，2012．

65. 范伟达，范冰．中国调查史［M］．上海：复旦大学出版社，2015．

66. 范伟达，王竞，范冰．中国社会调查史［M］．上海：复旦大学出版社，2008．

67. 欧阳爱辉．私人刑事调查法制化研究［M］．北京：中国文史出版社，2013．

68. 马兵．经济案件的调查取证［M］．北京：中国检察出版社，2012．

69. 陆伟明．行政调查中心主义［M］．北京：知识产权出版社，2017．

70. 卢小毛，施卫忠．经济犯罪调查［M］．北京：中国财政经济出版社，2011．

71. 海剑．高智能犯罪深度调查［M］．北京：新华出版社，2013．

72. 林竹. 国外民意调查与政府决策［M］. 天津：天津社会科学院出版社，2013.

73. 李洪峰. 中国廉政史鉴［M］. 北京：文化艺术出版社，2012.

74. 王春瑜. 中国反贪史［M］. 北京：人民出版社，2013.

75. 王正. 监察史话［M］. 北京：中国大百科全书出版社，2000.

76. 张晋藩. 中国古代监察制度史［M］. 北京：中国方正出版社，2013.

77. 刘社建. 古代监察史［M］. 上海：东方出版中心，2018.

78. 赵贵龙. 中国历代监察制度［M］. 北京：法律出版社，2010.

79. 林代昭. 中国监察制度［M］. 北京：中华书局，1988.

80. 邱永明. 中国古代监察制度史［M］. 上海：上海人民出版社，2006.

81. 王永祥，杨世钊. 中国现代监察制度史论［M］. 福州：福建人民出版社，1998.

82. 吴观文. 中国古代政治与监察制度［M］. 长沙：国防科技大学出版社，1991.

83. 王晓天. 中国监察制度简史［M］. 长沙：湖南人民出版社，1989.

84. 中央纪委宣教室. 中国共产党纪委检查简论［M］. 北京：中国方正出版社，2002.

85. 魏明铎. 中国共产党纪律检查史［M］. 石家庄：河北人民出版社，1993.

86. 曾繁茂. 中国共产党纪律检查概论［M］. 北京：中国方正出版社，1995.

87. 王希鹏. 中国共产党纪律检查工作概论［M］. 北京：中国社会科学出版社，2016.

88. 孙彤辉，张珉. 中央纪委中央监委工作纪实［M］. 北京：中国方正出版社，1995.

89. 李雪勤. 中国共产党纪律检查工作60年：1949—2008［M］. 北京：中国方正出版社，2009.

· 期刊 ·

90. 何家弘. 论监察委犯罪调查的法治化［J］. 中国高校社会科学，2020（1）：78-98，158.

91. 熊秋红. 监察体制改革中职务犯罪侦查权比较研究［J］. 环球法律评论，2017（2）：40-60.

92. 陈瑞华. 论监察委员会的调查权 [J]. 中国人民大学学报, 2018 (4): 10-20.

93. 刘计划. 监察委员会职务犯罪调查的性质及其法治化 [J]. 比较法研究, 2020 (3).

94. 倪铁. 监察技术调查权运作困境及其破局 [J]. 东方法学, 2019 (6): 41-50.

95. 郑贤君. 试论监察委员会之调查权 [J]. 中国法律评论, 2017 (4): 111-121.

96. 程雷. "侦查"定义的修改与监察调查权 [J]. 国家检察官学院学报, 2018 (5): 125-137, 175.

97. 戴涛. 监察体制改革背景下调查权与侦查权研究 [J]. 国家行政学院学报, 2018 (1): 92-96, 150-151.

98. 李小勇. 监察机关调查权内外制约机制研究 [J]. 四川师范大学学报（社会科学版）, 2019 (6): 46-52.

99. 杨宇冠, 高童非. 监察机关留置问题研究 [J]. 浙江工商大学学报, 2018 (5): 63-71.

100. KILFEATHER R F. Managing and Coordinating Major Criminal Investigations [M]. 2nd ed. Florida CRC Press, 2016.

101. CLARKSON P. Counselling Psychology: Integrating Theory, Research and Supervised Practice [M]. London: Routledge, 2013.

102. WOSKET V, The Therapeutic Use of Self: Counselling practice, research and supervision [M]. 2nd ed. London: Routledge, 2016.

103. UGWUDIKE P, GRAHAM H, MCNEILL, et al., The Routledge Companion to Rehabilitative Work in Criminal Justice [M]. London: Routledge, 2019.

104. SENNEWALD C A, TSUKAYAMA J K. The Process of Investigation: Concepts and Strategies for Investigators in the Private Sector [M]. Oxford: Butterworth-Heinemann, 2014.

105. LASAGNI G. Banking Supervision and Criminal Investigation: Comparing the EU and US Experiences [M]. Berlin: Springer, 2019.

106. United Nations Office on Drugs and Crime. Transnational trafficking and the rule of law in West Africa: a threat assessment [M]. Vienna: UNODC, 2011.

107. THEOHARIS A Athan Theoharis. Abuse of Power [M]. Commonwealth of Pennsylvania: Temple University Press, 2011.

108. DAMAS KA M. Visions of Justice: Liber Amicorum Mirjan Damaška [M]. Berlin: Duncker &Humblot GmbH, 2016.

109. DAMAS KA M. Evaluation of Evidence: Pre-Modern and Modern Approaches [M]. Cambridge: Cambridge University Press, 2018.